神戸国際大学経済文化研究所叢書16

大学教育の変貌を考える

三宅義和/居神 浩/遠藤竜馬
松本恵美/近藤 剛/畑 秀和 著

ミネルヴァ書房

　　　　　　　は　し　が　き

　現在の大学を取り巻く状況は以前とは大きく変わった。1990年代以降，一時的な措置として認められた臨時的定員増が解消されず，それに加え法的な規制緩和により新設大学や新学部などが次々に設置され，大学の定員数は拡大の一途を辿った。その一方，18歳人口は1992（平成4）年をピークに減少傾向に転じ，それまでは30％台後半を保っていた大学・短大進学率が再び上昇を始め，現在は55％あたりを推移，つまり2人に1人以上が大学へ行く時代となった。この実質的な需給関係の変化により，大学は学生を選ぶ立場から選ばれる立場へと変化したのである。

　この立場が逆転していく構図の中で，1990年代以降のゆとり教育を中心とした文部行政の迷走も相まって，大学生の学力低下問題が大きくクローズアップされるようになった。2008（平成20）年の中教審答申「学士課程教育の構築に向けて」では，大学全入時代の最中，教育の質の向上が謳われ，現在の大学は社会との接続を視野に入れながら大学生の質保証という難しい課題に取り組むことが求められている。

　大学を取り巻く状況の変化は，市場の変化と迷走する文部行政によるものだけではない。前世紀末からのインターネットの普及はグローバル化を加速させた。世界中の誰もがインターネットを使うようになった今，あらゆる情報が手軽に入手できるようになり，情報やマネーだけではなく人も簡単に国を超えて移動する時代となった。近年，近隣諸国の経済発展に伴って日本への留学を希望する若者たちが増加しているが，国内の新規高卒生だけでは定員数を充足することが難しい大学を中心に，どこの大学も留学生の比率は高まってきている。企業間の競争が一層激化していく中で，社会から求められる大学の役割として，産学連携だけでなくグローバル化に対応した人材の育成が強く求められるようになってきている。

　このような大学を取り巻く状況の変化とそれによる大学教育の変貌ぶりを表

すキーワードとしてふさわしいのは，大衆化・国際化である。そしてこれらの言葉を包括・縫合するキーワードが多様化であろう。多様化という局面では，対応すべき事態が複雑化し，また個別化していくにもかかわらず，限られたリソースの中でより大きな成果を出すことが求められる。全国の大学において置かれた立場は違っても，その業務に携わるほとんどの者がこのような状況に立ち向かい，日々の仕事に励んでいる。

　本書『大学教育の変貌を考える』は，大衆化・国際化・多様化というキーワードを核に，以下のような話題——大学大衆化に伴う諸問題とそれに関する政策論議，今の大学における教養教育や宗教教育の在り方，グローバル化に伴う大学の英語教育の在り方と海外留学，大学生のコミュニケーション力に関する諸問題，SDと教育サービスの在り方——が取り上げられている。これらは執筆者の専門分野や職域との関係性からアラカルト的に選択されたものであり，多岐にわたっているとは言うものの，大学教育に関する今日的な課題をすべて網羅しているわけではない。初年次教育，キャリア教育，留学生への教育，大学生の質保証，FD，大学（高等）教育センターなど，他にもたくさんあろうかと思う。学内外を問わず，執筆者をもっと募り，現在の大学教育が抱える諸問題をもっと包括的に論じることが取り上げることができなかったのか，という後悔もなくはない。が，これらの話題を通じて，今の大学教育の変貌ぶりを読者の方々に少しでも感じていただければ，と思う。

　もし，本書を手に取られた方が大学関係者でない一般の読者であるならば，まず第1章の「大学の選抜性とは」を一読していただくのが良いと思う。一般の人には耳慣れない選抜性という言葉は，大学の大衆化や多様化という現在の状況をひも解く重要なキーワードであるからである。大学の大衆化は，特定の大学層だけの問題ではなく，日本全国のすべての大学に関わる問題であり，大学進学率が半分以上ある地域・国家に起き得る現象であるという点でグローバルな問題とも言える。第1章以外の他の章に目を通していただくと（章によって多さ少なさはあるものの），所々に大学の大衆化という視点が盛り込まれているのに気づくと思う。

はしがき

　大学教育の変貌は，現在の教育事情とその困難さを伝えていると同時に，この時代にこそ求められるべき大学での教育とは何か，またそれに携わる者の在り方をも示唆している。その困難さに向き合いながらも学生の成長を願い，日々の教育に真摯に向き合っている執筆者たちの思いを（行間にしかその思いを感じ得ない場合もあろうが）読者の方々に感じていただければ，これほどの幸せはない。

　2014年1月

著者を代表して　三 宅 義 和

大学教育の変貌を考える

目　次

はしがき　i

第1章　大学の選抜性とは …………………………………… 三宅義和… 1
　1　大学の選抜性とは何か　1
　2　選抜性という言葉の由来　3
　3　入学難易度における以前との比較　5
　4　選抜力低下の背景にある状況　7
　5　選抜性に関する研究　9
　6　大学の機能別分化の現状──むすびにかえて　21

第2章　この国の高等教育政策の課題 ………………………… 居神　浩… 27
　1　マージナル大学論の意義　27
　2　「ノンエリート大学生」に伝えたかったこと　29
　3　市場の論理でしか語られない高等教育　40
　4　この国の将来のための高等教育政策に向けて　44

第3章　低選抜型大学淘汰論への批判 ………………………… 遠藤竜馬… 51
　1　「下流大学は日本を滅ぼす」のか　51
　2　低選抜型大学の苦境は初中等教育の尻拭い　53
　3　「身の丈に合った現実的な教育」を妨げる縛り　56
　4　ハードルを上げても地獄，下げても地獄　57
　5　「シャドウ・ワーク」でしかない教育へのエフォート　59
　6　「良質なノンエリート教育」というニッチ，そして大学の機能別分化　63
　7　大学進学率を減らして社会が得することは何もない　67

第4章　褒める教育と叱る教育のパラドックス ………… 遠藤竜馬… 73
　　　　──ノンエリート教育は"ネガティブさ"といかに折り合うか──
　1　ノンエリート教育論の耐えられないネガティブさ　73

② 本章の理論的立場　74
　　　③ 教育の《原罪》を負わされたノンエリート　75
　　　④ パラドックスを直視しつつ，それと折り合うこと　77
　　　⑤ 叱る教育から褒める教育へ　78
　　　⑥ 「優しくて厳しい先生」という秘儀(エソテリック)　79
　　　⑦ 人格頼み教育のマッチポンプ　82
　　　⑧ 役割分化と「汚れ役」の非人称化　84
　　　⑨ 「学校」の脱構築へ　87
　　　⑩ 「グレートティーチャー」への挽歌　89

第5章　教養教育の可能性を考える………………………近藤　剛…93
　　　① 教養とは何か　95
　　　② ニューマンの大学論　98
　　　③ 教養教育の復権　104

第6章　宗教教育の可能性を考える………………………近藤　剛…115
　　　① 宗教教育の目的について　116
　　　② 宗教教育の課題について　121
　　　③ 神戸国際大学の場合　125

第7章　グローバル化に対応した英語教育の在り方……松本恵美…135
　　　① 大学英語教育における現状　135
　　　② 企業が求める人材　140
　　　③ TOEICスコアの国際比較　148
　　　④ 大学英語教育の在り方　152

第8章　グローバル人材育成と海外留学……………………松本恵美…159
　　　① 海外留学制度　159

② 海外語学研修プログラム　164
③ 海外語学研修の比較分析　169
④ 海外語学研修の活用　178

第9章　大学生のコミュニケーション力とその諸問題　… 三宅義和 … 185
① コミュニケーション力の捉え方　185
② 青年期の友人関係について　187
③ 就職能力としてのコミュニケーション力　192
④ 大学生と発達障害　199
⑤ まとめ　206

第10章　学生への教育サービスとSD　……………… 畑　秀和 … 211
　　　　　──スタッフマインドの育成を通じたSDの在り方──
① SDを実施するにあたって　211
② SDの現状について　212
③ 教育サービス向上の在り方とその方法　217
④ 大学職員としての心構え（学生対応が必要な場から）　225
⑤ 現場が抱える困難さ　227
⑥ まとめ　233

あとがき　237

第1章
大学の選抜性とは

三宅義和

１ 大学の選抜性とは何か

　大学の選抜性とは何か。わかりやすく一言でいうならば，大学入学の難易度と言ってよい。ただ，一般的にもよく知られているこのような言い方で置き換えてしまうと，この言葉の背後にある社会的な諸事情の変化とそれが招いた現代の高等教育の混迷ぶりが見えなくなってしまう。

　18歳人口は1992（平成４）年に205万人となり1970（昭和45）年以降における最大値を示したが，この時点を境に減少傾向に転じ，現在（2012〔平成24〕年時点）では119万人まで落ちこんでいる。その一方，大学の数や大学の総定員数はどうだろうか。文部科学省の学校基本調査によると大学の数は783（2012〔平成24〕年度時点），大学の総定員数は578,427人[1]（2011〔平成23〕年度時点）であり，どちらの数字も大学が設立されて以来増加し続けている。そして，今や大学進学率は50％を上回り，２人に１人が大学に行く時代となった。

　高等教育の質を担保するためには，大学定員数のコントロールが不可欠である[2]。文部科学省は，1992（平成４）年に第２次ベビーブームのピーク層が18歳を迎え，それに合わせて大学の定員数を臨時的に増加させた。その後，18歳人口は減少していくことになるが，臨時定員増と呼ばれたこの対処は一時的な対処とはならず，それ以降，その数は新たな定員数として大学に定着することとなった。文部科学省による定員コントロールは失われ，大学という場が市場化してしまったのである。

大学がどんどん増え続け，また18歳人口の減少に歯止めがかからない今，各大学は生き残りをかけて学生の確保に躍起になっている。一般入試の他に，公募制推薦入試，指定校推薦入試，AO入試，自己推薦入試など様々な入学試験が行われ，また，それぞれの試験が第1次，第2次などと時期を変えて行われるのが通例化している。いわば入試の多様化である。以前ならば，大学の入学試験といえば一般入試のことを意味していた。この試験は，高等教育に耐え得る学生を"選抜"するためのものであり，いわば，受験者をふるいにかけるための装置であった。それがここ十数年，AO入試，自己推薦入試，指定校推薦などの試験が導入されるようになったが，これらの試験は基本的に入学者を確保するためのものであるため，実際にはこの試験によって不合格となることは少ないと言われている。比較的新しいこれらの試験の導入によって，一般入試の入試全体に対する割合は次第に減少していった。2007（平成19）年は大学の総定員数と大学進学希望者数が一致する年と言われた年であり，今や生徒が選り好みをしなければ，どこかの大学へ入学できるという時代になった。こうして，学生を"選抜"するための役目を果たすべき試験がその機能を失い，ある状況へと時代は変化したのである。いわば，大学は選ぶ時代から，選ばれる時代へと変わった。

　大学全体として試験による選抜力が低下あるいは不機能の状態に陥っていることは今，述べた通りであるが，その程度はすべての大学において同様ではない。大学ランキング上位にある大学は受験者を合格させる水準を少し下げるだけで定員を確保できるので，試験全体の選抜力はさほど損なわれることはない。それは以前なら入学させることのなかった学力層の生徒を少し取り込むことで成り立つものである。ただそのため，大学ランキング中位にある大学は，合格水準をさらに下回る学生を入学させなければならず，試験全体の選抜力は以前ほどに保つことができなくなる。そうなると，大学ランキング下位にあるとされている大学では，入学志願者全入あるいはほぼ全入という事態が出現し，試験は有名無実化され，その選抜力はほとんど実効性を失う事態に陥る。

　大学の入学試験は，受験者が高等教育を受けるにあたりそれなりの知力や資

質を有しているかどうかを試すものである。試験における選抜機能がどの程度，働いているかどうかを示すのが選抜性という指標である。以前であれば，どこの大学も入学試験の選抜力がそれなりに働いており，その枠組みにおける難易度によって大学が序列化されていた。確かに，今も一般入試の難易度が大学序列の指標とされているわけだが，試験の難易度が大学の選抜力そのものを反映している点が，以前の状況とはまったく異なっているのである。

2 選抜性という言葉の由来

　高等教育機関へ進学する者が増えるにつれて，高等教育の質も変容していくという理論を提唱したのはトロウである。この理論によると，その質の変容は大学進学率の違いによって三段階に分類される。大学進学率が15％までの時代はエリート段階と呼ばれ，この段階では限られた少数の者を対象としたエリートの養成が主な機能となる。15％から50％までの時代はマス段階と呼ばれ，一定の能力を持った者が対象でありホワイトカラーの養成がその主な機能となる。大学進学率が50％を超えると，それはユニバーサル段階と呼ばれる。この段階ではあらゆる人々に教育の門戸が開放され，産業社会に適応するためのシチズンシップの育成が主な機能となる。ただ，ユニバーサル段階に移行しても，先行の段階が有していた特徴や形態がなくなるということを意味するのではない。エリート段階型の大学，マス段階型の大学が共存することにより，大学機能の多様化がもたらす緊張感が問題となっていく。

　日本の大学・短大進学率は1960年代前半に15％を超え[3]，その後1970年代半ばから1990年代前半まで大学・短大進学率は40％弱程度で推移，時代の要請でもあった大学進学への国民的ニーズを満たしたのである。1990年代前半，第2次ベビーブーム層が18歳を迎えることとなる。その後18歳人口は減少し続けていくことが確実視されていたので，臨時的に大学定員数を増加させるという処置が行われた。しかし，臨時の増加分は返上されることなく，その後しだいに大学進学率は上昇することとなる。1999（平成11）年には大学・短大進学率は

49.1％となり，今は55％後半あたりで推移している。専門学校への進学を含めると，実に約7割以上が高等教育機関へ進学しており，日本は今やユニバーサル段階にある。大学進学を可能にする条件は学費を賄える親の経済力であり，もはや本人の学力ではないという指摘（矢野・濱中，2006）があるように，大学への進学はあらゆる学力層から可能な時代となった。このあたり，選びさえしなければ大学に入れる時代と言われるわけだが，選ぶことに固執するならばそれなりの受験勉強が必要となる。ここに選抜性の概念が必要な意義が存在する。受験者側からすると入学難易度の違いにしか感じられないが，大学側からすると教育の目標，意義，機能，方法などが多様化し，大学のみならず職業との接続など社会全体として，従来の在り方とはまったく異なるシステムを用意する必要性が生じてくる。選抜性の概念なしに今の高等教育の全貌を理解することは難しい。

　選抜性に関する概念は，高等教育がいち早く大衆化したアメリカで，カーが高等教育の機能分化とその最適化を図るために，教育内容の相違にもとづく教育分類の必要性を示唆したことに因んでいる。トロウ（1976）は，大学進学率が増加していくにしたがって高等教育の社会に対する意味合いや役割が変化，多様化していくという発展段階的なモデルを構築した。それに引き続いてカーは，高度選抜型高等教育，選抜型高等教育，非選抜型高等教育という複数の教育方法の必要性を説いた。今日の日本でも，高等教育の大衆化が進み，アメリカのコミュニティカレッジ(4)に相当するような大学，言わば非選抜型大学(5)も多く見られるようになった。居神（2005）は，「従来の大学においては当然とされていた論理が全く通用しなくなってしまうような現象が頻出する」根本的な変化について言及し，非選抜型大学も含む現代の大学の実態をマージナル大学という仮構的概念を用いて説明した。非選抜型大学がこのような，従来の大学イメージで捉えることができないため，大学を一括りにした前提で高等教育を議論することはできない（杉山，2004；三浦，2008）。また，その教学の在り方についてもそれに見合った方法が必要であるとも指摘されている（諸星，2008；ロイド，2009）。

3　入学難易度における以前との比較

　入学するのが難しい大学もあればやさしい大学もあるという構図は今も昔も変わらない。今は入試が多様化しているので、同じ大学の中でも学生間の学力のばらつきは大きいが、一般入試の偏差値で示されるようにその大学の入学難易度は明らかに存在するし、またその難易度によって大学が序列化されているのも事実である。では、今の入学難易度は以前の入学難易度とどのように違うのであろうか。

　図1-1は、以前の入学難易度と今の入学難易度の違いを概略的に図示したものである。横軸は、入学するのに難しい大学からやさしい大学順に、右側から左側へと各大学が布置されているものとする。縦軸は、大学に入る際に必要な絶対的な学力水準が示されているものとする。つまり、横軸と縦軸によって入学難易度と入学時の入学可能な学力レベルとの関係が示されることとなる。この関係において以前の大学（実線で図示）と現在の大学（破線で図示）とを比べて何が異なっているのだろうか。それは直線の勾配であることに誰もが気づくであろう。この違いにより、今の大学の状況が以前の大学のそれとはかなり異なっていることを深く知ることができる。

　A点とa点は、（難しい大学の一つとされる）A大学の以前の入学可能な学力レベルと現在の入学可能な学力レベルを示している。（難易度がふつうの大学の一つとされる）B大学のB点とb点、そして（やさしい大学の一つとされる）C大学のC点とc点の場合も同様である。

　まず、A点とa点とを比べてみると、差が少しあることがわかるが、これはその大学に入る際、今は以前ほどの学力が必要でないことを意味している。B点とb点、C点とc点の場合も事情は同じで、言い換えると同じ大学を受験するのなら以前よりは今のほうが入学しやすい状況になっている。次は、A点とa点、B点とb点、C点とc点のそれぞれの差を比較してみよう。A大学よりもB大学、B大学よりもC大学のほうがその差が大きくなっていることがわか

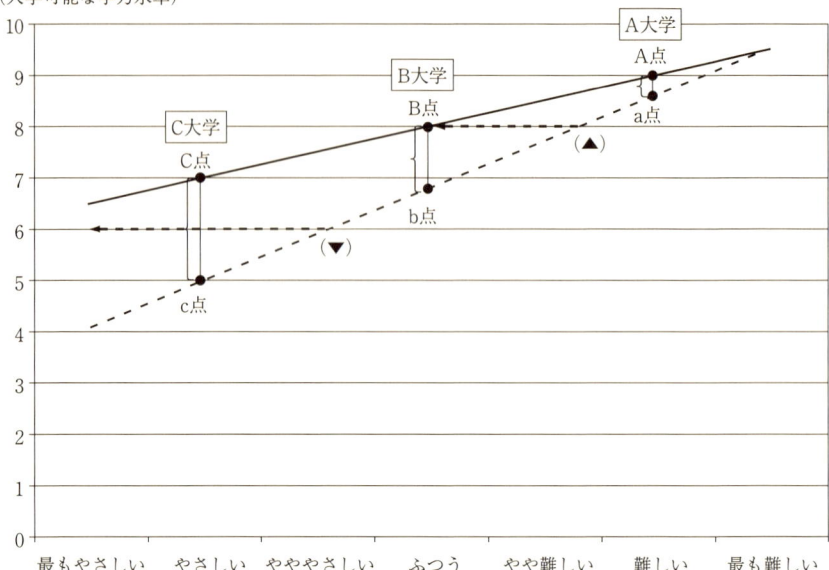

図1-1 入学難易度と入学可能な学力レベルとの関係における今と以前との比較
出典：筆者作成。

るが，これは入学難易度が低い大学ほどその差が激しいことを意味している。入学難易度が下がれば下がるほど，従来的な大学の枠組みでは捉えることのできないような学生が入学してくるため，その対応には顕著な難しさが伴うとよく言われるが，そのような事態はこのような仕組みによって生み出されることが理解されよう。

　大学生の学力低下とそれをめぐる学力保証に関する議論においても，入学難易度の違いによる認識のギャップは激しい。入学難易度が高い大学では（高ければ高いほど）以前と現在の差は小さいので大きな問題にはなりにくく，対応方法を検討する際も高校の学習内容の補習といった話が議論の中心となる。その一方，入学難易度の低い大学では（低ければ低いほど）入学してくる学生の平均的な水準は，学力低下という言葉では表わすことのできないレベルとなり，適切に授業を受けさせるのにいかなる方法が望ましいのか，という話題が中心となる。大学生の質保証やいかに大学生に学力をつけさせるのか，といったこ

とが話題になる中，入学難易度の異なる大学間で議論がかみ合わないのはこのような事情の違いによるものである。

　今度は，この図を学生側から見てみよう。入学時において学力水準8の者の場合，今では「やや難しい～難しい」大学（▲）に入学できるが，以前であれば「ふつう程度の」大学にしか入学できない（図1-1中の点線参照）。学力水準6の者の場合はどうか。今では「やややさしい」大学（▼）に入学できるが，以前であれば大学には進学できなかった学力レベルにある。どのレベルであっても，今は大学に入りやすくなったわけであるが，このような状況は学生にどのような心理的変化をもたらしたのだろうか。やはり，学生自身によって自己が過大に評価されるという傾向が強くなった。自己を肯定的に捉えることは良いことであるが，過大評価は学生自身にとっても良いとは言えず，就職活動やその他諸々の場面で問題が生じてしまう。例えば，学力水準8の者からすると，今では名前の知れた良い大学（「やや難しい～難しい」大学）に通っているのに，就職活動でなぜこんな苦労をしなければいけないのか。学力水準6の者からすると，大学生にもなってなぜ勉強しなければいけないのか，自分は大学生なのだから大学卒となる自分にふさわしい就職先がなぜないのか，というような嘆きを抱えることになる。彼ら自身からすると，大学を取り巻く状況が以前とは一転し，また今の大学は以前とは違ったものに変容していることなどわかるべくもなく，大学生には（以前の大学生が有していたであろう）特権が与えられているものだと素朴に信じるのも無理もない。しかしながら，大学と大学生をめぐる状況は以前とはもう違うのである。このことを理解し，自分の本当の力に向き合うことが今の大学生に求められていることではないだろうか。

④　選抜力低下の背景にある状況

　大学への門戸が今や狭き門ではなくなった。少子化と大学定員数増加によって，今までの需給バランスがくずれたことが主たる原因である。全体的には供給が増えることで，大学へ入りやすい状況が生まれた。そしてこの状況に対応

すべく高校・本人・保護者の側からも生徒を大学に送り出したい，あるいは送り出さざるを得ない状況が整っていたのである。

　1つ目は，高卒労働市場の変化である。1990年代以降，産業構造の変化によって今まで高卒者が求人対象となり得ていたポストが減少，また長年にわたる景気の低迷によって新規高卒者の労働需要は減少していった。本来ならば，高校を卒業しすぐに働いていた若者がその進路先として，フリーターや大学への進学を選ばざるを得なくなったのである。新規学卒就職において1997（平成9）年頃を境に大卒者の数が高卒者を上回り2005（平成17）年には1.59対1という比率になったが，このような事態もその表れである。進路指導をする高校側としても進路実績をあげるためには，生徒自身がそれほど進学にこだわっていなくても，フリーターになるよりは，ということで大学への進学を勧めるのが当たり前のこととなった。

　2つ目は，生徒側の意識の変化である。高校を卒業してすぐに働くのはいやだ，自分のやりたいことを見つけたい，そのためにはとりあえず大学へ，という思いが一般的になった。ここでのやりたいこととは様々な意味を含んでいるのだが，そのやりたいことを探すための時間を提供してくれるのが，大学へ行くという進路選択なのである。[7]大学生として青春を謳歌したいという要求は，以前なら過酷な受験勉強と引き換えであったのだが，大学を選びさえしなければその必要性は生じない。親が一定以上の経済力を有するのなら，高校生の大学進学は，手軽にモラトリアムを手に入れることができる儀式となった。

　3つ目は，親の子どもに対する思いや過剰な期待である。多くの親は，できるなら子どもにはできるだけ良い大学に行ってほしい，また有名な大学でなくてもせめて大学へは行ってほしいと願うようになった。この願いは親としてごく普通の感情であるには違いないが，子どもの思いよりも自分の願いを優先させてしまう場合がある。例えば，本人自身が大学進学に関心がなく，目標とする職業に直結する専門学校に行きたい，あるいはそういう進路に進みたいと考える場合がそうである。学費を負担する親からすると進学するのなら専門学校よりは大学へ，という気持ちが強く押し出され，結局子ども自身が葛藤を抱え

ながら親の要求を受け入れることになる。大学には進学するが勉学や大学生活に意欲的にはなれない学生が大挙して入学してくることとなる。

5 選抜性に関する研究

現在の高等教育の多様性を理解するのに選抜性は欠かせない概念であるが，この節では，この領域に関するこれまでの研究をレビューする。この領域に関する先行研究はさほど多いとは言えないが，その限られた研究成果は就職活動を含めた職業選択と大学生活に関するものに大別できる。選抜性は連続的変数として捉えられるべきものであるが，各大学各学部においてそれを厳密に数値化することは不可能である。そのため従来の研究においては，選抜性の高い大学，中程度の大学，低い大学と大学を大まかに3つのグループに分類し，そのグループ間の比較を行ったものがよく見られる。以下に紹介する研究ではその3つのグループ名が異なるため，これらの知見をわかりやすくする目的で，選抜性の高い大学グループの順から，それぞれAグループ大学（高），Bグループ大学（中），Cグループ大学（低）と名前を統一する。

（1） 就職活動

大学院などへの進学を除き，初めから就職活動をしない者はAグループ大学の学生ではほとんどいないが，選抜性が低くなるにつれてこのような学生の比率が高くなってくる。B・Cグループ大学において就職活動をするかしないかに関係するのは「大学の成績」，「課外活動」であった（小山，2006）[8]。学業も含め大学生活を充実させたいと考える者は，良い成績を取ったり課外活動を積極的に行う。このような学生は初めから「就職はすべきもの」と考えているのに対し，就職活動を行わない者は初めから大学生活に対して積極的になれず，学業や学内外での活動も不活発になりがちになり，その結果，就職も初めからあきらめてしまう。卒業後の進路先については，選抜性が高いほど正規就職者の比率は高まり，選抜性が低いほど非正規雇用者や進路未定者の数も増えている

（本田，2006）。

　また，就職活動の仕方も選抜性によって大きく異なることが明らかにされている（小杉ほか，2007)[9]。就職活動には典型的なプロセスがある。つまり，就職サイトへの登録，企業への資料請求，合同説明会や説明会・セミナーへの出席，エントリーシートの提出，企業での面接というような順序である。これらの活動を始める時期であるがどの活動においても選抜性が低いほどその時期は遅い。どの活動もAグループ大学の学生が始動した後，Bグループ大学の学生，Cグループ大学の学生と続く。Cグループ大学の学生もA・Bグループ大学の学生と同じように早く動き始める者もいるが，遅れて開始する者が実に多い。そのため選抜性の低い大学では活動開始の時期に関しても学生のばらつきが大きくなっている。

　また，活動量においても選抜性が低いほどその量は少ない（小杉ほか，2007）。資料請求した企業数，エントリーシートを送った企業数，説明会に参加した企業数，筆記試験を受けた企業数，面接を受けた企業数，どのいずれにおいても選抜性が低くなればなるほど活動量は少ない。その理由について，Cグループ大学の学生は就職活動へのアプローチが違うという指摘（小杉ほか，2007）があるが，背景にある心理を探っていくと就職活動を粘り強く行う気骨に乏しいという姿勢が見えてくる。就職活動で成果を収めるためには何らかの知識や能力，それに社会性が備わっていることが求められるが，Cグループ大学には学校知や社会的価値の達成に何らかのわだかまりを持つ者が少なくない。就職したいと思っていても自分にとってそのハードルが高いと思うや否や，そこから降りてしまうという行動をよくとる。スポーツなどを除くと，頑張ることによって成果を出したという経験のなさや乏しさがその背景にある。

　内定獲得についてはどうだろうか。取れたかどうかという点からすると選抜性との関連はあまり見出されなかったが（小山，2006），獲得時期は選抜性によって異なる（小杉ほか，2007）。内定獲得率が50％を超えるのはAグループ大学の場合4月下旬，Bグループ大学の場合6月下旬，Cグループ大学の場合8月下旬となっている。選抜性が低くなるにつれて活動時期が長く，そのばらつき

も多い。そして，内定先の企業規模と選抜性との間には強い関連性があるのは否めない（平沢，2006；苅谷，2005）。従業員数が1,000人以上の企業に関しては選抜性が高いほどその比率は高く，選抜性が低くなればなるほど100人未満の企業の比率が増えている（本田，2006）。ちなみに，Aグループ大学では大学の成績と企業規模に相関はないが，Cグループ大学では正の相関がある（平沢，1996，2006）。また，内定先の業界として，金融業への内定はAグループ大学に多く，流通業への内定はCグループ大学に多く見られる。

　内定を取れる要因についても，選抜性によって異なることが報告されている。まず，Cグループ大学では，今までの人生経験でスポーツ等の顕著な成果があったこと（本田，2006），人をまとめる，人の間に立って調整するなど人間関係能力が高いこと（小山，2006）が内定獲得の要因であり，獲得した内定数については教養志向的な活動の多さが関係している（三宅，2010）。Bグループ大学では，今までの人生経験において生徒会で活躍したこと，苦しくても頑張ろうとする人生観（本田，2006）や，人をまとめる，人の間に立って調整するなど人間関係能力が高いこと（小山，2006）が内定獲得の要因であり，獲得した内定数についてはやりたいことに拘泥しない姿勢が関係している（三宅，2010）。

　これに関連して，早期に内定を得ることのできる要因は何か，これも選抜性によって異なることが明らかにされている（小杉ほか，2007）。早期の内定獲得の要因として，Aグループ大学では活動の開始時期が早いこと，活動量が多いこと，それにOBやOGとのコンタクトがあることなどであったのに対し，Cグループでは大学の成績における優の割合，クラブ・サークル活動，アルバイト経験などであった。Bグループ大学ではその両方の要因，すなわち活動の開始時期が早いこと，活動量が多いこと，OBやOGとのコンタクト，優の割合，クラブ・サークル活動が重要な意味を持ち，それにインターンシップへの参加がこれらの要因に加わる。

　就職活動においては相談できるリソースを多く持つことが重要である。小杉ほか（2007）は，このリソースを就職活動の支援と捉えそのチャンネルの種類や多さが，選抜性とどのように関連しているのかについて報告した。この報告

によると，B・Cグループ大学では，多様な支援が正社員への内定率を上昇させるのに効果的であり，また，支援チャンネル(10)が多いほど内定率を高めていた。この支援チャンネルのパターンから「孤立型(11)」，「学校型」，「保護者・友だち型」の3つに分類すると，正社員の内定率を高めるタイプは，Aグループ大学の場合「学校型」，「保護者・友だち型」であり，B・Cグループ大学では「学校型」であった。B・Cグループ大学での「孤立型」学生の場合，正社員を志向する意欲が弱く，また保護者からの働きかけも不十分な傾向にあった。

（2） 大学生活

小山（2006）は，選抜性の異なる3つの大学グループ（Aグループ大学，Bグループ大学，Cグループ大学）の間で，大学生活7項目と能力9項目に関して差異があるか調査した。大学生活に関してその各項目に対してその熱心さを4件法(12)で評定させたが，選抜性が高くなるにつれて「教養科目の学習(13)」，「専門科目の学習(14)」への熱心さは低下していた。また，「体育会・サークル」はAグループ大学の方がB・Cグループ大学に比べて熱心な者が多く，「アルバイト」はB・Cグループ大学の方がAグループ大学に比べて熱心であった。あと，「ゼミ・卒論」，「友だち・恋人とのつきあい」，「趣味・レジャー」に関しては選抜性による差異は見られなかった。

また，能力に関しては各項目に対してその自信度を5件法(15)で訊いたところ，選抜性が低くなるにつれて「論理的な文章を書く」，「情報の取捨選択」，「ワープロ等の使い方」においてその自信度は低くなっていた。その一方で「自分がやるべきことを見つけられる」，「自分の意見を他人に理解してもらう」，「人をまとめる」，「人の間に立って調整する」，「オリジナルな発想をする」，「自分の知識・技術を高める」，「時間をやりくりして結果を出す」などでは選抜性による差異は見られなかった。選抜性によって，人生経験の質が異なっていることをうかがわせる結果である。

三宅（2011）は，学びに対する意欲，入学の目的などについて選抜性との関連を調査した（3つの大学グループ間(16)の比較）。授業観22項目の各々に対してその

是非の程度を5件法で訊いたところ，選抜性が低くなるにつれて「先生から書くように指示されても，だるいから書かないことが多い」，「教養など身につけることには何の興味・関心もない」が有意に高く，「黒板に書かれてはいないが，重要だと思う話はメモをとるようにしている」が有意に低かった。Cグループ大学がAグループ大学に対し有意に高かった項目は「授業は基本的に自分にとって意味のないものである」，「授業の中身はよくわからなくても，出席することが大事だと思う」，「学校の授業は基本的に役に立たないものばかりだ」であった。また，B・Cグループ大学がAグループ大学に対し有意に高かったのは，「授業に出席するのは，単位を取る（卒業する）という目的以外に何もない」，「授業に出席する時は，誰かと話していることが多かった」，「レポートを提出して，単位をもらえないのはおかしい」，「レポートは，提出日の1日あたり前から書き始めている」，「授業で先生が使う言葉そのものが難しい」などであった。

入学目的については19の選択肢（複数回答可）から選んでもらう形式で訊いたところ，「自分の知らない知識を増やしたり，教養を身につけたりするため」，「何か将来に役立ちそうな勉強をすることで，生きていく上での幅を広げたいと思ったから」，「大卒であると就職が有利になると思ったから」，「新しい友だちをつくるため」，「自分のやりたいことを探すため」などの項目は選抜性が高いほどその比率は高く，逆に「自分は別の進路を希望したが（例えば，専門学校など），親が大学へ行くようにすすめたので」は選抜性が低いほどその比率は高かった。

これらの結果を総括すると，①Cグループ大学は（A・Bグループ大学に比べて）授業を無意味とみなす傾向が強い，②B・Cグループ大学は（Aグループ大学と比べて）擬似達成[17]が強い。Bグループ大学が授業に対する理解力のなさを擬似達成と呼ばれる行為をも含めて評価してもらおうと考えているのに対し，Cグループ大学は擬似達成そのもので評価されるべきとする傾向が強いと推察される（擬似達成志向）。③選抜性が失われるほど，教養志向が低下し学校知を通じた文化伝達がきわめて難しくなる（授業の形骸化），④選抜性が失われるほ

ど，学生生活を有意義にするために大学サービスは役立たないと考える学生を相対的に多く抱えている（教学プログラムの機能不全）。⑤選抜性が失われるほど，進路選択も含め人生の目的や方向性を見出すのに，大学という場を必要とはしていない学生を相対的に多く抱えている（キャリア支援プログラムの機能不全）と総括できる。

では，高校までの生活はどうだったのだろうか。選抜性の異なる3つの大学グループを比較した三宅（2011）の報告によると，学習への態度において有意な差が見られたのは，出席と試験勉強の程度であった。出席の程度においてCグループ大学はA・Bグループ大学と比べて良いとは言えず，試験勉強の程度についても，選抜性が低くなるにつれてその準備にかける時間が減少していた。また，先生に「その科目の欠席回数をきいたことがある」という比率は，選抜性が低くなるにつれて多かった。[18]

また，このことに関連するが，本田（2006）は選抜性に着目して高校までの人生経験や人生観などについて調査している。その結果によると，Aグループ大学では「生徒会等で重要な役割」，「海外で1か月以上の異文化体験」の経験率が有意に高かったのに対し，Bグループ大学では「スポーツ等で受賞や表彰」の経験率が有意に高く，一芸的に秀でた者が多くいた。Cグループ大学は，Bグループ大学ほどではないがスポーツなどでの受賞経験があり，それはAグループ大学の経験率よりも上回ることが見出された。

（3） Cグループ大学についての研究

選抜性の違いによって大学生の意識や行動に違いが見られるのは，前節までで述べてきた通りである。大学生の意識の多様化は，大学進学率上昇の数値にも表れているように，以前には大学に進学することのなかった生徒たちが，新たな学生層として大学に進学してきたという事情によるところが大きい。入学難易度が中位以下の大学生の新奇性について，濱中（2005）は「高等教育における新たな参入層であるかれらは，いわゆる基礎学力の水準のみならず，大学教育に対する期待や進学意欲・動機・大学における学習活動や学業以外の学生

生活，社会的地位達成に対する意識など様々な側面においてかつての学生層とは異なっている可能性が高い」と，述べている。選抜性が低くなればなるほどその新奇性は顕著になると考えられ，Cグループ大学は独自の諸問題を抱えることとなる。以下，研究者によって，非銘柄大学，非選抜型大学，Fランク大学，ボーダーフリー大学などと呼ばれることもあるCグループ大学についての研究を紹介する。

　平沢ほか（2005）は，大学から職業への移行過程において，進路未決定なまま卒業していくという，Cグループ大学でよく見られる問題について調査を行った。進路未決定者は決定者と比べて，就職活動量（資料請求数，エントリー数，説明会数，面接受験数）が有意に低く，また就職活動プロセス（自己分析，就職サイト登録，資料請求，説明会・セミナー出席，エントリー入手，人事面接）で活動なしと答えた者が多かった。また，学生生活においても，サークル，友だちや恋人とのつきあい，アルバイトなど取り組んでいる者が少なかった。これらのことから，進路未決定者は，就職活動においてその活動量は少なくまた必要な行動をとらないこと，その背景には周囲の人間との付き合いが少なく，またそれに関する自信が欠如していること，これらが未決定に関与していると括られている。また，進路決定を促す要因としては，「受験する大学・学部選びを真剣に行った」，「大学に行けば将来自分がやりたいことが見つかる」といった意識や「たとえ苦しいことがあってもがんばり続けることができる」と思える性格が関係しており，これらの意識や性格は入学前の家庭環境などの属性と結びついていると結論づけられている。

　中村（2006）は就職活動の成否に関する要因として「要領」という観点を取り上げ，授業への出席と優の数を基準に学生を「優秀」，「要領良」，「要領悪」，「不まじめ」の4つのタイプに分類した。諸属性との関連について記すと，性別では男子学生よりも女子学生の方に「要領良」，「優秀」が多く，留年は「不まじめ」に多い。また，浪人生や一般入試入学者では比較的「要領良」が多い。内定の平均獲得数については「優秀」，「要領良」，「要領悪」のそれぞれ共に1.5社程度とほとんど差はなく，実際の就職先として業界トップや大手企業に

行った比率は，この4群ではあまり変わりはなかった。しかし，就職活動を行わなかった者は「不まじめ」，「要領悪」に多く，これらの群には正規職への内定者が少なく，また進路未定者が多い。授業に真面目に出たかどうかにかかわらず成績が不良であった者は就職しにくいという結果であり，就職の内定時期についても「要領良」，「優秀」は早めに内定を獲得する傾向にあるのとは対照的であった。総じていうと「優秀」は当初予想されたよりもさほど成果を出している学生ではないということ。また「要領」は成果として表れている学生と，表れていない学生とに分かれる。選抜性の高い大学においても真面目な学生（「優秀」，「要領悪」）はいるので，選抜性の低い大学の場合，真面目さは売りにならないということ。特に「要領悪」の場合は，努力が結果につながりにくいためか，就職戦線ではかなりの苦戦を強いられることが示唆されている。

　また，遠藤・三宅（2004）は，非選抜型大学における学生の多様性を記述するのに，多変量解析によって4つの学生タイプを見出した。入学した理由や学生生活で得たいことから構成される16項目を数量化Ⅲ類で分析し，「勉学への意欲」（勤勉性―非勤勉性），「学校文化への同調」（自立性―同調性）の二軸を見出した。この二軸，つまり「勉学への意欲」「学校文化への同調」を得点化し，0点を基準にそれぞれ二分割されたそれらの組み合わせから4つのタイプを形成した（表1-1参照）。そして学生生活に関する5つの因子，「セルフエスティーム」，「実存的空虚感」，「勉学疎遠性」，「仕事志向性」，「大学疎遠性」の各得点について，二要因の分散分析によって4つのタイプの比較を行った。図1-2～図1-6には，その結果が表されているが，それを参考に各群の学生につい

表1-1　学生分類（2004）の基準

タイプ	基　準	割　合
A群	勤勉（industrious）　かつ　自立（independent）	15.1%
B群	勤勉（industrious）　かつ　同調（conformist）	20.0%
C群	非勤勉（not industrious）　かつ　自立（independent）	24.1%
D群	非勤勉（not industrious）　かつ　同調（conformist）	40.9%

注：割合の合計が100%にならないのは，小数第2位を四捨五入しているため。
出典：遠藤・三宅（2004）「限界大学における教学上の問題の考察（2）」より。

第1章　大学の選抜性とは

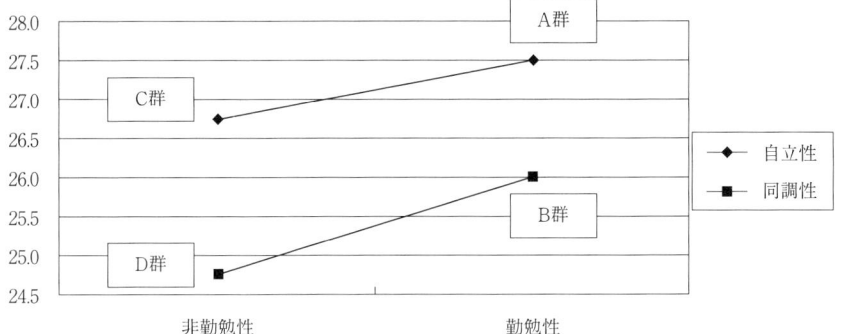

図1-2　タイプ別のセルフエスティーム得点

注：「勤勉性―非勤勉性」「自立性―同調性」共に主効果（p＜.01, p＜.001）。
出典：遠藤・三宅（2004）「限界大学における教学上の問題の考察（2）」より。

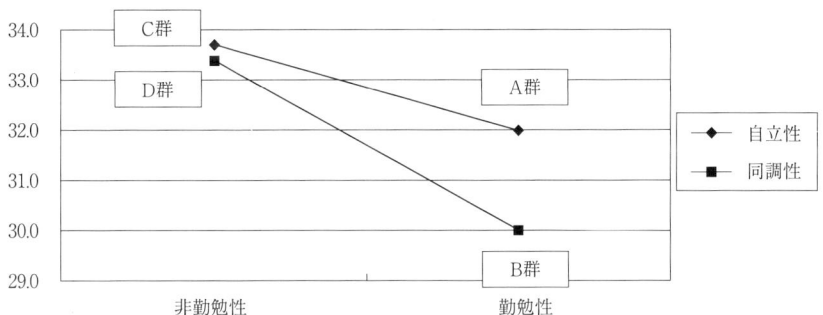

図1-3　タイプ別の実存的空虚感得点

注：「勤勉性―非勤勉性」「自立性―同調性」共に主効果（p＜.001, p＜.01），交互作用は有意傾向。
出典：遠藤・三宅（2004）「限界大学における教学上の問題の考察（2）」より。

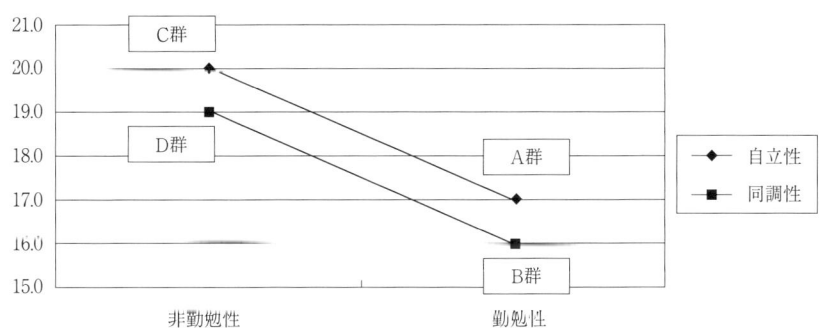

図1-4　タイプ別の勉学疎遠性得点

注：「勤勉性―非勤勉性」「自立性―同調性」共に主効果（p＜.001, p＜.01）。
出典：遠藤・三宅（2004）「限界大学における教学上の問題の考察（2）」より。

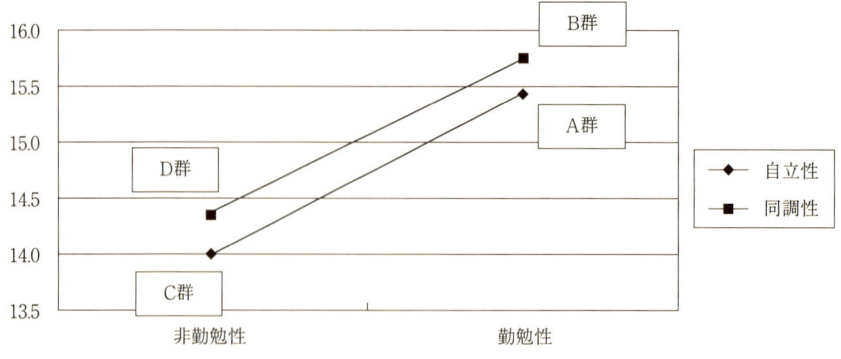

図1-5　タイプ別の仕事志向性得点
注：「勤勉性―非勤勉性」で主効果 (p＜.001)。
出典：遠藤・三宅 (2004)「限界大学における教学上の問題の考察（2）」より。

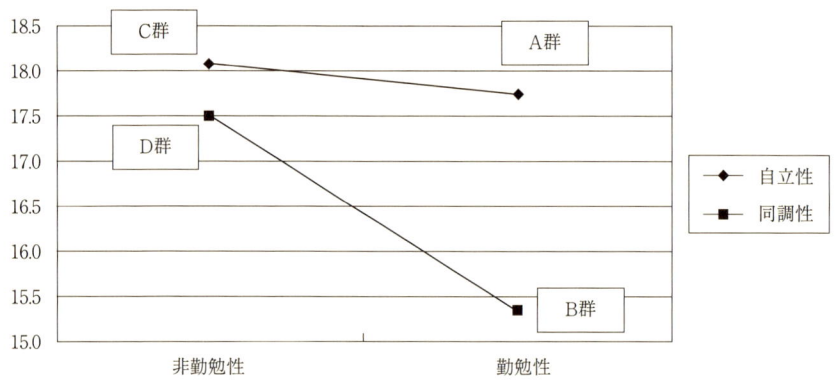

図1-6　タイプ別の大学疎遠性得点
注：「勤勉性―非勤勉性」「自立性―同調性」共に主効果 (p＜.001, p＜.001)，交互作用は有意 (p＜.001)。
出典：遠藤・三宅 (2004)「限界大学における教学上の問題の考察（2）」より。

てプロファイルすると表1-2のようになる。
　これに引き続き，三宅 (2008) が同様の方法で学生のタイプ分類を試みたところ，2004年時と少し異なった結果が得られた。数量化Ⅲ類で得られた第二軸は，モラトリアム―非モラトリアムと解釈され，表1-3のようなタイプが抽出された。b型，d型は以前の大学生にも見られたタイプで，2004年時の調査におけるB群，D群とほぼ同様のタイプであると見なすことができる。両タイプの違いはいわゆる学業に対する動機づけが有るか無いかの違いであるが，大

表1-2 各タイプのプロファイル

	勤　勉	非　勤　勉
自立	【A群】 留学を希望する者の割合が高く，卒業後の進路に関して全群の中で最も柔軟な考え方を持っている。自己肯定感（セルフエスティーム）は最も高く，実存的空虚感も相対的に低いので，パーソナリティは比較的安定していると言える。ただ，大学疎遠性はC群・D群と同程度に高く，大学への不満足もC群に次いで高いので，学校親和的でない。	【C群】 実存的空虚感，勉学疎遠性，大学疎遠性ともに最も高く，逆に仕事志向性は最も低い。就職への関心が最も低く，進路希望においてもフリーターや何も考えていない者の割合が突出している。しかし，興味深いのは自己肯定感（セルフエスティーム）の相対的な高さである。将来を切りひらくだけの戦略や見通し，今の努力を欠いているにもかかわらず，肯定的な自己像を強く抱いている。彼らのヴィジョンは，一発逆転願望であり，それは現実の根拠を欠いた願望によって支えられている。
同調	【B群】 実存的空虚感が最も低く，自己肯定感（セルフエスティーム）は相対的に高いので，パーソナリティは安定している。最も学校親和的であり，大学満足度も群を抜いて高い。コツコツと努力して成果を出そうとする，ある意味，古典的な教員からすると最も扱いやすいタイプの学生である。ただ，真面目であるが成績はふるわないとなれば，今日の企業社会では忌避されがちな「指示待ち型」，「マニュアル型」のような，就職活動で結果を残せない学生もいる可能性は否めない。	【D群】 自己肯定感（セルフエスティーム）が最も低く，仕事志向性も相対的に低い。また実存的空虚感，勉学疎遠性，大学疎遠性は相対的に高い。にもかかわらず，就職観は意外と保守的である。つまり，就職への関心は決して低いわけでなく，むしろ卒業と同時に就職すべきと答えている者の割合が最も高い。進路希望において一般企業とともに公務員を希望する者が多いこともまた，彼らの意識の保守性を裏づけている。彼らが望んでいるのは，一口に言えば「楽ができて無難な道」なのかもしれない。

出典：遠藤・三宅（2004）「限界大学における教学上の問題の考察（2）」より筆者改編。

学への進学動機が基本的にモラトリアム志向であるという点で共通している。それに対し，a型やc型はモラトリアム傾向を有しないというのが特徴で，目的もなしに大学で無為に時間を過ごすことに抵抗感を抱いている学生である。a型は，授業への取り組みは真面目ではあるが大学に進学したことは自分の本意でなかったため，自分が関心のあった専門学校が提供しているような内容に一歩でも近づくため，大学での学びをどのように活かせばよいのか，ということについて葛藤を感じているタイプである。このタイプは全体の約2割を占めるが，大学生活での適応度は外側から見えるより低い。c型は，元来大学に進学する気はなかったのに親や高校の先生の薦めなどで入学することになってし

表1-3　学生分類（2008）の基準

タイプ	基　準	タイプの命名	割合
a型	勤勉　かつ　非モラトリアム	専門学校志向的学業傾倒群	19.5%
b型	勤勉　かつ　モラトリアム	伝統的大学生群①（学業傾倒）	34.4%
c型	非勤勉　かつ　非モラトリアム	専門学校志向的学業忌避群	15.7%
d型	非勤勉　かつ　モラトリアム	伝統的大学生群②（学業忌避）	30.5%

注：割合の合計が100％にならないのは，小数第2位を四捨五入しているため。
出典：三宅（2008）「非選抜型大学生の授業イメージに関する調査報告」より。

まった学生である。すぐにでも仕事に就きたいと考える一方，卒業できたなら大卒相当の一般企業に就けるだろうと思っている。大学における学びの意欲はまったくなく，勉強せずしていかに楽をして単位をとるのかということに力を注いでいる。この型の学生は全体の約15％で，入学後に退学の可能性が最も高くなりやすいと予想されるタイプである。

　葛城（2012）は，あるボーダーフリー大学の学生30名に，授業中の逸脱行動を問う自由記述式の調査を行い，その結果から，授業中の逸脱行動は「疑似出席[23]」，「ながら受講」，「教員への反抗」という3つの特徴が見られると報告した。「疑似出席」や「ながら受講」はCグループ大学だけに見られるものではないが，「教員への反抗」はCグループ大学を特徴づける反社会的な逸脱行動としている。多くの学生は授業中での逸脱行動を行っているが，他者に迷惑をかけたり，あるいは害を与えたりするような行動は慎むべきという，彼らなりの線引きが存在している，と述べている。逸脱行動に対し厳しく臨む教員に対しては彼らもおとなしくしていることからして，逸脱行動を許さない授業の雰囲気づくりと，それを大学全体で取り組むという姿勢が重要であると，結論づけている。

　また同氏は，上記とは別のFランク大学の学生を対象に，彼らが資格や人間性をどのように捉えているのかを調査，そしてこの関係性について論じている。就職する際，大学の名前や大学での成績において不利な立場にあると思っている学生は，実際に人間性に自信がなくても，それが相対的にマシであろうという理由で人間性を重視してほしい，と考えていることが明らかになった。彼ら

表1-4 学生にとっての就職の際にアピールできるポイント

	学 歴	資 格	人間性
難易度高位の大学（Aグループ大学）	○	○	○
難易度中位の大学（Bグループ大学）	△	○	○
難易度低位の大学（Cグループ大学）	×	△	○

出典：葛城（2007）「Fランク大学の学生が考える資格と人間性」93ページより。カッコ内は筆者が加筆している。○はアピールポイントになる，△はアピールポイントになるかもしれない，×はアピールポイントにならない，を意味する。

が資格を志向する場合，それは人間性に対する自信のなさを担保するためのものであり，多くの学生がこのような心理を有していると示唆されている。ただ，実質的に意味のある資格を取得するには能力的に難しいわけで，結果的に就職でアピールポイントとなりうるのは人間性であると述べられている（表1-4参照）。

山田（2009）は，ボーダーフリー大学を研究する際の課題として，以下の2点を挙げた。1つは，ボーダーフリー大学においては，それを分析するための独自の枠組みが必要であること，つまり旧来的な大学という概念を超えた考え方が必要であるとしている。2つ目は，ボーダーフリー大学そのものを一括りにすることができないという難しさがあり，それをいかに克服するかということ，すなわちボーダーフリー大学であってもその大学における固有の問題があるがゆえに個別の分析が必要であるとしている。

6 大学の機能別分化の現状——むすびにかえて

2005（平成17）年の中教審大学分科会の「大学の将来像」答申で，大学の機能は，①世界的研究・教育拠点，②高度専門職業人養成，③幅広い職業人養成，④総合的教養教育，⑤特定の専門的分野（芸術・体育等），⑥地域の生涯学習機会の拠点，⑦社会貢献機能等の機能の7つに大別された。各大学はこれらの機能のすべてを併せ持つ必要はなく，むしろ一部の機能に重点をおいた上で大学の個性化・特色化を図り，大学全体としての多様性が担保されることが重要で

あるという認識が示された。そして、この施策を推し進めていく上で、この取組みに対して努力が見られる大学には財政的な支援が適切に行われること、また、この取組みを効率的に進めていく上で大学間連携を図る大学への支援が欠かせないこと、といった留意点が示された。

大学の機能分化の実態について、村澤（2009）は設置者間で比較調査を行った。国立大学は公立・私立大学に比べると、世界的研究拠点や世界的教育拠点に関し、その機能を果たしていると是認していたが、その他の機能に関して差異は認められなかったとしている。世界的な機能を果たせると是認し志向しうる大学は限られており、全体として「大学間で機能分化が進むとは想像できそうにない」と同氏は結論づけている。中教審大学分科会（2011）は大学の機能別分化を促進していくにあたり、各大学がどのような機能に重点を置いているのかを外部に公表する仕組みや、それを評価するための観点や指標の開発が必要であるとした。

今、日本では大学があまたある中、以前のように大学を一括りにして語ることができないのは自明の事となった。選抜性の違いによって、大学の様相がかなり異なること、そしてその様相の違いはCグループ大学において最も顕著に表されていることが、前節で記した研究知見で明らかになったかと思う。今や大学の機能分化は、好むと好まざるにかかわらず時代の必然であり、この趨勢に抗うことはできないであろう。高等教育が大衆化した今、選抜性という言葉は、大学の大衆化と多様化を詳しく知る上での重要な手がかりなのである。

●注
(1) 実際の入学者数は、612,858人である。
(2) 日本の場合、入学者のほとんどが高校の新卒者あるいは2年以内の既卒者であるため。
(3) 短大も含まれる。
(4) 日本における短期大学のようなものではない。

(5) 非銘柄大学，Ｆランク大学，ボーダーフリー大学とも呼ばれている。
(6) 絶対的なという言葉は，以前も今も時代にはかかわらず，という意味で使われている。
(7) その多くは仕事としてやりたいということなのであるが，実現可能性は別として，その背後には自分を輝かせたい，自分にしかできないという自己愛充足願望が潜んでいるのが特徴的である。中には，自分が苦手なことには向き合わず今のままで，自分を花開かせてくれるよう何かを求める者もいる。
(8) 小山（2006）の報告によると，Ａグループ大学の学生で就職活動を行わないという者はほとんどいない。そのため，その後の分析では彼らを除外し，Ｂグループ大学とＣグループ大学の学生を対象として分析を行っている。
(9) 小杉ら（2007）の調査では，Ａグループ大学として入学難易度の高い国立大学・偏差値57以上の私立大学が，またＢグループ大学として偏差値56〜46の私立大学が，Ｃグループ大学として偏差値45以下の私立大学が選ばれている。この他にもＡグループ大学とＢグループ大学の中間として，地方国立大学と公立大学が調査の対象となっている。
(10) 相談できるリソースのことであり，具体的には親などの保護者，大学内外の友だち，大学の先生・職員などがこれに相当する。
(11) 相談する相手がいないというよりは，周囲の相談チャンネルを利用しない一群の学生のこと。
(12) 「とても熱心だった」，「まあ熱心だった」，「それほど熱心ではなかった」，「全然熱心ではなかった」。
(13) 0.1％水準で有意。
(14) 10％水準で有意。
(15) 「自信がある」，「少し自信がある」，「どちらとも言えない」，「あまり自信がない」，「自信がない」。
(16) 原著では，Ａグループ大学が強選抜型大学，Ｂグループ大学が弱選抜型大学，Ｃグループ大学が非選抜型大学となっている。
(17) 遠藤（2006）による概念で「達成の本質がいつの間にか失われ，代用的な別種の事柄（アリバイ）へと置き換わること」と定義される。出席点だけが目当ての出席がその典型である。
(18) １％水準で有意。
(19) 大学卒業後の４月時点で進路が決まっていない者を指す。
(20) 調査対象は入学難易度が中位以下の11大学である。が，そのうちの８大学が偏差値50以下の大学であり，Ｃグループ大学に属している。
(21) 分割ポイントは出席が10コマ以上（未満），成績が優の数が４割以上（未満），この組み合わせで４つのタイプが得られる。ここに留学生は含まれていない。
(22) 当初用意された67項目を項目分析により24項目を削除，残りの43項目を因子分析

して5つの因子が見出された。
(23) 葛城（2012）の造語であり，遠藤（2005）の疑似達成の概念に因んでいる。

● **引用・参考文献**

遠藤竜馬・三宅義和（2004）「限界大学における教学上の問題の考察（2）——数量化Ⅲ類による学生集団のタイプ分類からの検討」『神戸国際大学紀要』第67号。

平沢和司・濱中義隆・大島真夫・小山治・苅谷剛彦（2005）「大学から職業へ——マージナルな大学生の職業活動プロセス」『日本教育社会学会大会発表要旨集録』第57号，291〜296ページ。

居神浩・三宅義和・遠藤竜馬・松本恵美・中山一郎・畑秀和（2005）『大卒フリーター問題を考える』ミネルヴァ書房。

苅谷武彦・平沢和司・本田由紀・中村高康・小山治（2006）「大学から職業へⅢ　その1——就職機会決定のメカニズム」『東京大学大学院教育学研究科紀要』第46巻，43〜74ページ。

小杉礼子・濱中義隆・堀有喜衣・中島ゆり（2007）「大学生と就職——職業への移行支援と人材育成の視点からの検討」『労働政策研究報告書』No.78, 労働政策研究・研修機構。

カー，クラーク／喜多村和之監訳（1998）『アメリカ高等教育の歴史と未来——21世紀への展望』玉川大学出版部。

葛城浩一（2007）「Fランク大学の学生が考える資格と人間性」『広島大学高等教育研究開発センター高等教育研究叢書』第90号，85〜95ページ。

葛城浩一（2012）「ボーダーフリー大学が直面する教育上の困難——授業中の逸脱行動に着目して」『香川大学教育研究』第10号，89〜103ページ。

Lloyd, S.（2009）「小規模大学学生の学習意欲を向上させるための諸考察」『共栄大学研究論集』第7号，223〜229ページ。

三浦展（2008）『下流大学が日本を滅ぼす！——ひよわな"お客様"世代の増殖』KKベストセラーズ。

三宅義和（2008）「非選抜型大学生の授業イメージに関する調査報告」『神戸国際大学経済文化研究所年報』第17号，95〜111ページ。

三宅義和（2010）「大学生の職業選択に関する意識と大学の選抜性」『神戸国際大学経済文化研究所年報』第19号，29〜43ページ。

三宅義和（2011）「大学生の学びへの姿勢と大学の選抜性」『神戸国際大学経済文化研究所年報』第20号，1〜13ページ。

三宅義和・遠藤竜馬（2003）「限界大学における教学上の問題の考察（1）——学生意識調査での因子分析による検討を交えて」『神戸国際大学紀要』第65号。

諸星裕（2008）『消える大学　残る大学』集英社。

村澤昌崇（2009）「日本の大学組織——構造・機能と変容に関する定量分析」日本高

等教育学会編『高等教育研究』第12集，7〜27ページ。
杉山幸丸（2004）『崖っぷち弱小大学物語』中央公論新社。
トロウ，M.／天野郁夫・喜多村和之訳（1976）『高学歴社会の大学』東京大学出版会。
山田浩之（2009）「ボーダーフリー大学における学生調査の意義と課題」『広島大学大学院教育学研究科紀要　第三部』第58号，27〜35ページ。
矢野眞和・濱中淳子（2006）「なぜ，大学に進学しないのか――顕在的需要と顕在的需要の決定要因」『教育社会学研究』第79集，85〜104ページ。

●引用・参考 Web サイト
「18歳人口及び高等教育機関への入学者数・進学率等の推移」
http://www.mext.go.jp/b_menu/hakusho/html/hpab200701/002/003/004/2_3_3.pdf
「大学の機能別分化の促進と大学間ネットワークの構築について」
http://www.mext.go.jp/b_menu/shingi/chukyo/chukyo4/gijiroku/08121809/002.pdf
「大学の自主性・自律性に基づく機能別分化と大学間連携の促進」
http://www.mext.go.jp/b_menu/shingi/chukyo/chukyo4/houkoku/attach/1302347.htm

第2章
この国の高等教育政策の課題

居神　浩

1　マージナル大学論の意義

　本学の研究プロジェクトとして「大卒フリーター」をテーマに議論を進め，その成果を『大卒フリーター問題を考える』（ミネルヴァ書房，2005年）という題名で世に問うてから，およそ8年以上が経った。表面上のテーマは「フリーター」であったが，そこでより本質的な問題として議論したのは，フリーターにとどまらず学卒無業者や正社員就職をしても早期離職せざるを得ない若者たちを必然的に生み出さざるを得ない「大学」の問題であった。個人的にはそのような問題を把握するための概念として「マージナル大学」といういささか奇矯なネーミングを考案してみた。

　ここで「マージナル大学」の定義を確認しておくと，「受験生の選抜性を大きく低下させた大学群において生じた，伝統的な大学・大学生像では把握し得ない変化を捉えるための概念」となる。それは伝統的な大学・大学像を「中心」とした場合に，まさにその「周辺」で発生しているがゆえに「マージナル」なのだが，同時にそれは「必ずしも特定の大学群だけの現象を指すものではなく，学生の現状を正確に映し出すためのレンズ，あるいは現象の本質的な意味を考察するための思考の準拠枠組み」として提起したことを今一度確認しておきたい。

　また当初は日本の大学全体を俯瞰するような視点からこの概念を提起したのだが，その後，個々の大学現場における学生と教員との関係性を模索する視点

から「ノンエリート大学生に伝えるべきこと——『マージナル大学』の社会的意義」という論文を労働研究の学術専門誌である『日本労働研究雑誌』（2010年8月号）に投稿したところ，労働研究者のみならず，教育関係者も含めて様々なところから思いがけない反響をいただいた。うれしいことにほとんどが共感の反応であったが，ごく一部から特定の大学が市場から淘汰されるのを単に揶揄しているにすぎないという浅薄な誤解も受けたりした。ただそれはまともなかたちでは文章化されていないので，ここでは取り合わないことにする。

ところで学内の研究プロジェクトは上記著作の刊行後も継続されたが，マージナル大学概念そのものについて突き詰めて議論を重ねたわけではなく，どちらかと言うとメンバーそれぞれがばらばらにそれぞれのテーマを追求していったので，本章の議論は必ずしもプロジェクトの統一見解ではない。むしろ大きく見解を異にする場合もあるかもしれないので，あくまで私個人の考え方であることを初めにお断りしておきたい。

さてこの章で議論したいのは，「マージナル大学」や「ノンエリート大学生」といった新奇な概念を掲げながら，私が世に問いたかったことが，労働研究者や教育関係者の方々からの一定の評価を得ながらも，本来の呼びかけの対象である18歳人口およびその保護者，さらには高校の進路担当教員などにはほとんど「響かない」，あるいは「届かない」という現状についてである。

このところその原因をつらつら考えてきたのだが，ようやくたどりついたのは，この国の大学に関する議論や評価がすべて「市場の論理」でしか論じられていないのではないかという点である。すなわち，この国の高等教育政策に関する議論自体が「市場」ベースでしか組み立てられなくなってきているのではないか。そうだとするならば，政策論議を「大学生き残り競争」などという「市場の言葉」ではなく，教育の「社会的な意味」を問う方向へと「思考の準拠枠組み」（考え方の方向性を決める基本的な価値観）の転換を図る必要があるのではないかというのが本章の主要な論点である。

以上の論点を提起するために，まず私が「マージナル大学」の教員として「ノンエリート大学生」に伝えたかったことを，最近の論考（居神，2013a,

2013b）にもとづきながら，再びまとめ直してみたい。

2 「ノンエリート大学生」に伝えたかったこと

　ここで「ノンエリート大学生」とは「受験学習をほとんど経験することなく，受験生の選抜性を低下させた大学によって選ばれてしまった」若者たちを指す。彼らが大学の教育現場でどのような姿を見せているかについての「現場報告」は散々行ってきたので省略するが（居神，2011や2012なども参照），とにかくまさに「現場」で大学教員としてのプライドをかなぐり捨ててもやるべきこととして私が世に問うたのが，一つには彼らが初等教育の時点でつまずいていることによる「わからなさ」にとことんつきあうことと，もう一つは彼らを待ち受けている「しんどい職業人生」を生き抜くための知恵と気概を与えることであった。

　彼らの「わからなさ」につきあうということは，大卒の労働市場において要求される最低水準の基礎学力を身につけさせるといった意味で，「まっとうな企業」（最近，社会問題化している「ブラック企業」のような「ブラック」な要素が少しでも少ない企業）へ雇用される能力の開発につながる。しかしながら，もし「まっとうでない企業」，さらには「まっとうでない現実」に直面した場合に，ただ単にそこから逃げ出すのではなく，きちんとした「異議申し立て」を述べられるだけの能力も同時に身につけさせたい。

　以上を要するに，「適応」と「抵抗」の能力の開発こそが，「ノンエリート大学生」の決して本意ではなかったかもしれない大学生活を意義あるものにするために，「マージナル大学」の教員が取り組むべき課題であること，またそれこそが「マージナル大学」の社会的意義であることを主張してみたのであった。これらの課題を現場レベルで実践的にどのように進めていくべきか，もう少し具体的に論じてみよう。

（1）「適応」の能力開発のために

　最近ではよく大学生の基礎学力の低さについて，「小学校の算数もできない」，「中学校で最初に習う英語の文法も理解できていない」などと揶揄されているが，それは何も大学でつくられたものではなく，小学校から中学校そして高校にいたるまでの12年間にわたる教育の結果であり，それだけこの国の学力は「剥落」する傾向にあることはよく認識しておかないといけない。言い換えれば，中等教育段階ではいまだ達成されていない「普通教育の完成」を，高等教育段階でいわゆる「リメディアル教育」として保証するのが，「マージナル大学」の社会的意義の一つだと再び強調しておきたい。

　そのような認識に立った現場からの貴重な実践的提言として，小学校と中学校の教員であった杉浦和彦の「小中高を結ぶ学力20の指標」は，初等・中等教育から「先送り」された基礎学力の課題に直面せざるを得ないマージナル大学の教員にとって実に傾聴に値するものがある（杉浦，2010）。そしてこれはそのままマージナル大学におけるリメディアル教育の到達水準になり得るものだと考える。そこでまずは杉浦氏の提唱する「学力20の指標」を私なりに6つの領域に再構成して示すことにしよう。

1　国語基礎能力
　①教育漢字（小学校で習う1,006字の漢字）の90％を読み，80％を書くことができる。
　②適度な速さと大きさでノートに文字を書くことができる。
　③主語・述語がわかり，助詞が使い分けられる。
　④動詞・名詞・形容詞を見分けることができる。
　⑤ローマ字の読み書きができる。
2　国語教養
　⑥名作と言われる文学・伝記・科学的読み物を年に2冊は読んだ経験がある。
　⑦いくつかの詩歌・諺などを暗唱した経験がある。

⑧国語辞典・漢和辞典を使い，未知の語句を調べることができる。
3　コミュニケーション能力基礎
⑨あるがままの事実を時間的経過をたどって書き綴ることができる。
⑩一定の分量の話を整理し，人に伝えることができる。
4　計数能力基礎
⑪四則計算がよどみなくできる。
⑫基本的な単位換算ができる。
⑬基本的な図形が見分けられる。
⑭時間・距離の目算や概算ができる。
⑮割合（比・歩合・百分率）の意味がわかる。
5　社会理解基礎
⑯地図の上で東西南北をたどり，簡単な略図を描いて道案内できる。
⑰日本列島のおおよその形を描き，都道府県の位置がわかる。
⑱代表的な世界の国々の位置が予想できる。
6　学習習慣
⑲家庭学習（最低1時間）が習慣になっている。
⑳学習用具の使い方に習熟している。

　一見すると，これがなぜ「小中高を結ぶ学力」なのかと訝しく思う方もいるかもしれない。しかし残念ながら，このような水準の学力でも十分に達成できていないのが，この国の初等・中等教育の現状である。
　杉浦氏はもともと小学校の教員であったが，中学校の教員になって初めて，このような学力の「剥落」状態を知ったという。彼は自省の念をこめて，多くの国民（それは私の言葉では「ノンエリート大学生」ということにもなる）の願いは「学び直しに効く学力」であると語っている。実に含蓄に富んだ文章なので，やや長くなるが，以下に引用しておこう。

　　多くの国民は，世界を驚かすような大発見をするための学問や，大会社の

経営に参画する知識を，と考えているのではありません。きちんと働くため求められる知識，将来への希望を支える知識や技の習得のための基（もとい）となる学力をつけてやりたい，途中で希望が変わり，やり直したいと思った時に，必要な知識や技の学びを支えるだけの学力をつけてやりたいというのが現実の願いです。しかし，学校現場はほころびを見せ，子どもたちの学ぶ意欲や学ぶ基となる知識は衰えています。その衰えは，誤った判断，単純で狭い思考，社会や弱者へのいわれなき攻撃に向かい，悪知恵と偽装，技術のミスとして現れています（杉浦，2010，14ページ）。

「きちんと働くため求められる知識，将来への希望を支える知識や技の習得のための基となる学力」，これこそが「まっとうな企業に雇用されるための能力」，端的には「適応」のための能力である。たとえ本意ではない就職をしてしまったとしても，「途中で希望が変わり，やり直したいと思った時に，必要な知識や技の学びを支えるだけの学力」がついていれば，意に沿う就職の可能性は開けてくるだろう。

学力20の指標に即してもう少し具体的に言えば，「国語基礎能力」と「計数基礎能力」の上に，例えば「漢検」の2級レベルぐらいの漢字知識や，会社の数字を扱うにはどうしても必要な損益算の理解などがあれば，就職の筆記試験でよく用いられるSPIテスト（「言語検査」と「非言語検査」からなるが，要は「国語」と「算数」の問題である）の最低限はクリアできるはずである。また「国語教養」や「社会理解基礎」の上に新書や新聞を読む習慣がついていれば，就職の筆記試験で一般常識試験（SPIの内容をベースに，社会や時事問題などが加わる）が出されても十分対応できるようになる。さらに「コミュニケーション能力基礎」の上に社会人と会話する機会を増やしていけば，就職の面接試験も問題なく切り抜けることができるだろう。このような「就活」テクニックのためだけでなく，在学中の「学習習慣」は社会人になってからの「自己啓発」を通じて，より高い収入を期待できる可能性があるとの研究結果もある（矢野，2009）。

また，より直接的な職業能力の開発を目指すのならば，例えば業種・職種を

問わず社会人に必要な仕事の基礎能力を客観的に評価する検定試験として（民間団体によるものであるが文部科学省が後援している）「ビジネス能力検定試験」（通称Ｂ検。2013年度からは「ジョブパス」に名称変更されている）というのがある。この３級レベルは、「これから社会人になる人、新入社員に必要な基礎的能力を評価する」もので、内容としては、「ビジネスマナーとコミュニケーションの基本」の他、情報の収集やその分析のための表・グラフの作成、業種・業界の知識、売上と利益の計算など「仕事の基本」に関わる知識を問うものであり、大学のリメディアル教育に接合しながらキャリア教育として汎用的な「職業能力」の育成を可能にする内容となっている。

ただし、ここで「汎用的」と条件づけしたように、教育機関でできるのはせいぜい入職レベルにおいて一般的な「訓練可能性」を高める段階までであり、それ以上の本格的な「職業訓練」は専門の職業訓練機関に委ねるべきであるというのが私の見解である。

なお上述のＢ検３級の合格率は例年およそ80％前後と平均的にはそれほど高くないハードルであるが（ジョブパスになっても大体同じような水準のようである）、これは「学力20の指標」レベルの基礎学力水準を達していないと、なかなか越せないレベルではある。そして実際「マージナル大学」における入学者の学力レベルはそれをはるかに下回っている現状にある。

しかし、そのような状況をさらに放置してしまえば、若者の「意欲や学ぶ基となる知識」はますます衰えていく。そして「その衰えは、誤った判断、単純で狭い思考、社会や弱者へのいわれなき攻撃に向かい、悪知恵と偽装、技術のミスとして現れ」、この国全体の衰退へとつながっていくであろう。「マージナル大学」の市場からの淘汰を主張する人々は、中等教育機関以降の教育機関の消失がどのような社会的損失を招くか、ぜひ思いを巡らせていただきたい。

（２）「抵抗」の能力開発のために

このように「適応」の能力を何とかして身につけさせても、非正規雇用の急増に象徴される現在の労働市場の動向は、彼ら「ノンエリート大学生」の歩む

職業人生に様々な「しんどさ」を突きつけるであろう。その「しんどさ」は単に非正規雇用に伴う低処遇や不安定さだけでなく，正規雇用の道に進めたとしても十分予想されるものである。

かつての大卒ホワイトカラーを中心とした「エリートモデル」は，会社組織への過剰とも言えるコミットメントによって，管理職への昇進さらに経営者への展望をも抱かせるものであったが，今やそのような「見返り」は正規雇用においても十分に保証されるわけではない。現在，社会問題化している「ブラック企業」は過剰なコミットメントが何らの見返りも与えない典型例であろう。

そのような現状をよく認識すれば，会社組織とは一定の距離を置いたキャリア（職業人生）モデルをもっと考えてもよいはずである。欧米の「ふつうの人」は，若い内は賃金は上がるが，10年程度で打ち止めになり，その後は仕事の中身に応じた賃金となる。まっとうな生活を営む上で，会社から保障されない部分は，国の保障＝社会保障の役割となる。それがあって初めて，残業はほどほどで，いわゆる「ワークライフバランス」のとれた生活を送れるようになる（海老原，2012）。日本でも昇進の天井を定める代わりに勤務地を一定地域に限定する「地域限定社員」制度を導入している企業も少なくない。会社組織そのものではなく，会社内の「職務」（欧米で言われる 'job'）にコミットメントを限定した（もっとわかりやすく言えば「そこそこの働き方」を志向する）「ノンエリート」のキャリアモデルを学生たちに提示したいところである。

しかし現実には正規・非正規雇用の間の待遇上の懸隔は依然大きく，そのいわば中間に「限定正社員」の制度を確立しようという議論が起こりつつあるが，現時点では単に解雇しやすい正社員を増やすだけのことだと反対の意見も根強い。

しばらくは非正規のキャリアをいわば「デフォルト」（既定の職業人生）として，それに伴う様々な「しんどさ」に対抗できるだけの知識を与えておくほかない。この点についてはすでに大学の研究者だけでなく，NPOや地域労組，さらには地方自治体レベルでも様々な教育的取り組みが行われつつある。その主な内容としては，以下のような項目が挙げられる（児美川，2013，155ページ）。

①非正規の働き方の多様な形態，それぞれのメリット・デメリット等についての学習
②次のステップ（例えば，正社員への転換）への見通しの立て方の学習
③公的な職業訓練や求職者支援制度などについての情報提供
④労働法についての学習，相談・支援機関についての情報提供
⑤同じプロセスを歩むことになる者同士の仲間づくり

　以上の内容はすべて個人的には，私が担当している「労働経済論」や「社会保障論」の授業などで実践しつつあるものである。ただ①～④のような知識や情報に関するものはいくらでも個々の授業の中で提供できるのだが，⑤については児美川氏も指摘しているように，学校教育全体で取り組むべき課題であるように思われる。本来的に企業の論理とは隔絶した次元にある（べき）大学の文化の中で育まれるであろう「困難に向き合えることを支える仲間の存在を実感すること」こそが，単に労働に関する法的知識や制度的情報を頭に入れておくよりも，かれらの長い「しんどい職業人生」の力強い支えになってくれるはずである。
　この点に関連して，もう一つ内容的に付け加えるべき事柄があるとするならば，（職場だけに限らず）何か納得できないことがあった時に，「仕方ない」とあきらめてその場を立ち去ってしまうのではなく，「なぜなのか」と自分の思いを相手に伝えて何とかその場をより良いものに変えていこうとする「技」なのではないかと考えている。
　政治経済学者のアルバート・ハーシュマンの組織社会論的に言えば，「離脱」だけではなく「発言」のオプションをいかに行使するかが，その社会や組織の自己変革を大きく左右する。ハーシュマンによれば「国家から家族に至るまで，およそ人間の関わる全ての制度において，発言は，いかに『厄介な』ものであろうと，その制度に関係するメンバーが日常的につきあっていかなければならないものなのである」（ハーシュマン，2005，15～16ページ）。
　「抵抗」というと組織の「破壊」につながるようなニュアンスで捉えるむき

もあるかもしれないが，ハーシュマンの発言オプションに含意されているように，それは組織の「自己変革」をもたらすものであることに留意すべきであろう。

（3）「適応」と「抵抗」の間で

ところで以上の議論はあくまで「教育」の範疇におけるものである。しかし，大学教育の現場ではこうした「教育」の論理を超えた課題を抱えた学生にも対応せざるを得ないという現実がある。それは家庭の経済上の問題であったり，本人の発達上の問題であったりと学生によって様々である。その実態について詳細に述べることは避けるが，彼らの存在に真摯に向き合おうとすれば，「適応」や「抵抗」の能力開発といった「教育的アプローチ」では十分ではない。では何が必要かといえば，おそらく「ソーシャルワーク（社会福祉）的アプローチ」なのではないかと考えている。この点についてはまだ体系的に論じる段階ではないが，大学が真剣に取り組むべき課題として試論的に触れておくことにする（居神，2013c を参照）。

さてソーシャルワークにおける支援は通常，①「インテーク」（主訴の把握）→②「アセスメント」（課題の見立て）→③「プランニング」（計画の策定）というプロセスをたどる。この最初の段階で，学生が自らの進路決定に向けてどういったところでつまずいているのか，声にならざる声も含めて，正しく捉えなければならない。

つまずきのきっかけは，おそらく大学入学以前から始まっているものと思われる。同級生や上級生などからのいじめ，学校の先生との対立，家族間の不和などから，不登校などの不適応経験が多かれ少なかれあるはずである。そこから現在も，行動面の問題として，こだわりや異常行動，昼夜逆転などの生活リズムの乱れ，インターネットやゲームなどへの依存行動が見られるかもしれない。さらには，精神疾患や知的障害の疑い，そしてこれがどこの大学でも問題視されてきているのだが，学習障害や ADHD，アスペルガー症候群などの発達障害の疑いなども配慮すべきかもしれない。このような領域でのアセスメン

トについては，臨床心理士や精神保健福祉士だけでなく精神医学などの専門性が要求されるようになる。

　このようにしてきちんとしたアセスメントにもとづいて個別の支援プログラムが作成されたら，まずはスモールステップで目の前の課題を少しずつクリアしていくことが重要である。そしてある程度の課題をクリアできたら，大学卒業後の具体的な進路について目標設定を行う段階に入っていく。例えば民間企業への一般就労を目標とした場合，なかなか「定番の就活路線」には乗れない可能性がある。そうするとそれとは別ルートの就職先の開拓が必要になる。ここでは，障害者就労の「ジョブコーチ」(職場適応援助者)のような手法で，受け入れる企業側への適切なアドバイスができる専門家，例えば中小企業診断士や社会保険労務士などの専門性が要求されるであろう。

　現在のところ，こういった支援は，NPO法人や地域の若者サポートステーションなど大学の「外部」で行われている。またこういった機関における相談者に占める大卒者の割合は増えてきているという。それならば，大学在学中からこのような専門家がチームとなって，いわゆる「アウトリーチ」(支援の手の差し伸べ)の手法でもって，大学の「内部」でアプローチをかけられる体制づくりが必要なのではないかと思われる。

　いくつかの若者サポートステーションなどではすでに実践されているが，「就労から距離がある若者」には，まずは社会体験や仕事セミナーから始まり，簡単なジョブトレーニングを受け，短期間のインターンシップを体験してみるなどの「段階的アプローチ」が有効である。それならば大学を卒業して「無業者」となってからでなく，大学在学中からの「アウトリーチ」により，できるだけ早期に効果的な支援の手を差し伸べることを真剣に検討すべきではないだろうか。

　しかし現実にはこのような一群の学生たちの存在が大学の内外できちんと認識されているとは言い難い。認識したとしても，それに対応するだけのスキルが大学の教職員にはない。さらに大学経営の立場からすれば，入試広報の戦略上は，そういった学生は，「就職率」の分母から（「就職を希望しない学生」とし

て）削ればよいので，何らかのケアをしようとするインセンティブが働きにくい。したがって，彼らは大学からいわば「ネグレクト」されたかたちで，本来必要な支援が受けられないまま，大学を離れていってしまうのである。

この「ネグレクト」（必要な配慮の怠り）は意図的というよりは教育機関であることの必然といった意味で「構造的」なものである。構造的に「不可視」の状態に置かれたまま，卒業後に『学校基本調査』という公式統計上「進学も就職もしなかった者」というかたちで，あくまで「数字」として立ち現われてくるが，教育現場における彼らの実態は依然「不可視」のままである。

ではどうすればよいのか。なかなかすぐに決定的な解決策が見出されるわけではないが，少なくとも「教育」のアプローチでは，この問題は解決しがたいということは明らかであろう。あえてスローガン的に言えば，「ソーシャルワーク（社会福祉）的アプローチ」による進路支援を大学の内部で実施できる体制づくりを，ということになろう。

ただここで急いで明確にしておくべきは，教育的アプローチの限界を指摘したのは，大学教育の責任外であることを主張したいがためではない。むしろ逆に，教育とは異なるアプローチを取りながらもなお，大学はいったん受け入れたすべての学生に最低限の「職業能力」をつけさせるとともに，「市民」としての責任を果たし得る者として世に輩出する責任を担っていることを明確に述べておきたい。

（4）「良き職業人」と「良き市民」の育成に向けて

前掲拙稿（居神, 2010）では，「まっとうな会社に雇用されうる能力」とともに「まっとうでない現実への異議申し立て力」について提起したが，本稿ではそれらを「適応」と「抵抗」（その間に置かれた者へのアプローチも含めて）の能力開発としてもう少し具体的に議論を展開してみた。

さて，ここでこれまでの議論を端的なキャッチフレーズにまとめてみると，「良き職業人」と「良き市民」の育成ということになろう。「良き職業人」とは「ノンエリート」のキャリアモデルに象徴されるように，会社組織と一定の距

離を置き，会社内の職務（もしくは会社を超えた「職業」）にコミットすべき「ワーク」の範囲を限定し，「ライフ」（職業以外の生活）とのバランスを取ろうとするキャリアを志向する人を意味する。

　「良き市民」の育成については，先述の「非正規雇用のリテラシー」をはじめとした労働法教育の重要性がひとまず指摘できよう。ただそれは単なる知識や制度の紹介・理解にとどまってはならないことをここで強調しておきたい。本当に重要なのは，自分たちの力で自分たちの職場をより良く改善できるという信念を抱かせるための教育である。その意味では，労働者が団結することの力（最近退潮の一途を辿っている労働組合の力量とはまさにこの点にある）を伝えない「労働法教育」は真の「異議申し立て力」の育成にはつながらないと考える。

　この点をもっと一般化して述べれば，「異議申し立て力」の概念は，人々の様々な思惑やニーズがぶつかりあって「先送り」にされてきたこの社会の課題を，少しずつ丁寧に解きほぐしながら，少しでも良い方向に向けて地道に解決しようとする「市民の力量」を育成することにまで広がる。今から思えば2011（平成23）年3月11日の東日本大震災は，そのことを私たちに気づかせてくれる最大の契機であった。ところが時代の流れは，そうした力量を持った「市民」の間での話し合いを通じた調整のプロセスよりは，社会全体を一気に変えようとする「ヒーロー」の出現を待望する方向に向いているように思われてならない（湯浅，2012）。

　「満たされない自分の思い」をすべて社会の責任にしたり，あるいは誰かに解決してもらうのではなく，また別の「満たされない思い」を抱えた他者とかかわりあいながら，今よりは少しでもマシな解決策を導き出すための力量を身につけさせることこそ，大学教育が担うべき「市民性の育成」という課題ではないだろうか。

　この点に関しては，スウェーデンの中学社会の教科書を翻訳した『あなた自身の社会』（川上邦夫訳，1997）が大変示唆に富む。この教科書では，訳者まえがきに述べられているように，「人は各人各様の意見をもつ一方，共通した悩みや問題を抱えていること」をわかりやすく指摘している。そして「恵まれな

い家庭環境に育った者も，犯罪を犯した者も，自分の能力に自信のない者も，何にたいしても興味や関心をもてない者も，そうした状況を克服して建設的な生き方ができること」を繰り返して主張している。さらに「社会を動かしているあらゆる制度や規則は，異なった見解をもつ人びとの妥協の結果として存在しているが，もしより多くの支持者を獲得できるならば，それらを変えることが可能であること」を子どもたちにメッセージとして伝えている。

　初等・中等教育において，このような「市民性の育成」を意識した教育が行われていれば何も言うことはないが，現状を見る限りは，高等教育がポスト中等教育機関としてそれを担わざるを得ないような状況がある。マージナル大学は「職業大学」に特化すべきという見解もあろうが，先にも述べたように，職業教育に重点を移しつつ，「市民性の育成」にも気を配った（実にアクロバティックな）教育を志向すべきというのが，私の考えである。

③ 市場の論理でしか語られない高等教育

（1）　市場の声と大学の「生き残り」

　しかし残念ながら，このような思いは「市場」にはなかなか届かないようである（なお「市場」とはここではひとまず「18歳人口のうち大学進学を希望する高校生およびその保護者，あるいは高校の進路担当教諭など」を指すものとする）。汎用的な「職業能力」の開発に努めながら，なおかつ「市民性の育成」にも配慮する大学教育と言っても，おそらく「市場」はほとんど評価してくれない。

　例えばこの点に関して，先に少し触れた法政大学キャリアデザイン学部の児美川孝一郎は『キャリア教育のウソ』（2013）というなかなか刺激的なタイトルの本の中で，「正社員モデル」を前提とした「俗流キャリア教育」を批判して，「非正規雇用を見据えたキャリア教育」の必要性を主張している。

　その内容については先に引用した通りであるが，さらに続けて「生徒も保護者も，とってつけたような『正社員』就職への支援ぶりをアピールするような高校や大学にはそっぽを向いて，『残念ながら，全員が正社員として就職でき

るわけではありません。しかし，そうなった時への準備教育と，卒業後のフォローについては充実した支援体制を組んでいます』という学校を支持すればよいのである。高校も大学も，慌ててその姿勢を転換するだろう」（前掲書，154ページ）と述べている。しかし今のところ，そのような支持をいただくことはほとんどないし，よって高校や大学が慌ててその姿勢を転換することも起きていない。

　現実として高校や大学が「就職実績競争」に走らざるを得ないことは児美川氏もよく認識している。すなわち，「『うちの高校（大学）では，非正規雇用になっていく生徒（学生）に対するキャリア支援が充実しています！』などと宣伝したところで，生徒（学生）確保の好材料になることは，ほぼ間違いなくないだろう。むしろ，マイナスの効果を生むだけである」（前掲書，153ページ）。そのような状況の中で「就職実績競争」から抜け出せるようになるためには，日本社会に根強い「正社員モデルへの信仰」をなくすべきという提言を行っているのだが，しかしそれは現時点ではきわめて困難だろうと私は考える（居神，2013dも参照）。

　なぜならば，教育に関しては「市場の声」が圧倒的に大きいからである（ここでは「市場」を広く「教育サービス」の「消費者」一般という意味で用いる）。市場の論理では私的な投資がどれだけ私的な便益となるかが唯一の評価基準となる。現在の労働市場を前提とするならば，「正社員モデル」（正社員就職こそが最も「安定」した職業人生を送ることができる唯一の職業人生モデルであるという考え方）が支持されるのは当然の帰結であろう。実際，私も学生たちにはまずは「正社員モデル」を推奨はしているのである。わざわざ非正規雇用のリテラシーを高めることだけを大学教育の「売り」（教育を「サービス」と捉えるならば「売り」という言葉が適当だろうし，また大学広報では現に常用化している）にしているわけではない。「売り」を強調すればするほど，むしろ「正社員モデル」へと学生たちを誘導せざるを得なくなる。

　しかし「正社員モデルの内面化」（児美川氏が批判する「俗流キャリア教育」！）だけで安定的な職業人生を歩めるのかと言えば，それは実に「甘い」考え方だ

と言わざるを得ない。現実に非正規雇用が雇用者の3割を大きく超えるようになった現在の労働市場において，若年者がその長い職業人生のどこかの時点で非正規雇用に就くことになるのを想定しておくことこそが「現実的」な考え方だと個人的には考える。しかし「就職実績競争」に巻き込まれた高校や大学では，そのような現実は「想定外」にした方がたしかに「生き残り戦略」としては合理的なのだろう。

こうして「市場の声」に従えば従うほど，大学は生き残りの確率を高めることができるのだろうが，そうすると大学の教育内容は驚くほど似かよったものになっていく。試しに書店などで各大学の教育内容に関してまとめた雑誌を手に取ってみると，ほとんどの大学が「グローバル化」とか「国際化」を全面に打ち出しているのに気がつくだろう（例えば，『卓越する大学』2014年度版，大学通信などを参照。そこで，国際基督教大学が「リベラルアーツ」を，武蔵大学が「ゼミの武蔵」を掲げているのを見ると何だか「懐かしい気分」になる）。

多くの日本企業の課題が「グローバル化」「国際化」であるならば，そうした「市場の声」に応えるのが，大学の「使命」なのかもしれない。しかしそうやって大学が「多様性」を失っていくことには，大学に少しでも関係する人はもっと危機感を持った方が良いのではないだろうか。自然界でも人間の社会でも，多様性が乏しくなることは衰退への序章であることは自明の理だからである。

（2） 大学のミッションと「社会の声」

さてそもそも大学はこれほどまでに「市場の声」に従わないといけない存在なのであろうか。少なくとも「原理的」に考えれば，教育は「学びたい」という人間と「教えたい」という人間がそれぞれ一人ずつでもいれば成り立ち得るものである。およそ学校という存在の原理的根拠はここにある。それは大学であっても変わりはない。特に歴史的に民間部門を中心に発展してきたこの国の大学においては，最初に「これを教えたい」として大学を創立した者の思いが現在に至るまで大学としての基盤を形成しているとするのが正統な考えであろ

う。「大学生き残り競争」という危機的状況になるほど、そうした創始者の思いに心を寄せることが必要になってくる。初めに「教えたい」という思いがあり、それに「学びたい」という思いが共鳴する。この時点で大学という存在の社会的使命が成立するのである。

　それゆえに、大学組織の構成員は少々「霞を食う」ような思いにも耐えなければならない。そこにはそもそも「儲ける」というような動機は存在しないからである。「市場の声」は常にこの投資がどれだけの利益となって返ってくるかだけを考える。利益とならない投資はあり得ない。しかし教育はそもそもそのような利潤動機では成り立ち得ないものである。大学は「これを教えたい」という創始者の思いを基盤に、「それを学びたい」という者が一人でもいる限り、そこにあり続けるというのが本来的な姿のはずである。そして、どのような大学がそこにあり続けられるかは、「市場の声」ではなく「社会の声」に委ねられるべきである。大学は「儲けたい」という思いをどれだけ叶えるかではなく、「教えたい」という思いと「学びたい」という思いがきちんと共鳴しているかどうかによって、その存在価値を評価されるべきだからである。

　そうした大学の社会的存在価値を評価する「社会の声」は当然「市場の声」とは異なる論理を持つ。「市場の声」が私的に投資されたものが私的にどれだけ利益となって返ってくるかという論理によるものとするならば、「社会の声」は公的な投資による公的な便益を評価するという論理をもとにする。これをもう少しわかりやすく展開して表現すれば、「みんなが助け合い、社会に貢献する教育システムを設計するためには、自己利益のマネー（家計）ではなく、助け合いのマネー（税金）によって支えられなければいけない」（矢野，2011）ということになろう。残念ながら、この国の「社会の声」は大学教育に対しては膨大な（本当はそんな額ではないのだが）「無駄なお金」が使われていると考えている。公的な負担を「死に金」ではなく「生き金」となるようにするためには、どのような高等教育に関する政策形成を図るべきか。最後の節でこのきわめて重要な論点について試論的な検討を行い、この章のまとめとしたい。

4 この国の将来のための高等教育政策に向けて

（1）　計画から市場の時代へ

　高等教育に関する政策論議を行う際にまず押さえておくべきなのは，この20年間の間に大学を取り巻く状況が激変したということである。これを端的に表すと「計画の時代から市場の時代へ」（天野，1999）ということになる。天野（1999）にもとづいて，ごく簡単に説明しておくと，戦後日本の高等教育政策は「市場モデルを志向する拡張主義的な諸力」と「計画モデルを志向する制限主義的な諸力」との葛藤によって動いてきたという。制限主義的な政策として高等教育の量的拡大を抑制しようとする「計画の時代」は1970年代に始まる。

　この間，高等教育の進学率は一定の水準に抑えられてきたが，第2次ベビーブームによる進学圧力を受けて，1990年代に入り制限主義的な政策は放棄されるに至る。1992（平成4）年の大学設置基準の「大綱化」はその象徴であり，この時から高等教育の「規制緩和」あるいは「自由化」が急速に進むことになる。そのことが大学にとってどのような意味をもたらしたのか。

　天野の分析は実に含蓄に富むので，やや長くなるが以下にそのまま引用しておこう。

> 　……この改訂によって大学・短大，とりわけ私立の大学・短大は，文部省（引用者注：当時）の規制から大幅に「自由」になった。それは大学・短大が文部省の父権主義的な「庇護」からも自由になり，はげしい「競争」の世界へと，解き放たれたことを意味している。いいかえれば大学・短大は，前途に予想されるきびしい生存競争のなかで，生き残り，発展する自由とともに，競争に敗れ十分な学生数を集めることができず，廃校や閉校に追いやられる自由をも手に入れたのである（天野，1999，39ページ）。

　15年近く前に書かれた文章であるが，まさに現在の状況をよく言い当てい

る。「市場の時代」だからこそ，大学の「生き残り」に関する唯一の審判者は「市場の声」なのである。しかしそれにしても，この「生き残り競争」の勝敗はわかりやすすぎる。要するに「偏差値の低い大学」あるいは「資金力のない大学」からつぶれていく，ただそれだけのことである。「自由の代償」といってしまえばそれまでであるが，「ゲームの当事者」としてはここで大いに異議申し立てをしておきたいところである。

　「市場の声」の論理にある基本前提は，「教育の費用は私的に負担すべきである」という価値観である。この価値観自体を疑うことから高等教育政策の議論の立て直しができないだろうか。教育と社会保障に関する市民の意識調査によれば，いくつかの政策について「税金が増えてもいいから積極的に進めるべきだと思いますか，それとも税金が増えるなら積極的に進める必要がないと思いますか」という質問に対して，年金や医療・介護に関しては「税金が増えても積極的に進めるべき」に賛成の割合が7～8割程度だったのが，「大学の進学機会」に関しては賛成は3割に満たなかった（24.9％）という（矢野，2011）。それだけ「高等教育の私的負担」は自明視されているのだが，教育だけがなぜ「私事」なのだろうか。「市場の時代」において「社会の声」を復権させる契機はどうやらこのあたりにありそうである。

（2）　市場の時代における「社会の声」

　実はこの国の高等教育政策においてきわめて一貫した前提は「高等教育の私的負担」という点にある。おそらくこれが政策的な争点になったことはほとんどなかったのではないだろうか。小林雅之（2013）によれば，「教育の費用を誰がどのように負担するかは，日本ではあまり正面切って論じられてはこなかった。だが海外では教育費負担は常に非常に大きな問題であった。最大の論点は公的負担から私的負担への移行に伴う問題だが，これは私的負担が重い日本からみると，わかりにくい問題だった」という。

　教育の私的（＝親）負担の背景にあるのは，親が子どもの教育の責任を持ち費用を負担するのは当然だろうという「教育の家族主義」であると小林は指摘

している。しかし，大学教育の現場では，このような「教育の家族主義」がそろそろ限界に近づきつつあることを実感している。この数年間で急速に奨学金受給者が増加しているのである。奨学金のほとんどが「貸与」であるこの国の現状からすれば，それは教育費の負担が親から子（学生本人）へとシフトしつつあることを意味している。さらに教育費や生活費を工面するためのアルバイトが学生の日常生活の常態として組み入れられてしまっていることは，本来の勉学に費やすべき時間を大いに制約する要因となっている。

　このような現状をふまえれば，教育費の負担を私的（親あるいは子ども）に求める構造を維持するのか，それとも思い切って公的負担へと転換するのか，政策論争を提起すべき時が来ているように思われる。

　小林はこの点に関して，以下の3つの課題を提起している。第1が教育費の公的負担の意味の問い直しである。その根拠は一般に教育の外部経済（費用や便益が当事者以外にも及ぶ）に求められるのだが，教育の「公共性」についても同時に指摘している点が重要である。第2は学生支援制度の改革である。その根拠は教育機会の格差拡大の是正に求められている。具体的には給付制の奨学金の拡充や所得連動型ローンの創設などが提案されている。最後は財源確保の問題である。授業料と奨学金だけでなく，外部資金や寄付の活用，さらには機関補助（学校に対する補助）と個人補助（学生に対する補助）の組み合わせの在り方が問われるところである。

　いずれも重要な課題提起だと思われるのだが，現実にはなかなか政策的な争点として顕在化してこないのはなぜなのだろうか。おそらく政策形成にはそれ自体としての「正当性」だけでなく，世論を喚起するだけの「インパクト」が必要なのだろう。その点で高等教育政策を教育費政策として展開していくためには，残念ながらまだインパクトが不足していると言わざるを得ない。

（3）　政策形成のためのインパクト──「アイデア」と「知識」
　現在最も大きなインパクトが期待できる高等教育政策に関する争点は「大学の数を思い切って減らすかどうか」という点であろう。早晩「市場による淘

汰」で大学の数は徐々に減っていくのだろうが，その前に「何らかの基準」を設けて大学の数を思い切って減らしてしまったほうが良いのではないかという問題提起である。

「大学の数は多すぎる」という世論の認識はすでにかなり一般化しているものと思われる。そこに例えば「18歳人口の10％」まで大学の進学枠組みを縮小するという政策提言が行われたらどうなるだろう。この10％という水準はこの国の高等教育進学をいわゆる「エリート段階」に戻すことを意味する。世界水準にある「研究大学」だけを残して，「イノベーション」を担えるエリートだけをそこで育成するというわけである。かなり世論の支持を集める政策提言であるかもしれない。

個人的にはこのような高等教育に関する「エリート戦略」が一度争点になってもらいたいと考えている。そしてこの戦略が採られた時に，この国全体のマンパワーはどのような水準に推移していくのか，きちんとしたシミュレーションをしてもらいたい。容易に想像される結果は，「イノベーションを担う少数のエリート」と「低技能・低賃金の大多数の大衆」との２極分化である。たしかにこのような結果を期待している「利害関係者」も多くいるだろう。だが一国全体として社会の安定性や共同性はどこまで担保できるだろうか。

結局このような「大学の強制的退場」戦略はどの程度まで「退場」させるかによって社会に与える影響は大きく異なってくる。程度に関する合意が調達できるかどうかが，この戦略の現実的可能性を左右する。おそらくその合意はきわめて難しいか，おそろしく時間がかかる。合意の前に「市場による解答」が出てしまうだろう。今のところ，最も現実的可能性が高いのは「大学の自然淘汰」戦略である。というよりすでにその戦略が採られている。しかしこれはもはや高等教育「政策」ではあり得ない。市場が「最適解」を出してくれるというのならば，わざわざ「政策」を論じる意味はないからである。

要するにこの国の高等教育には政策と言える政策は存在しないのである。存在するのは「自然淘汰」によって「偏差値の低い大学」もしくは「資金力のない大学」からつぶれていくというすでに半ば答えの出ている戦略論しかない。

いま最も必要なのは、まともに論じるに値する政策論である。

　この点に関してある文部科学省の政策担当者による提言は傾聴に値するものがあると思われる。合田（2009）が論じているのは、政策形成における「アイデア」と「知識」の重要性である。ここで「アイデア」とは、研究および調査によって得られた科学的知識を源泉とする、政策の進むべき方向および手段に関する信念のことである。そして「知識」はアイデアを実現し政策形成にインパクトを与える資料やデータなどを意味する。合田はこの分析枠組みを用いて、国立大学の法人化や学習指導要領の改正における政策形成過程を分析しているが、残された紙幅も少ないのでここでは紹介を省略することにする。

　最後にごく簡単に私なりにこの分析枠組みにもとづいて高等教育政策に関する「アイデア」を提起するならば、さしあたり「高等教育の公共性の復権」という言葉が思い浮かぶ。つまり、大学には学生や保護者、教職員など個々の構成員の利害を超えて社会的に存在する意義があるという論理である。私があえて「マージナル大学」などという奇矯な概念を作り出して世に訴えたかったのは実はこういうことである。「マージナル大学」が「社会のための大学」として存在意義を主張するためには、どのような「知識」による下支えが必要なのか。それは「マージナル大学」を単に「マージナル」では終わらせようとはしない人々によって語られ議論されていくだろう。そしてこの議論はともすれば大学関係者の中でだけしか通用しない「教育の質保証」を社会一般に開いていく契機にもなろう。この章に続く各章の議論が社会に対して様々な角度から「アイデア」と「知識」を提供していることを期待して稿を閉じることにする。

●引用・参考文献

　アルバート・ハーシュマン／矢野修一訳（2005）『離脱・発言・忠誠』ミネルヴァ書房。

　アーネ・リンドクウィスト，ヤン・ウェステル／川上邦夫訳（1997）『あなた自身の社会——スウェーデンの中学教科書』新評論。

天野郁夫（1999）『大学——挑戦の時代』東京大学出版会（UP 選書）。
居神浩・三宅義和・遠藤竜馬・松本恵美・中山一郎・畑秀和（2005）『大卒フリーター問題を考える』ミネルヴァ書房。
居神浩（2010）「ノンエリート大学生に伝えるべきこと——『マージナル大学』の社会的意義」『日本労働研究雑誌』第602号。
居神浩（2011）「最低の就職内定率のなかで，ノンエリート大学生問題を考える」（職場の人権第138回〔2011年3月11日〕月例研究会報告）『職場の人権』第71号。
居神浩（2012）「学卒未就職という不条理——大学教育の現場で今できること」児美川孝一郎編『これが論点！ 就職問題』日本図書センター。
居神浩（2013a）「マージナル大学における教学改革の可能性」『大衆化する大学』（シリーズ大学第2巻）岩波書店。
居神浩（2013b）「ユニバーサル型大学における学士課程教育——ノンエリート・キャリアを展望して」『大学教育学会誌』第35巻第1号。
居神浩（2013c）「マージナル大学における支援の課題——アカデミックでもなく職業教育でもなく」小杉礼子・堀有喜衣編著『高校・大学の未就職者への支援』勁草書房。
居神浩（2013d）「市場の声が求めていないこと」『ビジネス・レーバー・トレンド』12月号。
海老原嗣生（2012）『雇用の常識（決着版）——本当に見えるウソ』ちくま文庫。
合田哲雄（2009）「文部科学省の政策形成過程に関する一考察——『アイデア』と『知識』に着目して」『日本教育行政学会年報』第35号。
小林雅之（2013）「教育費『誰が負担』議論を」日本経済新聞朝刊，9月30日。
児美川孝一郎（2013）『キャリア教育のウソ』筑摩書房。
杉浦和彦（2010）『小中校の学びを結ぶ学力二〇の指標』きょういくネット。
矢野眞和（2009）「教育と労働と社会」『日本労働研究雑誌』第588号。
矢野眞和（2011）「日本の新人——日本的家族と日本的雇用の殉教者」『日本労働研究雑誌』第606号。
湯浅誠（2012）『ヒーローを待っていても世界は変わらない』朝日新聞出版。

第3章
低選抜型大学淘汰論への批判

遠藤竜馬

1 「下流大学は日本を滅ぼす」のか

　昨今，日本の教育崩壊や学力低下の傾向に関し，大学，とりわけ入試偏差値の低い大学（以下，本章では「低選抜型大学」と表記する）がガンであるとする論調が巷に根強い。ネットを少し検索するだけでも，「大学の数（定員）が多すぎる」，「底辺大学を淘汰しろ」といった意見は無数に見られる。そうした"空気"の中，期を読むに敏い著者の手によって，『下流大学が日本を滅ぼす！』（三浦展，2008，ベスト新書）という単刀直入なタイトルの本までが出版された。その序文で，三浦展は次のようなアジを飛ばしている。

　「今や大学を選ばなければ誰もが大学生になれる時代なのだ。大学全入時代を迎え，学ぶ意欲や向上心の低い大学生が増えているからだ。本書では，そうした若者を生む大学を"下流大学"と呼ぶ。……大学は，そういう学生をまともに矯正せずに社会に送り出しているのである。……日本の教育は，16年かけて，そうしたバカを大量生産し，最後の仕上げに大学がバカに磨きをかけて，社会に送り出しているのだ。大学は，日本を破滅させる気なのか？　大学がみずからの保身のためにバカを大量生産して社会に送り出し，社会の活力を阻害しているとしたら，大学行政というのは，不要な高速道路を大量に造って国民の借金を増やしてきた，あの悪名高い道路行政と同じではないか？　そこで本書は，今時のバカな，バカなだけじゃなくて，ひよわ

で，甘えん坊で，自己愛の強い学生たちの実態を探り，さらに，そういう学生を生み出す入試制度，教育制度にメスを入れ，それを踏まえて，まともな人間を生み出すための処方箋を示したい」。

同書をざっと眺めるに，「イマドキの大学生の実態」をめぐる個別具体的な事実認識に関しては，三浦氏と私との間に決定的な距離はなさそうだ。しかし現場の人間から見ると，焦点を当てるべきポイントが微妙にズレていると感じる点が少なくなく，そうしたズレの積み重ねから下される結論には，とうてい肯定できないものも数多く含まれている。

例えば，〈大学こそが学力低下の原因〉と見出しを立てて三浦氏は断じている。一体何を言っているのかと思って読んでみると，そこに書いてあるのは，全入化で誰もが大学に入れるようになった，だから勉強する子が減り，学力が低下した……と，それだけだ。そしてこの分析（？）に従い，〈大学進学率は20％に〉と氏は主張し，しかも「合格ラインを下げないと学生が不足して倒産するというのなら倒産すればいいのである」と切って捨てる。

また，〈大学に学力低下を批判される筋合いはない〉との一節では，学生の文化度（文化的嗜好）の大学間格差にふれた上で，「勉学の面でも文化の面でも"下流"な大学が増えて，"下流"な学生を輩出していく。今の大学の在り方に，いかに問題があるかってことがわかるね」，「こんなバカに大学は教えることはできない，ちゃんと教育してから大学によこせと言う。でも，だったら合格させなければいいだろって私は思うね」，「大学側がゆとり教育のせいでバカが増えたと批判するのは問題のすり替えだと私は思いますね」などと放言して終わる。

同書は，あとがきに「語り下ろし」と記されている通り，また口語調のくだけた文体からも察しがつくように，ごくごく軽いノリで作られた本だと思われる。ご本人や出版社は，軽い本なんだからあまり細部まで突き詰めて読まないでほしいというメッセージを発しているつもりなのかもしれないが，そうは問屋が卸さない。論理立ての曖昧とした印象論を羅列することを通じて，教育崩

壊の原因を大学とりわけ一部の低選抜型大学へと帰属し、大学淘汰を支持する"空気"に迎合する方向へと読者をミスリードしかねないこの本は、非常にたちが悪いポピュリズム的煽動だ。

公正を期すために申し添えると、同書を詳細に読み解いていけば、傾聴に値する提言もしっかり含まれている。例えば三浦氏は、「一般大学」の定員数を進学率20％程度まで抑えると同時に、実務的な「職業大学」のカテゴリーを設け、そちらをマジョリティに開放するべきだと述べている。それを職業大学と呼ぶかどうかはともかく、大学制度そのものを多元化していくという方向性は決して間違っていないし、〈履修ではなく習得を重視する〉との主張も同意見だ。が、詳細を端折るところに醸し出される同書の全体的印象は、やはり「底辺大学を潰せ！」なのである。

2 低選抜型大学の苦境は初中等教育の尻拭い

その手のファジーな議論に対して真面目に反論しても益はないのかもしれない。だが、いくら何でもミスリーディングが過ぎるので、言葉尻をつかまえて挙げ足を取らせてもらえば、「そうした（バカな）若者を生む大学」（傍点引用者）という表現、これはまさしく、論理的に破綻しているにもかかわらず読者の"気分"に訴えることで真実らしさを得るタイプの似非命題だろう。本書を手に取られるような方は重々おわかりだと思うが、もし彼らが「バカ」なのだとすれば、すでに高校までの学校生活の中ですっかりそのような状態にされてしまっているのであり、大学がそうした若者たちを生んでいるわけではないのだ。

「学力低下」や「学びからの逃走」といった問題の本質はあくまで初等・中等教育なのであって、そこで生み出された「学ばない若者たち」の在り方が彼ら自身と日本社会の未来へと投げかける陰鬱な影は、仮に低選抜型大学が淘汰され尽くしたところで何も解決しない。「大学に入りやすくなったせいで子どもたちが勉強しなくなっている」という妄言に対しては、「だったら中学や高

校が自分たちで出口管理しろ！」の一言で終わりだ。そもそも，ある課程のアウトプットの管理を，次の課程のゲートキーピングへと転嫁する仕組みを続けてきたことこそが本末転倒なのである。

　私は前共著の中で，低選抜型大学に現在のような困難をもたらし，また身動きを取れなくしている構造的（外部的）要因として次の5つを挙げ，「（低選抜型大学の）ジレンマならぬペンタレンマ」と呼んだ（遠藤竜馬，2005，「マージナル大学のソフト・ランディングは可能か――ノンエリート高等教育への提言」，居神浩ほか，『大卒フリーター問題を考える』ミネルヴァ書房）。その後さらにもう一要素（⑥）を追加し，「ヘキサレンマ」と称して各所で吹聴している。

①初等・中等教育で，低学力かつ学びへの意欲や学校的価値へのコミットメントを喪失した生徒が大量に生み出されている状況
②入学者が依然として18歳人口に一極集中し，成人・社会人への年齢層の分散がないこと
③大学の総定員と18歳人口とのバランスから帰結する進学率増
④学生を学びに向かわせるためのコントロール手段の不足
⑤その在り方や社会的役割・存在意義について，低選抜型大学には高度選抜型大学とは異なる基準を適用することへの制度的裏打ちや社会的合意が確立されていないこと
⑥高等教育費の大部分が，学生／家庭の私費負担によってファイナンスされていること

　こうしたテーゼを踏まえつつ，低選抜型大学が直面している苦境は，「日本の教育敗戦のガダルカナル」に他ならないとここで明記しておきたい。ガダルカナルとは言うまでもなく，兵站すら途絶えた最前線での孤独で絶望的な消耗戦の喩えだ。すべてが大本営＝文部科学省のせいだとは言わないまでも，教育制度／文化状況／労働経済といった様々な要因が絡み合って生み出された矛盾が，これまでも進路多様高校や教育困難高校で働く教員たちの地を這いずるよ

うな実践と日々の徒労へと転嫁されてきて，今やその戦列に低選抜型大学が加わったという，ただそれだけのことなのだ。

　むろん，インサイダーには何ら責任がないと開き直るつもりはない。だがそれ以上に，外的な制約条件——端的には先のヘキサレンマ——によって思うようにならない部分のほうがずっと多いのが偽らざる現実だ。

　例えば，三浦氏が主張する通り大学進学率が高すぎる＝総定員数が過剰なのだとしよう。だが，それは過去の高等教育行政の結果に過ぎない。1991（平成3）年のいわゆる「大学設置基準の大綱化」以来，文部科学省（旧文部省）は新学部・学科設置認可の手綱を緩め，総定員数の泥縄的な膨張を許してきた。少子化に伴う18歳人口の減少など，とっくに明らかになっていたにもかかわらず，だ。高等教育の市場主義化は確信犯的動向なのである。

　かくして大学進学率は5割を超えるまでに拡大した。三浦氏は，「大学行政というのは，不要な高速道路を大量に造って国民の借金を増やしてきた，あの悪名高い道路行政と同じではないか」と述べているが，この本来ならば行政に向かっているはずの批判は，例のファジーな論理のマジックによって，いつのまにか個々の大学の問題であるかのように捻じ曲げられ，「バカ学生を入学させている下流大学」というバッシングへと転化する。

　そのように揶揄するのは結構だが，ならば，彼らのような「高卒者」を大量生産しているのはいったい誰なのか？　大学進学率をたった5割まで増やすだけで中学生レベルかそれ未満の学力層にまで手が届いてしまうようなお寒い状況を作り出したのは誰なのか？　そうした現実を放置し，是正し損なってきたのは誰なのか？　少なくとも大学や大学教員でないことだけは明らかだ。

　昨今，大学教育の「質保証」がつとに強調されている。「大学は，大学教育の名に相応しい学生及び教育の質を確保できているか」（教育再生懇談会第三次報告，平成21年2月9日）というわけだが，肝心の中等教育が質の保証された素材を十分に供給していない限り，その言葉はあまりに虚しい。

3 「身の丈に合った現実的な教育」を妨げる縛り

なるほど究極的には,「だったら合格させなければいいだろって私は思うね」と三浦氏が言う通り,学力の低い学生たちを入学させている大学の自己責任なのかもしれない。確かに,合格させなければ経営が立ち行かないから,合格ラインを際限なく下げることで低選抜型大学は辛うじて存続している。

とは言え自己責任の論理を前面に出すなら,同時に経営の自由度も大幅に緩和されていなければ筋が通らないのではないか。ところが現実には,依然としてあらゆる大学は「大学とは斯くあるべし」,「最高学府としてのタテマエを保つべし」と言わんばかりの"規範"——その元をたどれば,あの「フンボルト理念」に由来するものだと思われるが——によって強固に縛られ,がんじがらめになっている。大学設置基準や機関別認証評価制度はその具現だ。

先のヘキサレンマの⑤との関連で一例を挙げると,入学者層の実態に合わせてカリキュラムや教育内容をレベルダウンしたり多様化したりする自由度は,すべての大学を一律に扱う設置基準によって著しく制限されている。例えば低選抜型大学の経済学部の場合,小難しい数式を用いたマクロ経済学やミクロ経済学を満足に理解できる学生は少ないからといって,ならばそれらの科目をカリキュラムから除外できるかというと,現実にはたいへん難しい。そう規定する成文ルールがあるわけではないが,ほぼ確実に行政指導に遭うだろう。現場に残された選択肢は,誰もわからない呪文のような授業をアリバイ的に続けるか,でなければお上に提出する公式カリキュラムやシラバスからの逸脱を覚悟で,現実の学生レベルに即した授業計画を立て,それを実行するしかない。

昨今は,どこの大学でも基礎学力のリメディアル（補習）教育を行っている——というより嫌でも行わざるを得ないが,その切迫度はもちろん選抜性の低い大学ほど高い。だが中教審の方針によれば,補習科目を正規の単位数に繰り込むのはご法度だ。なぜか？　それを「大学の授業」とは認められないから。ゆえに大学は,スペシャルな人材とコストを割いて正課外の補習／学習支援制

度を用意せざるを得ない。が，中学レベル以下の高卒資格者という，合法性の面でもグレー極まる存在を大量生産しているのは誰なのかをよくよく考えると，このコストは本当に大学がすべて被らねばならないものなのだろうか？

こうした問題の現実的な落とし所は，学生たちの身の丈に合った——とは，単に楽をさせるとかではなく，あくまで現実的な高さのハードルを課すという意味での——カリキュラムや単位認定システムを認可することしかないはずだが，どうしてもそれは認められないと言う方には，その代わり，鶴亀算を教えるために明日からでも，全国あまたあるどこかの低選抜型大学へと赴き，教鞭をとっていただきたいと切に願うばかりである。

④ ハードルを上げても地獄，下げても地獄

あるいは次のような問題もある。先のヘキサレンマの④とも深く関連する，入学定員超過への厳しい規制だ。入学者数が定員の1.3倍を超過すると私学助成金がカットされるというルールなのだが，確かに中選抜型以上の大学に対する限り，それはまったく妥当——というより1.3倍でも甘すぎる——と思われるが，低選抜型大学にとっては著しく矛盾に満ちたルールなのである。

ごく普通に考えて，学生の学力や意欲が低ければ，単位取得／進級／卒業などの条件を厳格にして尻に火をつけるのが有効だと誰もが思うはずだ。が，ハードルを高くすれば必ずや落第が増える。嫌気がさして退学する者も出るだろう。そして退学者増による授業料収入の減少は，直ちに大学自らの首を絞めることになる。「学生数の確保」と「アチーブメントの向上」との間には明らかなジレンマが存在するのだ。

ただでさえ低選抜型大学では，元々の学習意欲や動機づけの低さと，親の所得階層に関する事情から学費納付が困難になる学生が多いというダブルパンチゆえ，4年次までに2～3割の学生が自然と脱落するのが常だ。言っておくが，これは教育の質の良し悪しとは無関係な構造的必然である。とすれば，あらかじめ自然減の分まで見越して学生を多めに取れるのでない限り，さらなる積極

的淘汰策など絶対にあり得ない。

さらに問題をややこしくしているのは，学校でのドロップアウトに関する日本人の意識だ。学生本人はもちろん親世代も履修主義（対義語は修得主義）のシステムしか知らず，「学校はとにもかくにも卒業させてくれるもの」と信じこんでいる限り，厳しくやれば当然増えるドロップアウトがネガティブに受け止められることはあっても，肯定的に評価されることなどほとんど考えられない。だが実を言うと，日本の大学の平均退学率10%，つまり入学者の9割もが脱落せずに卒業するという現状は，国際的に見れば異常極まる。OECD 諸国の1位と呼ぶべきか最下位と呼ぶべきかは知らないが，とにかく日本ほどイージーに大学を卒業できる国はない。諸外国の大学中退率は OECD 平均で31%，リベラルな教育論者が「競争やめたら学力世界一」などと言っているあのフィンランドでも28%なのだが，文科省もマスメディアもそのことには一切口をつぐんで誰も指摘しない。

その上日本独自の著しく高額な学費体系が，学生たちは投資の元を取らねばならぬとばかりに勉強そっちのけで卒業の可否にばかり執着し，大学側としても落第させるのは心苦しいという基調的ムードを醸し出している。これらすべてが重なり合った状況下で，まず自分たちが人柱となって成績管理の厳格化→選択淘汰型の路線を採用するような，勇気ある，しかし裏を返せば無謀な経営者がどれほどいるだろうか？「あの大学は単位を取るのが大変らしいよ」，「落第続出らしいで」といった噂を流して偏差値ランクの向上なり経営改善なりを成し遂げた大学を，少なくとも私は寡聞にして知らない。

結局のところ，個々の大学が現実に採り得る戦略は，およそ針のメドを通すようなアクロバット路線にならざるを得ない。すなわち，まずは「面倒見の良さ」を強調し，学生から見て少ない労力で高いベネフィット（良い就職！）を得られるかのような虚偽広告じみたパンフレット，オープンキャンパスでの景品，はたまた過剰にアメニティの高いキャンパスといった"飴"で顧客を引きつけること。そして入学者を確保してからは，学生たちが途中で脱落せぬようなだめすかしつつ，あの手この手で動機づけを促し，あるいは茹で蛙よろしく

本人たちに気づかれぬようじわじわと負荷を課し，とにもかくにも実績を上げるという隘路である。むろん，脱落防止と教育成果とのトレードオフを迫られる場面では，迷わず前者を優先することになるだろう。

　ハードルを上げても地獄，下げても地獄。要するに「集客か，淘汰か」というフレームは，大学間競争を通じた全体の底上げどころか，過当競争さえなければ必要のない迎合＝ガラパゴス化路線へと大学を向かわせる弊害のほうが大きい。大学業界の市場主義化とは，視聴率至上主義のテレビがどんどん俗悪化していくのと同じように，むしろ事態を悪化させる構造に過ぎないのである。

⑤　「シャドウ・ワーク」でしかない教育へのエフォート

　次に，教員の人事や評価，さらには労働モラールをめぐる問題を取り上げる。
　改めて指摘するまでもなく，大学教員は教師であると同時に「研究者」でもある。というより，大学教員のアイデンティティの土台は，所属組織の受験市場におけるランクとはほとんど関係なく，明らかに研究の側に偏っている。実際，今日に至っても，大学教員の人事は採用であれ昇格であれ，原則として「研究業績」にもとづいて行われているはずだ。
　問題は，大学教員の仕事の残り半分，いや，低選抜型大学では大半を占める「教育」に関する業績なり能力なりの評価だ。むろん，すでに多くの大学では教員の採用にあたって模擬授業などをさせ，教育上の能力や資質もある程度は吟味している。が，それはあくまで参考に過ぎない。また教員を対象とする人事評価制度を導入した／しようとしている大学でも，研究業績と教育業績のバランスや，教育業績の評価基準をいかに定めるかで相当に苦慮しているはずだ。
　そもそも大学では，「どんな授業が良い授業か」についてさえ百花繚乱でコンセンサスが存在してこなかったが，今日においても，この問題は置き去りにされたままである。一定の客観性が確立され，ノウハウの蓄積も多い研究業績評価と違って，教育業績を正当／公正に評価する"大学文化"は今なお不在と見るのが偽らざる現実だ。

そこでズバリ本質的な問いだが，優れた研究者は，概して優れた教師であると言えるのか？

　高選抜型大学では，そういうことにしておいても致命的な問題は少ないだろう。現実には，優れた研究者であっても講義は下手糞で面白くない先生など大勢いるのだろうが，学生のレベルさえ高ければ，そうした難点は聞き手の側で柔軟に対処できてしまうからだ。また実際そうであるからこそ大学は，「大衆化段階」（M・トロウ）に達した後も長きにわたり，教授陣の教育能力というパンドラの箱を封印したまま——少なくとも，やれFDだ認証評価だとやかましくなる昨今までは——やってこられたのである。

　では，低選抜型大学＝ノンエリート相手の教育場面ではどうなのか？

　これは大変難しい問題で，教育技術の公式トレーニングを受ける機会のない大学教員の場合，教師としての適格性は，たまさか備わっていたりいなかったりする「個人芸」がすべてだ。一般論として研究能力と教育能力は無相関とも思えるが，一方で研究者として優秀な，つまり「地頭」のいい人は，最初は多少とまどうにせよ比較的早く適応を遂げ，多様な学生を相手に上手く授業やラポールを組み立てていけるように見えなくもない。特に若手の教員ほど研究能力と教育能力との間に正の相関傾向が感じられるのは，おそらく研究者や知識人／教養人のエートスそのものが，年長世代とはいくぶん違った形へと進化・変貌を遂げているからではないかと思われる。

　ただはっきり言えるのは，たとえ一流大学で授業が上手いと評判の先生を低選抜型大学に連れてきたところで，彼または彼女が「即戦力」として通用することなどあり得ないということだ。教材の選定から話のネタの引き出しづくりまで含め，すべてを一からやり直すことになるだろう。この「仕込み」の負担こそが大問題なのである。

　低選抜型大学では，研究と授業の内容的乖離が極限まで進行している。私はしばしば，「片足に革靴，片足にサンダルを履いて全力疾走しなければならない」という比喩を使うが，とにかく両者が「まったく別の仕事」であることの甚だしさが高選抜型大学の比ではない。くどくて恐縮だが，選抜性が低くなる

ほど学生の学力や社会性，その他の諸力すべての分散がすさまじい。全国どこにでもある低選抜型大学の学生たちの資質は並の大学生レベルから小学生レベルまで散らばっている。専門分野の学術的知識を天下り的に概説するスタイルの授業など，そこではほとんど通用しない。いや，実際には今なおそういう授業をする教員も全国にいるのだろうが，教室が私語や居眠りの巷と化すだけだろう。あえて強調するが，「いかにも大学っぽい授業」をすることこそ，低選抜型大学では最大の手抜きなのである。

　このあたりの感覚を同業者以外の者に手短に説明するのは難しい。が，例えばNHK教育テレビの過剰演出気味な小中学生向け学習番組や，近年主流のタレントを多用する語学講座を見て「グッジョブ！」と思う人は低選抜型大学における教育への適性があるし，違和感や反感を覚える人は向かないとでも言おうか。とにかく，われわれが普通に想像する大学の授業が「専門知識を一段階やさしく翻訳したもの」だとすれば，それをさらにもう二段階ほど再翻訳もしくは再編集する必要があるということだ。

　ならば一定以上の深い学術性など元より不要なのではないか，と思われるかもしれないが，まさにそうなのである。つまり本当は，ジャーナリストやライター，あるいは各種業界のプロフェッショナルとして通用するだけの知性と幅広い教養を備え，しかも自分の所属する業界や世代の間でしか通用しないハイコンテクストなコミュニケーションだけでなく，まったく異質な他者を相手とするローコンテクストなコミュニケーション・スキルに長けているような人こそ，低選抜型大学で教壇に立つべき人材のストライクゾーンど真ん中なのだ。むろん，アカデミズム畑の出身者で同等の能力があれば，それにこしたことはないのだが。

　対して最も向かないのは，狭い分野に特化し，レベルの高低にかかわらず研究論文しか書けないタコ壺的専門家だろう。いわゆる大学認証評価の実態を見ても，「担当科目と研究業績との整合性」という素朴かつ稚拙な論理が依然として幅を利かせているが，ここですっぽりと見落とされているのは，こと低学力の学生たちや高校を卒業して間もない学生たちを相手にする限り，当該分野

の研究一筋なプロパーよりも，半可通ではあっても芸達者な門外漢のほうが場合によってはよほど「良い授業」ができることさえある可能性だ。

　にもかかわらず今のところ，低選抜型大学を含むほとんどの大学は，相変わらず研究業績を中心に据えた人事を続けている。しかもそれは採用時のみならず赴任後もまったく同様であり，教育業績に関する人事上の評価がほとんど行われていないという現実は，当然ながら，スタッフが教育にエフォートをかけるインセンティブが構造的に欠けていることを意味している。むろん，そのあたりを補うために学生アンケートによる授業評価やFDといった制度があるわけだが，これらはしょせん同僚の視線や"空気"に依存する仕組みに過ぎず，その拘束力は大変心許ない。アメリカならいざ知らず，学生による授業評価が昇格や俸給に反映される仕組みを導入している大学など，日本にはまだ数えるほどしかないだろう[1]。

　真面目に取り組まなくても不利益がない——というより，キャリアアップにつながる研究に専念するほうが明らかに合理的なのであれば，当然，自らの有限な手持ち時間の何割を教育へと振り向けるかは，ひたすら個人の価値観や倫理観次第となる。つまり大学における教育エフォートとは，依然として「善意の無償ボランティア活動」に過ぎないと言わざるを得ないのである。

　今のところ自己犠牲的なボランティアでしかない心ある教員の労力にいかに報いていくかは，基本的に個々の大学経営者が考慮すべき事柄である。だが私から見ると，政策サイドから下される様々な方針やルールもまた，問題の所在を正しく把握しているとは思えない。つまり現状のガイドラインは，「研究も教育もしっかりやれ。ただし，両者のトレードオフに関する裁量は自己責任でよろしく♪」と言っているようにしか見えないのだ。一連の大学改革を通じて，研究者に課せられる業績上のプレッシャーがますます高まり，身分保障も不安定になっていく中，FDの義務化をはじめ「教育を重視せよ」というかけ声ばかり強まる状況が矛盾に満ちていることは，いずれの大学で働くスタッフも同じだろう。が，そのしわ寄せを極限的に蒙っているのが，ひたすら職業的倫理観のみから学力底辺層の面倒を見ている低選抜型大学のティーチング・プロフ

ェッサーたちなのである。

　あるいは経営者であれ行政当局であれ,「おまえたちはつまらぬヒロイズムに酔って余計なことをしているだけだ」と明確に宣言してくれるなら，いっそそれもいい。徒労に満ちたグレー極まりない仕事をしなくて済むお墨つきが与えられるのだから，かえってせいせいする。むろんその結果，どんな事態になろうとわれわれの知ったことではない。しかし現実には，「底辺学生の世話などいくらやっても何の得にもなりませんよ」と暗黙裡にささやくインセンティブ構造だけが温存され，その上で一部の者の良心を"人質"としてシャドウ・ワークが強要され，搾取され続けている。これもまた，今日の低選抜型大学，ひいてはすべての大学が多かれ少なかれ抱える矛盾にほかならない。

6 「良質なノンエリート教育」というニッチ，そして大学の機能別分化

　ここでは,「ノンエリートのための教育」に対する社会的評価の問題を論じよう。それは，教育の「レベルの高低」と「質の良悪」という2つの評価軸の混乱に由来する。

　今や大学は，社会的評価や外部からの目線に絶えずさらされている。そして世の人々の多くは，大学や教員や授業の「質の良悪」を，依然として学術研究上の評価や名声を通じて測ろうとする。「○○大学には優れた先生（＝研究者）が大勢いる，だからレベルの高い教育を行っているに違いない」というわけだ。むろん低選抜型大学はその逆である。

　だが，教育の質の良悪とは本来，あくまで「対象となる層とのマッチング」にもとづいて測られるべき事柄ではないだろうか。極端な話，偉い先生のレベルの高い授業をそのまま小学校へ持ち込んだらどうなるかを考えてみれば明らかだろう。端的に言って，低選抜型大学にレベルの高い授業など無用だ。必要なのは，相対的にレベルの低い，しかし良質な教育なのである。

　私は決して言葉遊びをしているのではない。むしろ，ノンエリート教育というジャンルが本質的かつ普遍的に抱えるジレンマを炙り出し，最もシンプルな

形で記述しているつもりだ。国の教育全体に責任を持つべきアドミニストレーターを含め，なぜ人々は，ともすればノンエリートのための教育を等閑視しがちのか。なぜノンエリート教育は，ともすれば上澄みのための教育の「お下がり」で済まされてしまうのか。その究極的な理由は，「レベルの高低」と「質の良悪」の混乱・混同，言い換えれば，この区別を社会が適切に扱えないことにある。

むろん，レベルが高かろうが低かろうが，質が本当に劣悪であれば非難されてもしかたがない。それこそ下流とでも底辺とでも呼べばいいだろう。だが仮に，建学の精神や経営方針において「ノンエリート学生のための良質な教育」を高らかに謳い，言葉通りに実践する大学があるとして，その社会的評価はどのようなものになるだろうか。果たして「良い大学」として高く評価されるだろうか？

実は比較的最近，まさにこうした問いが試される"事件"があった。関東圏のとある大学がウェブで公開していた「アルファベットの書き方」，「分数の計算」，「原稿用紙の使い方」といった補習教育の資料——内容的には確かに中学レベルと言っていい——をめぐり，「ひどすぎる」，「行く意味があるのか」などと揶揄する意見がネット上を飛び交ったのだ。一部の週刊誌は，「本当にあった『バカ田大学』」とさえ報じた。

しかしながら，同校学長の反論は，本稿が指摘しているような問題のすべてを的確に捉え，それらに対して明確なポリシーを示すものであったと私は高く評価したい。

「批判は甘んじて受けますが，なぜ本学がこのような選択科目を用意したのか。それは，中学高校で（基礎教育が）先送りされてきたツケのためです。本学は，学生を社会に送り出す"最後の砦"として責任を果たします。表面だけをとらえてバカにするのは簡単ですが，これが日本の教育の縮図と考えれば，決して笑ってばかりもいられないはずです。

私は長らく筑波大で教鞭を執ってきましたが，本学の学生は非常に素直で

何事にも意欲的。卒業生も愛校心が強く，今回の騒ぎでも動じることはありません。歴史は浅いですが，本学を笑った人たちには，4～5年後を見ていろと言いたい。派手さはなくとも，世間の中堅層を担う多くの良質な人材を送り出してみせます」(http://www.zakzak.co.jp/society/domestic/news/20111014/dms1110141126007-n1.htm　ただし現在は削除されているため，引用はミラーサイトを参照した)。

　中学高校のツケ，最後の砦，日本の教育の縮図といった現状認識，そして何より，「中堅層を担う良質な人材」の育成というミッションへの強い自覚――低選抜型大学の存在意義に関するエッセンスがここに集約されていると私は考える。
　そして今後，同校がいわゆる大学認証評価においてどのような判定を受けるかは，「良質なノンエリート教育」というニッチを教育行政や社会が受け入れるか否かを測る試金石として大いに注目に値するだろう。
　誤解している人も少なくないのだが，認証評価そのものは大学の「質」をチェックする制度であり，「レベル」をチェックするものではない。それはあくまで大学が自ら定めたミッションに照らして実質を吟味する仕組みなのだ。
　そこには「大学の機能的分化」の促進という背景がある。

　「新時代の高等教育は，全体として多様化して学習者の様々な需要に的確に対応するため，大学・短期大学，高等専門学校，専門学校が各学校種ごとにそれぞれの位置づけや期待される役割・機能を十分に踏まえた教育や研究を展開するとともに，各学校種においては，個々の学校が個性・特色を一層明確にしていかなければならない。
　特に大学は，全体として，①世界的研究・教育拠点，②高度専門職業人養成，③幅広い職業人養成，④総合的教養教育，⑤特定の専門的分野（芸術，体育等）の教育・研究，⑥地域の生涯学習機会の拠点，⑦社会貢献機能（地域貢献，産学官連携，国際交流等），等の各種の機能を併有するが，各大学ごと

の選択により，保有する機能や比重の置き方は異なる。その比重の置き方が各機関の個性・特色の表れとなり，各大学は緩やかに機能別に分化していくものと考えられる（例えば，大学院に重点を置く大学やリベラル・アーツ・カレッジ型大学等）。

18歳人口が約120万人規模で推移する時期にあって，各大学は教育・研究組織としての経営戦略を明確化していく必要がある」（中央教育審議会，2005「我が国の高等教育の将来像（答申）」）。

機能別分化の制度的具現化について，私自身は，それによって事態が改善するのであれば，今のところすべて「大学」として一元化されている制度を複線化することもやむなしと考える。具体的には第一種大学／第二種大学でも，一般大学／職業大学でも構わない。あるいは最も穏当には，教育社会学者の潮木守一（2006,『大学再生への具体像』東信堂）が示唆するように，出口管理での質保証を前提としつつ，そのハードルに傾斜的な差異を設けることで事実上の学校序列が定まるという方式でもいいだろう。なお，複線的な大学制度――というより，すでに高校の段階からの複線化――は国際的に見れば常識で，日本のように一枚岩であることのほうがむしろ特異だ。

むろん，こうした差別化の操作は，大きな社会的インパクトと少なからぬ反発を引き起こすだろう。まずもって，「平等主義の欺瞞」（苅谷剛彦）に馴れきった国民から不評を買う恐れもある。が，最も激しい抵抗を示すのはおそらく大学人自身だ。現状では学会や研究者共同体の一員としてタテマエ上は平等である同業者集団の中に，新たな不連続線が持ち込まれるのだから当然かもしれない。

しかし現実を直視すると，教員の人事や処遇ひとつをとってみても，一元的制度を続けることの矛盾が膨れ上がっているのは明らかだ。先にも指摘した通り，低選抜型大学における研究と教育のバランスに関し，教育に対して人事／待遇上のインセンティブを与えることは急務である。また研究面についても，研究拠点大学とは業績評価の観点やベクトルを違えることが必要不可欠だろう。

具体例を挙げれば，狭く深い専門性よりも幅広い教養を重視する，青年心理や発達障害に関する素養やトレーニングを義務づける，あるいは個々の専門分野の教育（社会学者なら「社会学教育」）に関する業績を求める，等々だ。

　いずれにせよ，機能別分化の帰結として，従来とは多少なりとも異質な諸制度とそれに相応しい職業アイデンティティを確立することが，低選抜型大学のファカルティには迫られている。低選抜型大学をめぐる諸問題の解決にあたり，最終的な障壁となるのは教員集団の「実存問題」であると私は見ている。いわば，そこで働くスタッフたち自身にとっての《ノンエリートの矜持》がまさに問われているのだ。

7　大学進学率を減らして社会が得することは何もない

　以上の議論を踏まえつつ，大学淘汰論に対する批判を要約して本章を締め括ろう。私の異論の肝要は，「大学進学率を引き下げて，社会全体にとって何か利益があるのか？」という点にある。

　まず最も基本的なデータとして，世界各国の大学型（＝4年制）高等教育機関進学率を見ておこう。日本の進学率は，国際的に見れば今なお決して高くない。

　進学率の高低ではなく，学力や意欲の低い層が進学していること自体が問題なのだ，という意見もあるだろう。三浦氏は「バカばっかり」と断ずるわけだが，しかし本当にそうなのだとすれば，彼らをこそ学校に送り込んで教育を受けさせるべきなのではないか？　逆に彼らをそのまま社会へと放り出しても，ニートや低賃金の非熟練労働者を増やすだけではないのか？　一見すると筋が通っているように見える「バカを学校にやるのはムダだ」論は，結局のところマクロには合成の誤謬を生むだけの，狭隘な合理性の表明に過ぎない。

　少々逆説的だが，現状では中等教育がノンエリート圏で機能不全に陥っているからこそ，その尻拭いをするポスト中等教育への要求が高まっている。低学力層をそこから排除したところで，社会全体にとって（マクロに）も，本人た

表 3-1　大学型高等教育進学率の国別比較（データを入手できる OECD 加盟国26か国・2005年）

(単位：%)

順位	国名	進学率	順位	国名	進学率	順位	国名	進学率
1	オーストラリア	82	10	スロバキア共和国	59	19	チェコ共和国	41
2	ニュージーランド	79	10	オランダ	59	19	日本	41
3	ポーランド	76	12	デンマーク	57	21	オーストリア	37
3	スウェーデン	76	13	イタリア	56	21	スイス	37
3	ノルウェー	76	14	イギリス	51	23	ドイツ	36
6	アイスランド	74	14	韓国	51	24	ベルギー	33
7	フィンランド	73	16	アイルランド	45	25	メキシコ	30
8	ハンガリー	68	17	スペイン	43	26	トルコ	27
9	アメリカ合衆国	64	17	ギリシャ	43		OECD 各国平均	54

出典：経済協力開発機構『図表でみる教育 OECD インディケータ（2007年版）』。

ちにとって（ミクロに）も利益はない。必要以上の教育を施すという意味での「教育＝学歴過剰(オーバーエデュケーション)」説を彼らに対して持ち出すことは，①学力（リテラシーや教養）の明らかな不足，②雇用環境の変化によって，ノンエリート層のためのディーセント・ワークや OJT 機会が期待できなくなったこと，の 2 つの理由から的外れなのだ。

　低選抜型大学には，確かに今すぐにでも社会に出て働いても大丈夫だろうと思われる逞しい子もやってくるが，皆が皆そうであるとは限らない。大半の学生は，教育訓練も「生きる力」も不足した，まさしく「甲羅のない蟹」のような状態で高校から放り出されてくる。もう 4 年間でも猶予期間を置くことは，若者たちの成熟が全体として遅れがちな現代日本社会の必然であり，著しく消極的な表現をするとしても必要悪だと思われる。

　また三浦氏やその背後に控える世論は，「そういう学生を，まともに矯正せずに社会に送り出している」のが低選抜型大学だと考えているようだが，それも根拠のない偏見でしかない。これは私の予断かもしれないが，下流大学バッシャーには，自分自身の過去の自堕落な学生生活への悔恨を，現在の学生に投影している部分があるのではないか。妙な話だが，低選抜型大学生たちの多くは，高選抜型大学の学生たちよりも概して「必死」である。偏差値上位校の学生にとっては大学の単位など「取れて当たり前」だが，勉強の苦手な学生たち

にとっては大きなハードルだ。必死だからといって，それまで培ってきた習慣を直ちには改められないのが彼らの痛いところだが，それでもなお，大学が「壁」として学生たちの前に立ちはだかる心理的な高さという意味では，低選抜型大学のほうが明らかに上なのだ。

　教育機関の効果を評価する上で正当な観点は，教育成果の絶対レベルではなく，入学時と卒業時との「差分値」ではないだろうか。少なくともわれわれには，彼らをどっぷりと非学校的学校文化漬けにし，入学時よりかえってスポイルしている部分さえありそうな一部の高校よりは，まだしも彼らの意識変容を促しているという自負がある。

　むろん，差分値の大小や効率性についての評価や議論は成り立つだろう。私が「質の良悪」と呼んだ問題も，それと重なり合っている。そして本当に質の劣悪な大学は，認証評価などを通じて早晩明るみに出されるだろう[3]。その場合は遠慮なく「淘汰」という言葉を使えばいい。

　だが，繰り返しになるが次の点を強調したい。教育の質の問題をレベルの問題にすり替えるように仕向けた力学こそが諸悪の根源であることを。そして，そのような錯誤に従って，低いレベルにある学習者のための教育不要論を正当化することが，未来の国益を損なうことにつながっているということを。当事者の主観はどうあれ，高校までの教育によって「学ぶ力」を剥奪されてきた若者たちこそ，本当は教育的支援を最も必要としている人々なのであり，しかも仕事の世界に彼らをじっくり育てる余裕が失われている以上，彼らを高卒で野に放ったところで社会的利益は薄い。とすれば合理的な道筋は，今ある大学を潰して総定員数を減らすことではなく，それらを彼らにとっていっそう有益なものへと改善すべく政治的／社会的圧力を行使することであるはずだ。

　そしてカネの問題。先進国として類を見ないほど貧困な教育公共投資と圧倒的に重たい私費負担。「学費を稼ぐ」というタテマエをお墨つきとして，学生たちは学業そっちのけでアルバイトに血道を上げ，「ハマータウンの勤労学生」になってゆく。

　実際問題，現状のような高負担構造が続けば，今の学生たちの子世代が再び

大学に行けるかどうかは甚だ怪しい、と私は常々思っている。低選抜型大学には両親とも高卒の「ファースト・ジェネレーション」（大学進学第一世代）が少なくないが、総中流時代の名残り期に咲いた徒花たる彼らが、家族代々最初で最後の大卒者となるケースが将来的に続出してもまったく不思議ではないのだ。私は能力主義にもとづく所得格差の拡大傾向を必ずしも否定する者ではないが、それならそれで教育費を家計から切り離す方向へとルールを転換していかなければ、先に待つのは格差の再生産しかない。

　また、学力は十分高いのに経済的理由から大学進学を断念している層が今なお少なくないため、志願者総数が頭打ちになっているという事実。そうした層が仮に全体の５％程度だとしても、彼らが公的支援を受けて学力相応の大学へと進学すれば、トリクルダウンの原理によって辺縁部にも少なからぬ波及効果が期待できる。要するに教育公財政支出の不足こそが、低選抜型大学をいっそうマージナルな存在にしている要因なのである。

　幸い、教育再生懇談会の平成21年2月9日報告は、「大学財政が私費負担に依存せざるを得ない構造を転換する」と明言している。それがどこまで実効性を伴うかは未知数だが、日本が"普通の国"へと向かう兆しとして期待しよう。

　ただし、ひとつ気になるのは、「私学セクター」がノンエリート部門を担っているという日本特有の事情だ。そのため、階層的バックグラウンドや所得水準の低い層がかえって高い学費を負担する逆進性が生じている。そのいびつさは、欧州諸国は言わずもがな、私費負担率が日本以上に高いアメリカでさえ、高学費の私学はもっぱらエリート校に集中し、中堅から底辺にかけては州立大学やコミュニティ・カレッジなど公立校中心のシステムであることに照らしても際立っている。

　仮に日本政府がノンエリート教育の財政を本気で下支えする状況——具体的にはノンエリート圏に対する私学助成金の大幅増か、家庭所得と連動した再分配的教育バウチャーの発行か——が訪れたとしても、この構造がある限り、依然として矛盾含みなのは変わらない。あくまでイフ論だが、その不都合が究極的に限界を超えるようであれば、その時こそはノンエリート圏の私学を解体し、

公立校へと置き換えねばならない時代が来るのかもしれない。

　もっとも私自身は，それならそれで一向に構わないと思っているのだが。私学利権の擁護などという発想は，少なくとも私にはまったく無縁だ。そして，今まさに進行している大学淘汰が「別の高等教育体系」を確立するための布石なのだとすれば，こっそり耳打ちしてほしい。私は協力する。

　最後に，困難の山積した低選抜型大学がソフト・ランディングするための諸条件を一覧にしておこう。要するに，先に述べた「低選抜型大学のヘキサレンマ」の裏返しだ。ただし③だけは，今ここで述べた趣旨に反するので私の望むところではない。

①中等教育の機能回復を通じて，学力低下や「学びからの逃走」状況が改善される。

②18歳人口への一極集中が緩和され，成人・社会人・再チャレンジャーなど多様な年齢層が大学で学ぶ真のユニバーサル・アクセスが，それを許容する労働慣行も含めて実現する。

③すべての大学が一律に定員を減じることで，大学進学率が4割程度まで引き下げられる。

④大学における到達度の出口管理が傾斜的に（＝上ほど厳しく）厳格化され，トリクルダウンが働く。また一定割合の脱落を是とする社会的合意が生まれ，それを前提とした定員管理が行われる。

⑤大学の機能別分化が進み，制度上も一定の複線化を遂げる。またとりわけノンエリート校では，スタッフの教育業績を重視する評価文化や，それに見合った職業アイデンティティが確立される。

⑥高等教育費の公的負担が高められ，学生の私費負担が多少なりとも国際標準に近づく。

　①から⑥までどれひとつ取っても，個々の大学が単独で解決できる事柄などない。大学界全体，さらには初等中等を含む教育界全体や経済界——雇用慣行

の変更や社会人の生涯教育に関しては，財界や企業の意向こそが決定的である——までを含むアクターが連携して，それでも解決できるかどうか怪しい困難な課題ばかりだ。

　今日の低選抜型大学は，これらの条件がひとつとして満たされていないという構造的矛盾のしわ寄せを一身に受け，一方的に退場を迫られている。その事実に目をつぶったままの大学淘汰論など，単なるスケープゴート作りの"偽論（ぎろん）"に過ぎない。

■■■

●注――――――
(1)　誤解なきよう断っておくと，私は低選抜型大学で学生アンケートを人事に直接反映することには絶対反対である。せめて学生の成績や態度などに応じてアンケートの解釈方法や有効範囲を違えるなどのコントロールを加えない限り，無茶苦茶なことになる。理由は本書の至るところに書いてある通りだが，端的に言えば，大半の学生たちは自分自身にとって何が真に「好ましい」かを正しく判断できる状態にほど遠いからだ。

(2)　ただし，高校卒業後に1，2年の社会経験を積むことを義務づける「ギャップイヤー」制度を私は基本的に支持している。大学生は基本的に皆が成人であるということになれば様々なメリットがあるし，わずかでも社会人経験のある者は，高校からのトコロテン式進学者とは意識が違うという経験則からだが，進学動機そのものが消極化している現状では，学校教育のレールからいったん途中下車させると，そのまま戻ってこなくなるリスクも高いというジレンマがある。

(3)　ただし，現状の上から下まで一律の大学観や評価基準には，先に述べた通り多くの問題がある。関係者には，「ノンエリート教育に固有の良質さ」を適切に評価し得る，良い意味で差別的な観点の確立を強く求めたい。高選抜型大学では是であることが低選抜型大学では非であるケース，またその逆は決して少なくないのだ。

第4章
褒める教育と叱る教育のパラドックス
——ノンエリート教育は"ネガティブさ"といかに折り合うか——

遠藤竜馬

1 ノンエリート教育論の耐えられないネガティブさ

　本書は，学内における研究プロジェクト「高等教育の質の変容」の成果を集約したものであるが，ここにはひとつの一貫した基調テーマが存する。すなわち「ノンエリートのための教育」論である。第1章や第2章でも示された「非選抜型大学」という概念が，高等教育の内部におけるノンエリート部門を指していることは言うまでもない。

　私もまたプロジェクトの一員として，あるいはそれ以上に職業的当事者性にもとづく必然性から，足かけ10年ほど，このテーマにかかわってきたことになる。

　しかしながら，こうした問題について論じる際の，得も言われぬ居心地の悪さ，あるいは何か後ろめたい感覚が，ついに消え去ることはなかった。

　そう感じてしまうのはなぜか。それは紛れもなく，ノンエリート教育について語るという営為に，またその種の教育の「実践」に，およそ不可避的につきまとう"ネガティブさ"のせいに違いない。

　そもそも教育的文脈におけるノンエリートとは，学力や知的到達といった面において相対的に劣るグループの謂いである。ノンエリートに関する教育言説は，いかなる婉曲表現やレトリックを駆使したところで，ポジティブな面に乏しくネガティブな記述ばかりが目立つものとならざるを得ない。

　あるいはそれが「批判」であるならば，どれほどネガティブに語ろうと心が

咎めることはないだろう．だがまったく皮肉なことにノンエリート教育論とは，それが某か，彼らノンエリートの若者たちの利益につながることを願って論じるものなのである．自分が擁護したい対象を貶めて気分のいい人間など，いるはずはない．そもそもノンエリートという言葉自体がある種の婉曲表現に過ぎず，それについて少しでも具体的に述べようとするやいなや直ちに「劣る」などといった不穏当な言葉を用いなければならないという事実自体，先に記した居心地の悪さを改めてフラッシュバックさせる．

　かかるネガティブさはしかし，教育実践の現場において，いっそう避けがたく迫ってくる．あれができない．これもわからない．むろん私とて，そうした失望とも無念とも言い得る感情をそのまま当事者にぶつけるほどズブの素人ではないが，ネガティブな心理は多かれ少なかれ漏れ出て相手にも伝わる．嫌な気分になる子もいるだろう．そして，褒める機会よりもダメを出さねばならない場面の方が遥かに多い日常の繰り返しは，じわじわと，しかし確実に，こちらの精神をも磨り減らしてゆく——．

②　本章の理論的立場

　……と，状況描写的なイントロはこれくらいにとどめ，ここでは本章の理論的立場を明らかにしておこう．本章における諸々の考察は，ニクラス・ルーマンの社会システム論，またそれにもとづく教育システム論にもっぱら依拠している．

　ところで，広く知られている通りルーマンは，法・政治・経済・学問・家族（親密圏）・芸術といった社会の様々なサブシステムを包括的に記述するグランドセオリーを構築しているが，いくぶん学説研究的な詳細に少しだけ立ち入ると，教育システムに関する彼の議論は，他のサブシステムほどの一般化に成功しているとは言えない．ルーマンによれば，社会のサブシステムはそれぞれ固有の二値コード——例えば法システムであれば「合法／不法」，学問システムであれば「真／偽」といった——を持ち，そうしたコードを用いて世界を意味

づけするコミュニケーションを不断に再生産することによって存立・存続しているのだが，他のサブシステムと異なり，教育システムには固有の二値コードがないというのがルーマン自身の主張であった（Luhmann, 2002 = 2004）。

この点については多くの研究者によって議論がなされ，オリジナルとは異なる再解釈も試みられている。そこで本章は，小林伸行（2009）が提起し，本田由紀（2011）によっても首肯された解釈，すなわち「有能／無能（able/unable）」の区別こそが教育システムに固有の二値コードであるとする立場を取る。この見方に従えば，教育とは何よりまず，生徒たちの知識・能力・態度などに関してポジティブもしくはネガティブな価値付与——例えば優／劣の評価，あるいは合格／落第の判定，等々——を行うことから成り立つシステムであることになる。

ただし本章では，この有能／無能という二値コードにもとづく価値付与を，必要に応じて「褒める／叱る」という文字通り教育的な語彙でもって置き換えることにしたい。なお，「叱る」という日本語は少々意味が狭いため，文脈的にニュアンスがぴったり来ないと思える場合には適宜「ダメを出す」など別の表現も用いるが，その本質は同じである。

むろん，学力テストの得点のように数量化・尺度化された成績評価は，必ずしも言語的かつ直接的に生徒を褒めたり叱ったりするものではない。が，それでもなお，点数をつけることもまた教師（評価者）と生徒との間のコミュニケーションであることに何ら変わりはなく，例えば通信簿に五段階評価の5や4をつけるとは要するに「褒める」ことに他ならず，逆に1や2をつけるとは，そこに添えられる言語的メッセージの如何にかかわらず「叱る」ことに他ならないといった機微は，くどくどと述べるまでもないだろう。

③ 教育の《原罪》を負わされたノンエリート

では，事態をこのように抽象化することによって何が見えてくるのか。真っ先に言えるのは，教育という営みの本源的な両義性である。すなわち，「褒め

つつ叱る」,「叱りつつ褒める」というパラドックスこそが，教育なるものから，あらゆる衣を剥いだ後に残る裸の姿なのだ。

　言い換えれば,「叱る」というネガティブ面だけを教育から都合よく取り除くことは決してできない。そのようなことができると思う人は，なぜ今日に至ってもなお「叱咤激励」,「指導鞭撻」などといった言葉がごく当たり前に通用しているのかを考えてみればいい。

　あるいは有能／無能の二値コードは，それこそ学力中心主義や競争選抜主義につきものの○×思考ではないかと疑惑を抱く人もいるかもしれない。が，ある種の閉鎖空間で競争や選抜という要素を排除した理想主義的なフリースクールでさえ，有能／無能は暗黙裡に問われている。なぜなら，教師から見て生徒が何事かを知らないからこそ初めて，教えるという営為が成り立つのだから。しかしそれもまた，一切の道徳的含意を捨象した純粋形式上の意味においては,「おまえは無知だ」と宣告するのとまったく等価なのではないか？

　いわゆるカリキュラムについても同様で，すなわちカリキュラムとは，教育を開始する前時点における生徒たちの"無知"をリストアップしたものであるとも言える。これはおよそ心底から驚愕すべき事実だが，何と「教育はまずダメを出すことから始まる」のだ。かかるネガティブさこそ，教育なるものが生まれ持って背負っている《原罪》とでも呼ぶべきものに他ならない。

　むろんカリキュラムは，一定の履修期間を経て消化されるものと予期されている。それがおおむね予期通りに達成される限り，かの《原罪》のネガティブさは潜在的なままにとどまるとも言えるだろう。だが，ノンエリートすなわちカリキュラムを満足に消化できない人々の場合はそうはいかない。「教育はダメを出すことから始まる」というテーゼは，こと勉強の苦手な若者たちにとって，単なる比喩であるどころか紛れもなく彼らが日々直面している禍々しい現実である。

　いずれにせよ，次のことははっきりしている。ノンエリートとは，教育システムの「褒めつつ叱る」という両義的原理の内，叱る側＝ネガティブモードの作用にことさら強く晒されている人たちのことである。彼らは決して，教育的

働きかけが及ばなかった結果の産物ではない。なぜなら有能／無能という価値付与そのものが教育システム自身のオペレーションである以上，システムの外部には優等生も劣等生もいないのだから。教育という営みが必然的に生み出す自らの「影」——それがノンエリートという存在なのである。

だとすれば，ノンエリート教育すなわち彼らを再び教育によって「救済」しようとする試みは，またしても一種のパラドックスとしての性格を色濃く帯びざるを得ない。冒頭で描写したような居心地の悪さには，ごくごく抽象化してしまえばそういった理由もあるのだ。

4 パラドックスを直視しつつ，それと折り合うこと

とは言え，やれパラドックスだ，やれジレンマだといくら言ってみたところで，単なる愚痴の域を出ないだろう。ノンエリートの若者たちを対象とする教育が多かれ少なかれ困難なものであることは，およそ最初から自明であるとも言える。

ここで再び，社会システム論の基本的発想に立ち返ってみよう。ルーマンによれば，あらゆるシステムの根底に存するパラドックスは決して消去すべきものではないし，またそうしたいと望んでそうできるものでもない。われわれにできるのはただ，パラドックスを「展開（Entfaltung；expansion）」することだけである（Luhmann, 2002＝2004）。

パラドックスの展開という概念については，さしあたり次のように理解しておけばいいだろう。すなわち，あからさまなパラドックスは認知的にストレスが高過ぎ，また実践的にも障害となるので，何らかの新たな解釈枠組み——ルーマンの用語法で言えば「区別」——を導入することで相対的に無害もしくは引き受け可能な形へと変換し，またそれによってワークを継続するということである。より俗っぽい言葉を使えば「煙に巻く」と言ってもいいのだが，本章では「折り合う」という言葉をもっぱら当てることにする。

実のところ，あらゆる社会システムにおいて，パラドックスの展開は何らか

の形で現に行われている。むろん，実在の教育システムすなわちわが国の教育（言説）界も例外ではなく，「褒めつつ叱る」というパラドックスの毒気，あるいは「叱る」側のモードに伴う負のインパクトを緩和するための，いわば"展開手法"と思しき戦略が散見される。

　だが，何事にも上手いやり方と拙いやり方とがある。安易な解毒剤の服用は，深刻な副作用をもたらすことも少なくない。私の見るところ，日本の教育界は，パラドックスやネガティブさとの折り合い方が極めて下手だ。人は誰しも矛盾を忌避しがちであること，またポジティブな立場とネガティブな立場とであれば前者を好みがちであることは確かだが，それにしても耐性が低すぎるように思える。

　ここから先は，「褒めつつ叱る」という両義性の取り扱い＝展開の仕方という観点から，今日の教育がどのように"失敗"しているかを見ていこう。その上で，私の考える「別様のソリューション」を示すことで本章の結論としてみたい。

5　叱る教育から褒める教育へ

　かつての日本の教育は，今日に比べれば圧倒的に「叱る教育」へと偏っていた——そう断言してしまっても，異論はおそらくないだろう。

　詰め込み教育，偏差値，受験地獄。そもそも，教師と生徒との間の権力関係が今よりも圧倒的に強固だった。厳しい校則，そして管理教育。むろん体罰も横行していた。

　だが，この20年ほどで「褒める」と「叱る」のバランスは決定的と言えるほどに大きく変わった。つまり近年の教育には，その作動モードが「褒める」側へと偏りがちな傾向が明らかに認められるのだ。

　こうした偏りを生み出した主因は，何より「児童（学習者）中心主義」と呼ばれる理念の普及だろう。あくまで子ども一人ひとりの興味関心に根ざし，主体的な学習を促すこと。画一的な詰め込み教育や管理教育から個性と自主性尊

重へ。「指導」から「支援」へ。「叱るより褒めろ」。子どもたちの前に立ちはだかるのではなく，彼らの気持ちに寄り添い受容することに眼目を置く「カウンセリング・マインド」──。これらの思想は広範なバリエーションを伴いつつ，「新しい学力観」や「ゆとり教育」といった現実の教育政策へと結実していった。

　だが，その結果，学校はどうなったか？

　むろん，かつてより良くなった面も多いだろうし，学校や生徒たちの多様性を考えれば，一概に論じられる問題でないことも明らかだろう。が，ことノンエリートの生徒たちの実情に着目すれば，こうした変化を手放しで肯定できないこともまた確かなのである。

　なるほど，かつての学校が，勉強の苦手な，あるいは行動パターンが逸脱的な生徒たちに対してやたらとダメを出し，彼らの自尊心を著しく損ねてきたのは事実だろう。また，その反動の噴出が，例えば1980年代に一世を風靡した校内暴力の嵐だったという因果的説明も間違ってはいないだろう。そうした手痛い経験への反省として児童中心主義が浮上してきた事情は理解できる。

　しかしそれでもなお，われわれは振り子を反対向きに大きく振り過ぎたのではないかと思わざるを得ないリアリティが，ノンエリート教育の現場にはある。

　そこで浮上するのは，次のような問いだ。果たして「褒める教育」と「叱る教育」は，本質的に二律背反的なものなのか？　より多く褒め，より多く叱るような教育の可能性はないのだろうか？

　結論を先取りすれば，それは「ある」と私は考える。にもかかわらず，両者が二律背反にならざるを得ないような"仕組み"が，教育システムの中に根強く存在している。それは一体何なのか。

6　「優しくて厳しい先生」という秘儀(エソテリック)

　「褒める教育」と「叱る教育」とが容易には両立しない理由に関する私のアイディアは，おそらくかなり突拍子もないものに見えるのではないかと思われ

る。それは，教師が一個の《人格》であることだ。
　このことを理解するには，まず次のような問題を考えてみることが有益だろう。そもそも現代社会において，人格と人格とが向かい合う相互作用場面に，相手に対する否定的な言辞——異なる意見への批判であれ，相手のためを思う注進であれ——を持ち込める可能性はかなり限定的だ。しかも関係が一時的なものではなく，以後も長期にわたって継続することが期待される場合はなおさらである。こうした傾向は洋の東西を問わず，文化的洗練の進んだ社会に共通する一般的事情だが，とりわけ「腫れもの」，「こわれもの」，「爆発物」（森，2008）に囲まれた今日の日本の学校では，そのフィージビリティが一桁低まることは論をまたない。
　あるいは，こういった事例はどうか。岩本茂樹（2009）は定時制高校でのエスノグラフィカルな観察を通じ，成績評価をめぐる教師と生徒の駆け引きについて，マルセル・モースの『贈与論』を援用しつつ次のように分析している。

　「教師は授業で知識・情報を贈与し，受贈者である生徒はテスト結果でお返しをする。この知識と情報の贈与に対するテスト成績という返礼によって教師と生徒間の威信と尊敬が生じる。心の交流，いわゆる親密性が生まれるわけである。
　さらに，生徒からのテストの返礼に対して，次に教師は平常点を加味した成績評価を生徒に与える。そこで，生徒は評価をくれた教師に感謝を示すことになる。贈与の循環が，さらなる権威と尊敬を生み出して行く。そのことによって，対立する教師と生徒の区分が刻まれ，かつ統合されて学校がまとまっていくわけである」。

　この分析が社会学的に正しいとすれば，逆にそれはとんでもない事実ではないか。なぜなら学校という制度は，成績評価という最もフォーマルな部分でさえ，まるでヤクザ社会の如く義理人情で成り立っていることになるからだ。
　こうした事態を生む根本的原因は，他でもない。あの「褒めつつ叱る」もし

くは「父性と母性」という教育の根本原理の両方を，教師という一個の人格の内に体現せねばならないという要求がそれだ。「教育は人なり」という格言がいみじくも示している通り，教育とは，教師が己の人格そのものをもって行うべきものであると信じられてきた。ダメを出すのも生徒を受容するのも，すべては経験豊かで人間的に円熟した教師の名人芸，しかし裏を返せば胸三寸，それだけが頼りだ。

つまり教育という営為は多分に「秘儀＝奥義（エソテリック）」なのである。教師なる仕事が"聖職"というアウラを帯びてきた理由はそこにある。だが，「教育システムにはテクノロジーが欠如している」とルーマンが指摘する時，念頭に置かれているのもまったく同じ事情だ。

そしてノンエリートの若者たちの多くにとって，教師という役割人格が背負っているこの両義性は大変わかりにくいものだ。彼らの認知能力の限界に照らして複雑すぎると言ってもいい。彼らは，世界の複雑性を縮減し認知的負荷を軽くするため，両義性を丸ごと併せ呑む代わりに「優しい先生／厳しい先生」という二項図式を用いる。あるいはもっと単純に「味方／敵」でもいいだろう。彼らにとって了解しがたいのは，日常的には優しくフレンドリーな先生が勉強の面では厳しいという，まるで矛盾した——あくまで彼らの目から見れば，だが——現実だ。その代わり彼らは，優しい先生に親しみを感じると同時にナメてかかり，厳しい先生を畏れると同時に忌避するのである。

生徒たちのかかる認知様式が招く帰結について，竹内洋（1995）は「教師の現地化（localization）」という少々聞き慣れぬ言葉を用いつつ，巧みな説明を行っている。学力の低い生徒たちが多い学校では，教師と生徒との間に様々なコンフリクトが起きるのが常だ。対立が先鋭化すれば学校は機能不全に陥るし，そもそも両者ともに疲弊するから，「教師も生徒もサバイブするために相互にある程度歩みよりをしなければならない」。こうした妥協を，竹内氏は「現地化」と呼ぶ。

さらに彼が着目するのは，それが教師にとって本来の職業的役割や機能からの逸脱を意味する点だ。「『現地化』は『知識の伝達者』から『親しい先生』へ

の役割の再定義としてあらわれている」。竹内氏は，教師と生徒の関係が上手くいっている高校——多くの教師が生徒たちについて「気さく」で「人なつっこい」と述べ，生徒たちもまた「教師と生徒の人間関係が親密である」と答える——の事例を挙げ，そうした表面上の「文化休戦」にもかかわらず，実は大半の生徒が「授業を苦痛におもっている」ことを示す。つまり教師と生徒がいくら打ち解けたところで，生徒の学習意欲が高まったり授業が面白くなったりするわけではないということだ。そうである限り，この見かけ上の休戦はしょせん「文化冷戦」でしかないと竹内氏は言う。

しかも，「教師たちの現地化＝文化休戦は生徒の二次適応を促進させる」。すなわち，教師の指示に対してアリバイ的に恭順してやり過ごす「儀礼主義」や，似たような境遇の仲間たちと群れることで学校をしのぎやすい場へと変換してゆくしたたかさ，等々。だが，そうした「学校文化は，まさに選抜＝競争社会の『解圧室』である」。つまり教師の現地化は，確かに"学校という場"を成り立たせる機能的要件ではあるけれども，と同時に"教育"の足を引っ張る潜在的逆機能をも帯びているのだ。

7 人格頼み教育のマッチポンプ

今述べた問題を，パラドックスの展開の仕方という視点からざっとスケッチし直してみよう。

人格頼みの教育をシステム論の用語で言い換えれば，「褒めつつ叱る」というパラドックス＝ダブル・スタンダードを，教師個々人のパーソナルな行為時系列上へと展開すること，となるが，果たしてここには，どれほどの明示的な規則なりプログラムなりが存在するのか。規則という時，ここでは最小でも二つの次元で分岐を考える必要がある。ひとつは，いついかなる場合にダメを出すのかというIf ... thenの次元，もうひとつは，どれくらいキツくあるいは穏やかに，といった表出のスタイルや程度の次元。たったこれだけを考えても，明確で客観的な規則などあり得ないことはわかるだろう。わからないのは教壇

第4章　褒める教育と叱る教育のパラドックス

に立ったことのない人だけだ。

　結局，パラドックスは十分に展開されぬマグマのような状態のまま放置されるか，教師の恣意的／状況主義的／決断主義的な行為による事実上の／結果論的な展開へと転嫁される。それは教育というものを秘儀＝奥義(エソテリック)へと還元する，反・脱魔術化の技法だ。

　しかも児童中心主義のパラダイムは，それが教師の人格頼みである限り，教師が「優しさ」と「厳しさ」との間で引き裂かれ，葛藤を抱える構造的リスクを極限まで高める。教育におけるカウンセリング・マインドなどと安易に口にする人たちが忘れている，しかし極めて重要な事柄がひとつある。すなわち教師は，というより教育は，ダメを出さねば教育ではないということだ。しかもノンエリート相手の教育では，学業面であれ態度面であれ，ダメ出しの必然性や切迫度が二段も三段も高い。受容を旨とするカウンセリングとは準拠するシステムの原理からして異にすることを度外視した無茶は，「カウンセラーであると同時に憲兵でもあれ」という，もはや矛盾したなどという生やさしい言葉では表現できないほどの狂った要求として教師個々人へと降りかかる。

　で，その帰結は？　そんな過負荷(オーバーロード)に耐えられる人は必ずしも多くないから，凡庸な妥協点として「現地化」が生じる。むろん，本心から嫌われ役になりたいと望んでいる天の邪鬼などそうそういないのだから，そこには教師自身の自己防衛の機制も含まれているだろう。いずれにせよその結果，満足にダメ出しができなくなり，教育は不機能化する。

　あるいは真面目で几帳面な人ほど，矛盾を自分自身の内面へと抱え込み，精神を病む。うつ病で仕事を続けられなくなる教員が昨今どれほど多いか，数字を挙げるまでもないだろう。そこまで行かずとも，私のように髪の毛がどんどん薄くなる者も少なくないはずだ。教員のストレスやメンタルヘルス問題の核心は，ダメを出さねばならないことが明らかな状況で，にもかかわらず十分なダメを出す手立てが極めて限られていることにある。手に余る生徒を怒鳴り飛ばすか，いっそドツキ回せたらどんなに楽か。あるいはモンスター・ペアレンツどもも一緒にまとめて。体罰容認論やゼロトレランス方式を情緒的に賛美す

る復古的・反動的論調が跡を絶たない根本の理由はそれだ。

　そんな中，学校で子どもが問題を起こし，それが報道されるたびに，ネットでは「教師の指導力はどうなっているのだ」，「指導力不足教員を排除しろ」といった世論が吹き上がる。つまりは「指導力」が問題だということになり，さらに秘儀的技法への熱望が高まる……と，今起きているのはそうした悪循環のサイクルだと私は見ている。が，それこそがマッチポンプに他ならないという事実に気づいている人は，ほとんどいない。

　むろん，教師の力量に著しい格差がある現実は承知している。また人格的手法が有効なケースまで否定しているのではない。実際，自身もまた現場では似たようなことをやっているのだから。

　ここで問題にしているのは，他の手段なりメカニズムなりを想像／創造することなく，それを主たる道具立てとして「公式制度」を維持し続けることの異様さだ。それは「カリスマを規格的に量産する」と言うのに近い自己矛盾ではないか。秘儀はどこまで行っても個別的かつ個性的なものであり，普遍的かつ一般化された制度や方法論にはなり得ない。それはせいぜいサブルーティンか「ヒドゥン・カリキュラム」の一種に過ぎないのだ。今のやり方を続ける限り，教育のエントロピー増大＝緩慢なる熱死へと向かう過程が止むことはないと私は思う。

8　役割分化と「汚れ役」の非人称化

　今日の学校は「構造的にダメの出せない」システムになってしまっている。が，出口は本当にまったくないのだろうか？

　実はある，と私は考える。つまり，ダメ出しの機能を《人格》でもって担うことを放棄するのだ。

　ダメは機能的に等価な何らかの方法で，またシステム全体として必要十分な量が出されていればよいのであって，それを個々の教師が対面的コミュニケーションを通じて行わねばならない原理上の必然性はない。例えばテストの得点

第4章　褒める教育と叱る教育のパラドックス

によって評価を知らしめる方法は，すでにその領域に足を一歩踏み入れている。

　しかしそれだけでは不十分だ。なぜなら生徒たちは，そのテスト問題を教師自身が作り，採点し，評価すると知っているからである。人格からの分離・抽象化がまだまだ足りないのだ。私自身の経験でも，「テスト，簡単にしてくださいよぉ」，「点が足りひん？　そこを何とかお願いしますよぉ」といったネゴなどいくらでも受けたことがある。

　こうした問題を避けるためには，学校毎に「評価認定機構」（仮称）をフィクションでいいからでっち上げ——どのみち当の教員が水面下でそれに関与せざるを得ないことは自明なので——あくまで非人称的な機構がテストを作成し，評価も行うというタテマエにするのが好ましい。相手が非人称的で匿名的な制度やシステムであるほどネゴは困難になるからだ。さらに単位自治体ごとの評価認定機構，○○県評価認定機構……などと，より非人称性の高い制度を置き，必要に応じて使い分けることも可能だ。

　ダメ出し機能の非人称化，いわば「父性原理」の制度的外部化という私の提案は，教師の人格という容れ物に何もかもてんこ盛りにすることの過剰負担を軽減し，教師の役割をむしろ純粋な支援者＝「優しい先生」に特化しようとすることに他ならない。そのメリットは，なぜ塾や予備校は学校よりも相対的に機能しやすいのかを考えてみればわかるだろう。塾講師はダメ出しの最終的権能を学校の先生や入試制度へと転嫁することで，あくまで「支援者」としてのタテマエを守れるし，また生徒たちもそのことを理解しているからだ。

　むろん，態度や生活面での指導についても役割分化は必要だ。例えばスクールポリスの導入である。あるいはその機能をより拡張して，「汚れ役」や「嫌われ役」全般を担う，しかし勉強を教える「先生」ではない専門職——生徒指導部と呼ばれるものは昔からあるが，既存の観念では彼らもまた「先生」である——を置くのもいいだろう。名称は「学校管理官」がいいだろうか。[1]

　その場合，一般の教員は表向き中立かむしろ弁護士の役割を担い，然るべき場面でロールプレイングを演じることになる。もっとも裏ではポリスや管理官と通じていて，授業を妨害する困った生徒の情報を横流ししても構わないのだ

85

が。

　また管理のリアルタイム性と人的リソース問題の最適化を図るなら，全教室に音声マイクつき監視カメラを設置し，私語が甚だしい教室には管理官が駆けつけて生徒をつまみ出す，あるいは軽微なら記録映像を証拠に後から呼び出して指導するというのもいい。いや，呼び出しは毎回必ず全員でなく時折であっても，フーコーの言う「パノプティコン」としての機能は期待できるだろう。

　役割分化と言えば，学期末の講評や面談などで「君はここがなっていない」とダメを出す役と，「まだ見込みはある，頑張れ」と励ます役でさえ，別々の人物に担当させるほうがいいと思われる。生徒との関わりが恒常的かつ長期にわたる担任が「本当のこと」を告げるのはおよそ関係破壊的であり，まったく現実的でないからだ。その代わり，生徒の置かれた客観的ポジションについて一切のオブラートや婉曲を省いて率直に事実を伝える「現実告知アドバイザー」（仮称）を設けるのがいい。その役職は通称"死神"として畏れられ，生徒たちが「あーあ，今日は死神の面談だよ，やだな〜」などと溜息をつくような状況が訪れれば，それはそれでなかなか素敵な近未来ではないか。

　いずれにせよ，こうした仕組みの下で教師は，職務上のフォーマルな役割定義からして，もうあの忌まわしいダメを出さなくていいのだ。受容と共感と支援に全力を注ぐことができる。

　ちなみに，こうした発想は一見すると「ゼロトレランス」に似ていると思われるかもしれないが，まったく別問題だ。むろん現状においてダメ出しが明らかに不足しているとすれば，こうしたやり方を通じてその総量は増える結果となるだろうが，決して無寛容じたいを目的としているわけではない。むしろ問題は「人称」であり，誰がいかなる役割を担うのかという点にのみ主たる関心はある。そして私は教師の役割を「優しい先生」に特化せよと言っているのだから，もし無寛容ポリシーを執行する主体が教師だとするなら，それこそ私の提案とは真逆だということになる。

9 「学校」の脱構築へ

……と書いてみたが、いささかディストピア的な悪い冗談だと思われた方もいらっしゃるだろう。そうかもしれないと自分でも1割ぐらいは思う。が、9割がたは本気だ。もし悪質なのだとすれば、それは私の考えではなく現実のほうである。

なるほど初等教育では、あるいはオルターナティブ・スクールあたりでは人格頼みの手法を主とするのが好ましいのかもしれない。が、少なくとも中等教育以降のノンエリート圏では、逆機能のほうがむしろ目立つ。とすれば、「教師の人格」とは別のダメ出しメカニズムなり網の目なりを投入するべきなのではないか。もう少しだけ詳しく言えば、相対的に非人称的な制度や機構と、相対的にシンプルな職務役割群の組み合わせによる秩序の維持である。何のことはない、「外の社会」ではごく当たり前の仕組みだ。いやむしろ、学校の外と地続きの市民社会ライクな仕組みにすることに積極的な意味があると言ってもいい。

すでにこの時点で、わが意を得たりと思われた方もいるだろう。一方で、違和感を禁じ得ないという方もいるだろう。「スクールポリスや監視カメラといった発想ひとつ取っても、そのような教育的でないやり方は好ましくない」といった批判は容易に想像できる。

が、そう批判されるなら、「まさにそれがこちらの意図なのです」と答えよう。元より私は"聖職"という言葉になど何の思い入れもない。それどころか私は、自負と矜持を込めつつ、教育にかかわる一介の専門職もしくは技能士でありたい、と願っている。こうしたいささか味気ない言葉でもって私がシャットアウトしようとしているのは、教「師」という文字につきまとう過剰な意味づけだ。いっそポストモダン哲学風に「教師」とするのが私の意図に最も近いかもしれない。

教育技能士と聞いて、学生たちに容赦なくダメ出しする冷酷な管理者をイメ

ージする方もいるかもしれないが，まったく逆だ。一介の専門職に過ぎないからこそ，なぜ——現状は実に不本意ながらそうするしかないのだが——己の人格を賭けてまで，私語だのサボりだのといった瑣末で下らない事柄にダメを出さねばならないのか，と私は言っているのである。学生を叱ることで，あるいはクライアント／カウンセラーの権力関係を利用してであれ，とにかく彼らを"支配"することで己の権威を確認したいと願う倒錯した趣味など私にはない。私の理想はただ，何事かを学びたいと思っている人たちに，自分の持っている知識を最善の教授技術でもって淡々と伝えられるような状況を作りたい，それだけだ。

　当然，出席管理だの私語への注意だの生活指導だのは，スクールポリスなり学校管理官なりにやっていただきたい。そもそも講演会を開催しておいて，受付業務や迷惑行為をする客への対応まで講演者に任せる阿呆な主催者が，どこの世の中にいるだろうか。にもかかわらず，そうした非常識を相変わらず続けているのが教育の現場なのである。

　むろん「教師」にも，社会人として常識的な意味での人格の良好さや親しみやすさは必要だろう。生徒や学生とのラポールだっていくらでも構築すればいい。だがそれは，「優しさと厳しさの極限的せめぎ合いを乗り超えたところに到達し得る境地」とでもいうような，おどろおどろしく秘儀性極まる代物である必要はまったくない。ただ歳の差があるだけの「普通の人間関係」で十分だ。

　そして，ここまで述べてきたように事態を捉え直すことで，児童中心主義に象徴される「叱らない教育」は，ある種の勘違いを含んでいたこともまた明らかになる。すなわち学習到達度を評価する——とりわけ否定的評価＝ダメを出す——ことと，「学校における承認と包摂」の問題とを混同したことだ。

　いわゆる「学校化社会」論は，学力という一元的尺度（＝偏差値）にもとづく評価が生徒たちの自己承認の欠如をもたらし，脱学校化を招いたと批判する。この分析自体は正しいとしても，ならば学校には，ダメ出しを放棄するか／脱学校化に晒されるか，どちらかの選択肢しか残されていないことになる。実際，1990年代以降のノンエリート圏教育は，結局のところ二者択一の前者，すなわ

ちダメを出さないこと（＝現地化）によって生徒たちを辛うじて学校の中へととどめ続けた，としか言えない程度の著しく消極的な存在になり下がっているように見える。

　この二者択一は，学校の存在意義を減殺するまったくの袋小路だ。一方，先に述べた「ダメ出しの非人称化と役割分化」という構想は，この問題からの抜け道を提供するものであると私は考えている。

　若者たちが学校という空間に閉塞感を覚えた大きな理由は，教師と生徒が人格的に関わりあいを続けるしか選択肢のない場で，当の教師が「偏差値」という超越的父性の代理人や，私の言う「学校管理官」そのものをもっぱら務めようとしたことだと思われる。そして今は教師たちの方が，父性と母性の人格的統合に係る役割葛藤の中で溺れ死ぬか，安きに流れて教育の場から父性原理が失われている。

　対して私の提案は，教育における父性と母性，言い換えれば評価＝断罪の機能と受容＝包摂の機能とを，教師のパーソナリティから解放するとともに，非人称的制度や単一機能に特化したシンプルな職務役割群へと分散化することで，「褒めつつ叱る」という教育の本源的パラドックスを繰り延べよ，ということに他ならない。

10　「グレートティーチャー」への挽歌

　最後に，ちょっとした雑談でもって章を締め括りたい。

　私は，「褒めつつ叱る」の両者を教師という一個の人格の内に体現することについて悲観的な展望を示した。が，優しさと厳しさとを兼ね備えた，つまり存分にダメを出しつつ底知れぬ包容力もあるような理想的教師像への人々の憧憬は根深い。かの『金八先生』といい，『GTO』のグレートティーチャー鬼塚栄吉といい，無数の学園／教師ドラマとそのヒーロー／ヒロインたちが創作され，また支持されてきたという事実はそのことを示している。

　しかし，そうしたフィクションを成り立たせていると同時に，それらがしょ

せんフィクションでしかない最大の理由は，物語の大半が授業外のエピソードから成り立っていて，現実には教師と生徒の接点の大半を占める授業時間が省略されていることだ。ドラマの中の熱血教師やカリスマ先生は，生徒に向かってやたら「バカ野郎！」とダメ出しする。が，もし彼らが授業や勉強でも同じようにダメを出しまくったとして，それでもなお魅力的なキャラクターであり続けられるだろうか。とうていそうは思えない。

「教師と生徒」という権力性を帯びた関係ではなく，そこから離脱した私的で対等な関係性の中での，にもかかわらず「偉大な人生の先輩」であるからこそ，逆説的に彼らは存分にダメを出しても魅力的でいられるのである。いや，人が人をリスペクトするとは元来そういうものだろう。けれども，現実の学校でグレートティーチャーを演じることは大変難しい。概してそこにいるのは，ナメてかかれる甘い先公か／やたらと口うるさい嫌な先公か，いずれかだ。

ダメ出しの非人称化と役割分化という私の構想に，どうしても違和感が拭えない方のために念を押そう。教師個々人がカリスマ先生である必要などまったくない。代わりに教育システムがグレートティーチャーであれば，それでいいのだ。ならばシステム内の個々の役割は機能分化しているほうが，システム全体としてより多くのダメを出し，より優しく生徒たちを包摂するはずだと私は考える。

だからそれは，生徒との人格的関わりを否定するものではない。むしろ成績評価や内申書を人質に取った権力関係ではないプレーンな関わりの中で，先生が「偉大な人生の先輩」であり得る可能性はかえって高まるのではないだろうか。が，それはあくまでサブルーティンやヒドゥン・カリキュラム，学校という物語の中のエピソードでいい。

実を言うと，「褒めつつ叱る」の展開の仕方にはもうひとつの"裏技"がある。学校生活の期間を超える遥かに長いスパンでもって時間軸上へと繰り延べる，というのがそれだ。学校にいた時分には，いつも叱られてばかりで嫌で嫌でたまらなかったあの先生が，大人になって振り返ってみると本当は素晴らしい先生だった——そう，多くの方が身に覚えがあるのではないか。かつては確

かにそんな《学校文化》があったように思われる。あるいはグレートティーチャーとは，もしかすると未来からの回顧という形でしか存在し得ないものなのかもしれない。

■ ■ ■

●注
(1) むろん彼らとて，単なる体育教師的メンタリティの人物ではなく，少年司法や修復的司法，ソーシャルワークなどの訓練を受けた専門家が好ましいのは言うまでもない。海外におけるスクールポリスの実像を伝える文献としては，矢部武，2000年『少年犯罪と闘うアメリカ』，共同通信社が食わず嫌いの方にはお勧めだ。

●参考文献
本田由紀（2011）「強固に残るボーダー――自閉化する日本の学校教育に対する社会システム論からの示唆」『教育學研究』78(2)。
岩本茂樹（2009）『教育をぶっとばせ――反学校文化の輩たち』文春新書。
小林伸行（2009）「〈能力〉メディアと「有能／無能」コード――ルーマン教育システム論の『一般化問題』に関する一考察」『社会学評論』59(4)。
Luhmann, N., 2002, Das Erzieungssystem der Gesellschaft, Suhrkamp Verlag, 村上淳一訳（2004）『社会の教育システム』東京大学出版会。
森真一（2008）『ほんとはこわい「やさしさ社会」』ちくまプリマー新書。
竹内洋（1995）『日本のメリトクラシー――構造と心性』東京大学出版会。

第5章
教養教育の可能性を考える

近藤　剛

　　　　　　　　すべての人間は生まれつき知ることを欲する
　　　　　　　　　　　　　　　　　　　　　アリストテレス

　近年，大学の「大衆化」と「世俗化」が進行し，いわゆる「大綱化」（1991年の大学設置基準の変更）の影響も少なくない中で，高等教育そのものの著しい変貌が指摘されている。さらに今後，文部科学省が求めている「ミッションの再定義」による国立大学法人の行方も懸念されている。多くの大学が社会的な要求に偏重して，いわゆる就職予備校（企業が求める実務教育に特化）と化すばかりか，高等学校までの学力水準も疑わしいような学生を抱えざるを得ないボーダーフリー大学では，大学のアカデミズムそのものが存亡の危機に立たされている。本章では教養教育の在り方を問題にするが，近頃の学生に関して言えば，教養以前の基本的な常識（人間力）さえも欠落しているケースが目立つ。基礎学力の低下やコミュニケーション能力の不足は言うに及ばず，礼儀知らずの態度も甚だしい。正直に言って，一体どこまで遡って教えなければならないのか，現場の最前線に立つ筆者は，しばしば戸惑いを覚える。
　かつて，アラン・ブルームは『アメリカン・マインドの閉塞』（1987年）[1]において，価値相対主義による魂の貧困化と知の閉塞状態を指弾し，現代の高等教育に対して警鐘を鳴らした。しかし今日では，情報伝達技術の飛躍的な進展によって，これまでの知の在り方が根本的に変質してしまい，大学教育をめぐる事態は，さらに混迷の度を深めている。少し長くなるが，補足説明のため，ジ

ョージ・スタイナーの見解を引用してみたい。

　コンピューターの常用，情報理論の普及と検索機能の利用，インターネットと世界的なウェブの遍在，これらは単なる技術革命にとどまらない状況を作り出した。意識そのもの，認知の様態と表現形態，コミュニケーションにおける相互感覚などが，ほとんど計り知れないくらい変容を被ることになり，その根本的変容は数え切れない多様な端末とシナプスを通じて，われわれの神経システムと大脳組織に（おそらくアナログ的に）接続して，隠然として多大な影響を及ぼすからである。言うなれば，ソフトウェアが内部に組み込まれることになったわけで，意識は第二の皮膚を手にしたかもしれないのだ。この事態が学習過程に及ぼす影響はすでに甚大である。小学校の生徒は，ディスプレー画面を通じて，新たな世界へと踏みだす。ラップトップを抱えた学生も，ウェブ・サーフィンをする研究者も同様である。共同研究などにおける意見交換や討議の形態は変わり，記憶容量ももはや昨日の比ではなく，送信の即時性も画像表現のあり方も様変わりを果たした。[2]

　このような動きに即応しようとすればするほど，大学教育は後手に回り，迷走するのではないか。というのも，変化に対応することと，状況に追随させられることとは異なることだからである。現状は明らかに後者の姿をさらしているとは言えないだろうか（状況に応じてカリキュラムを再編しても，それが運用される時点では，もはや新しい状況にそぐわないというケースが多く見られるから）。カリキュラムの改編について，ブルームの言葉を借りれば，「危険な点は，流行にひきずられること，たんなる大衆化であること，内容に厳格さの欠けることである」[3]。これは何とも傾聴に値する意見ではないか。先を見通した主体的な取り組みを行うためには，やはり大学教育の原点に立ち返るべきであろう。もちろん，「ユニバーサル化」（M・トロウ）や「グローバル化」の潮流に沿った大学改革は不可避的であるが，従来の大学教育の根本理念を見失ってしまっては元も子もない。そこで，本章では大学教育の原点とでも言うべき教養教育に注

目する。なお，筆者は教育学を専門とする者ではなく，教養教育に関する研究動向を十分にふまえることはできていない。以下の論述は，あくまでも大学で教鞭をとる立場からのひとつの教育論にとどまっていることをあらかじめ申し添えておきたい。

1　教養とは何か

　残念なことに，高学歴であるからといって，高い教養が身についているとは限らない。多くの知識量があるからといって，人間性が優れているとは限らない。膨大な情報にアクセスできるからといって，実社会での対応能力が上がるとは限らない。知識を丸暗記するだけでは単に物知りになるだけであって，人間形成においては，得られた知識を経験によって知恵へと深めていくことが肝要である。知識が自らの血肉となって，自己の陶冶に結びつかないならば，教養を身につけたことにはならない。教養は知識を誇るためのものでもないし（いわゆる従来の特権的教養主義），学んでも実社会では何の役にも立たないと見なされるパンキョウ（一般教養科目に対する略称）として蔑まれるものでもない。こうしたことに関連して，猪木武徳は次のように述べている。

　　日本では難関大学に入った者の中にも，定型的な知識は持っているが，日常的でないものにぶつかったとき，応用が効くような良識の力を持ち合わせない，つまり「教養」のない人間がいることをわれわれは次第に実感するようになった。つまり「教育がある」ということと，「教養がある」ということは異なる次元の話だということを知ったのである。大学の卒業証書が最低限の品質保証をしてくれることはあっても，個人の能力全体の保証書とはなりえないことを改めて痛感するようになった。

　この指摘は的を射たものであると筆者は思う。高等教育を受けていると言うのならば，同時に高い教養も身についていると言えなければならない。そうで

なければ，大学生活は単なる時間の経過で終わってしまう。大学教育は今後どのような変革を試みようとも，教育と教養の並行を忘れてはならない。

　ここで若干，教養の概念史を一瞥しておきたい。ヨーロッパ文化の伝統では，教養，すなわちギリシャ語で言うところのパイデイア（$παιδεια$）とは（言葉そのものの原義は「子どもを教育すること」であるが），人間本性の覚醒を促し，真の認識へと方向づけるものと考えられている。それは古代ギリシャ思想（ソクラテス，プラトン）に淵源し，中世キリスト教思想に継受された教育理念であり，リベラル・アーツを通して具現化される（パイデイアに示されるギリシャ思想と初期のキリスト教思想の関係は興味深いが，それを語るには相当の議論を要するので，本章では深追いしない）。リベラル・アーツとはサーヴァイル（奴隷的）の反対，つまり自由人の技術（artes liberales）である。それは人を自由にする（非奴隷化する）ための学問である。そして，歴史的には古代ギリシャの弁論家イソクラテスに由来し，古代ローマのキケロを経由して，中世キリスト教世界へと伝達された。そのような流れを受けて中世ヨーロッパの大学では，三学（trivium）の「文法学，修辞学，論理学（弁証法）」，および四科（quadrivium）の「算術，幾何学，天文学，音楽」として設定され，精神，理性，内省の働きを促進するものとして活用された。

　こうした発想がドイツの諺に結集されたのであろうか。すなわち「人を自由にするのは教養である」（Bildung macht frei）という考え方が確立されるようになる。教養は「耕作すること」（cultivation），あるいは「造成すること」（Bildung）として表現される。英語の動詞 cultivate はラテン語の cultura（耕作）を語源とするが，その意味は「耕作する」から「洗練する」，「教養をつける」，「交際を求める」へと展開される。魂を耕すことによって人間性が磨かれると，社交性が広がる（唐突ではあるが，ここで学問は人間交際のためと説いた福澤諭吉が想起される）。内外に伸張される精神活動によって，人間性を構築していくこと，それが教養の効用にほかならない。教養を深めることは，自らに潜在する可能性を開拓することであり，それが実現されていった結果，人格というものが造成される。健全な人格形成には，教養という幅広い知識が必要なので

ある。ドイツ語で教養を意味する Bildung という言葉は18世紀の新人文主義（Neuhumanismus）において頻出される概念であるが（例えば，ヨハン・ゴットフリート・ヘルダー，アレクサンダー・フォン・フンボルト，フリードリヒ・シュライアマハー），もともとは13世紀のドイツ神秘主義（マイスター・エックハルト）[10]に起源を持ち，人間が神の似像（Gottes Bild）になることを意味したとされる[11]。少しばかり説明を補足しておこう。神学的に言えば，人間は神の似像（imago Dei）として創造されたが，そのことは人間の原罪（peccatum originale）によって毀損されてしまっている。したがって，人間には，神の本性的像であるキリストに倣って（imitatio Christi），その像に類似していくことが求められる。Bild になろうとする努力は生の目的であるとともに，教育の根本理念にも底流していると理解できよう。後に，こうした発想はルネサンスにおける理想的な人間像（uomo universale）に取って代わられ，人間の潜在力が重視されるようになる。つまり，内に秘められた可能性を開花させて，人間性を実現させていくことが理想的となる。以上の議論をまとめておくと，超越的な自己実現であるにせよ，内在的な自己実現であるにせよ，徹底した自己陶冶を目指す点では変わりなく，それが教養の本質的な役割をなしてきたことがわかる。

　次に，日本における教養について取り上げてみよう。竹内洋は『教養主義の没落』の中で（刻苦勉励的な農村的エートスを背景としたエリート学生文化としての）教養主義を「哲学・歴史・文学など人文学の読書を中心にした人格の完成を目指す態度[12]」と定義しており，それが没落していく過程をつぶさに検証している。そして，いわゆる旧制高校的ないし帝大文化的な教養主義の蘇りを期待するのは時代錯誤であるが，教養の意味と機能を見直すことは重要であると主張している。竹内は井上俊の文化論を援用しながら，文化と同じように教養にも「適用」（「人間の環境への適合を助け，日常生活の欲求充足をはかる」作用）[13]，「超越」（「効率や打算，妥協などの実用性を超える働き」）[14]，「自省」（「みずからの妥当性や正統性を疑う作用」）[15]の3つの作用が認められるが，肥大化した「適用」機能によって，自省的懐疑主義は批判され，超越的理想主義も相対化されたと指摘する。要するに，適応的実用主義が優位に立ち，教養主義は「大衆平均人（サラリー

マン型人間像）文化と適応の文化（実用主義）の蔓延[16]」という形で終焉を迎えたのであり，さらに言えば，「大衆文化への同化主義」としての「キョウヨウ主義[17]」と化したということである。そうした分析をふまえて，竹内は文化の自省機能と超越機能の回復をはかるべく，新しい時代の教養教育の在り方を模索するよう提言している。

　筆者の構想では，教養の自省機能を現実の自己認識（学生にとって置かれた状況を客観的に認識すること）として，超越機能を理想の追求（学生に対して夢や希望を喚起すること）として，そして真っ当な意味での適用機能を公共性の理解（学生が社会に参加するために必要となる人間力の育成）として位置づけ，それぞれの回復をはかりたいと思う。また，教養主義を従来のような凝り固まったイズムとして捉えるのではなく，当人のリズムとして考えたい。リズムの原義はギリシャ語のリュトモス（ρυθμός），すなわち「物の姿，形」を意味する。つまり，教養とは，その人の姿や形，立ち居振る舞い，固有の在り方を作り上げるものであり，生を律動的に（リズミカルに）するものである。畢竟するに，人間形成の土台を据えるものとして，教養は不可欠である。この点をジョン・ヘンリー・ニューマンの大学教育論を手がかりにして，さらに掘り下げて考えてみたい。

2　ニューマンの大学論

　19世紀のイギリスで活躍し，オックスフォード運動の指導者としても知られるニューマン[18]には，多くの神学的著作とともに，大学教育論の古典として名高い『大学の理念[19]』という著作がある。これは，彼がダブリンのカトリック大学総長就任に先立って大学教育の目的について述べた9回にわたる連続講演と，在任中の特別講義を組み合わせたものである。成立事情から明らかなように，彼の大学教育論には時代的な制約およびキリスト教的な背景に由来する特殊性もあるが，それを越えて現在の大学教育一般において通用する普遍性もある[20]。まず，彼の議論のポイントをおさえておきたい。

第5章 教養教育の可能性を考える

　ニューマンによれば，大学教育の目的は，知性の涵養，精神の修練，視野の拡張，社会性の向上などであり（端的には，伝統的な紳士＝「決して苦しみを与えない人」の育成），そのために大学は研究機関であることよりも，個々人の人間性を高めて人格を形成していく教育機関であることが求められる。そこでは，いわゆる実用教育とは対照的である人文知ないし古典の習熟に努めるリベラル・アーツ，つまり教養教育が中心とされねばならない。ニューマンは第7講演「職業的技能との関係から見た知識」(Knowledge Viewed in Relation to Professional Skill) の中で，次のように語っている。

　「大学」における訓練は，偉大ではありますが平凡な目的を達成するための，偉大で平凡な手段なのでありまして，それが目指すところは社会の知的風潮の高揚，公共心の涵養，国民の趣味の純化であり，民衆の熱狂に真の原理を与え，民衆の向上心に確固たる目的を与え，時代の風潮を拡大し，それに節度を与え，政治力の行使を促進助長し，私生活における交際を洗練することです。自分の見解とか判断をはっきりと意識的にみつめる力を与え，それを発展させていくうちに真理を与え，それを表現する雄弁を，それを主張する力を与えるのが教育なのです。教育は人間にものごとをあるがままの姿でみつめ，まっすぐに要点へとつき進み，思考のもつれをほどき，詭弁を看破し，見当違いなものを取り除くよう教えてくれるのです。教育は人がどのような職に就こうとも，それを立派にこなし，どのような問題をも易々と克服するよう導きます。それは他者に適応する法，他者の気持ちに共鳴する法，他者に自分の気持ちを伝える法，他者に影響を及ぼす法，他者と理解し合う法，他者を赦す法を教えてくれます。このような教育を受けた人は，どんな社会にあっても気楽にくつろいでいられますし，あらゆる階級と共通の立場を有しているのです。[21]

　このような目標を達成するために必要となるのは「知識」教育であるが，この「知識」に関するニューマンの理解（自己目的としての知識）が独特なのであ

る。ニューマンの第5講演「自己目的としての知識」(Knowledge Its Own End)から引用してみよう。

　「知識」というものはそれ自体の目的たり得るのです。人間の精神は，いかなる種類の知識といえども，それが真の知識である限りそれ自体の報いとなるように作られているのです。そしてこのことがすべての知識にあてはまるとすれば，それはかの別格の「哲学」にも真実であり，その哲学が知識のあらゆる部門の真理，学問と学問の関係，その相互の立場，それぞれの価値を包括的にとらえていると私は考えます。そのような知識習得に，私たちの求める他の諸目的，つまり富とか権力とか名誉とか便利で快適な生活と比べて，どのような価値があるかについてはここで論じるつもりはありません。しかし，次のことは主張したいし，また明らかにするつもりです。このリベラルな，哲学的知識は本質において真に紛れもなく立派な目的であって，それを獲得するための多くの思索とそれを達成するための多くの苦労を埋め合わせるのです。[22]

　つまり，相互に関連している知識の全体性を探究することが，精神の拡大と真理の照明につながるのであり，知識をひとつの統一体として哲学的に考察することこそ，リベラルな教育の在り方なのである。
　ニューマンが用いる「哲学」という表現にも独特の意味合いがある。ニューマンは第6講演「学識との関係から見た知識」(Knowledge Viewed in Relation to Learning)で，次のように説明している。

　広く認められた用語がありませんので，私は知性の完成ないし徳ということを，哲学，哲学的知識，精神の拡大，あるいは啓発という名称で呼んできました。これらは今日多くの著述家がよく用いる言葉です。しかし，どのような名称を与えようとも，歴史的に考えてみると，「大学」の本分はこの知性の育成をその直接の目的とすることであり，また知性の教育に専心するこ

とだと私は信じます。[23]

　おそらくニューマンが繰り返し言及している「哲学」は，字義通りの意味で受け取ってよいものであろう。すなわち，哲学（philosophia）することは，知恵（sophia）を愛する（philein）ことにほかならない。知恵をどのような程度に，どのような仕方で愛するのか，その態度が，その人の在り方を決定する。筆者は，愛しんだ知が自らの徳を育むのだと解釈したい（伝統的な知徳合一こそ，実現されるべき理想なのではないか）。
　ニューマンによれば，知性とは，それを持つこと自体が実質的な善なのであって，その卓越性に応じて，社会や現実に様々な恩恵を与えるものである。要するに，知識を獲得すること自体が，人間の本性の直接的な要求を満たすのである（これはヤスパースの言う「根源的知識欲[24]」に近いのではないか）。つまり，ある人にとっての知識とは，その人の精神の在り方にほかならない。したがって，獲得された知識から実利的な意味において何も生まれてこなくとも，それは求めるに値するのである。この視点が現在の大学教育に欠けていると，筆者は思う（つまり，学業の成果を求めるのに性急すぎるきらいがある）。自己目的としての知識の習得こそ，人間の品性の向上をもたらすのであり，結果的に，より洗練された人格の形成に資するのである。ニューマンは次のように語っている。

　　大学は道徳の効果や機械的生産をもくろむのではありません。大学は技術や職業のために精神を訓練するのではありません。大学の役目は知性の育成なのです。この知性の育成という地点に辿り着いた時，大学はその学徒たちに別れを告げることになりますが，これだけのことを成就した時，その任務を果たしたことになるのです。大学は知性がどんな事柄においてもよく理性を働かせ，真理へ到達しようと努め，それを把むように教育するのです[25]。

　知性の育成という１点に集約される教育，それがニューマンの考える大学の使命であると，まとめることができるだろう。

そして，この観点から，ジョン・ロックはニューマンの論敵となる。それは，どのようなことを意味するのか。例えば，ロックは『教育に関する考察』の第20章「学習と勉学について」の164節で次のように述べている。

　　父親が息子に商業をやらそうと思っているのに，息子にそのローマ人の言葉（引用者注：ラテン語のこと）を習わすために自分の金と，息子の時間を浪費しているほど滑稽なことが他にありましょうか。……子供が計画されているその生涯に，けっして用いるはずがないような語学の基本を，無理に習わせられて，一方人生のあらゆる境遇にあっても非常に役に立ち，大抵の商売には不可欠に必要な，上手に字を書くことと計算をすることを，その間じゅう怠っているということです。

　つまり，ロックは教育の有用性（usefulness）を生徒の将来の職業や商売に限定して論じているのである。これに対してニューマンは同時代の神学者たち，例えば，オックスフォード大学オリエル学寮のフェローであったジョン・デイヴィソンや同学寮長コプルストンの見解を引証しつつ，ロックが勧めるような職業訓練のための専門教育を知性の修練よりも優先してしまった場合に生じる悪影響について指摘している。ある職業に関わるだけの専門教育へと重点化していけば，特定の場所で役立つ能力しか得られないことになる。つまり，別の職業に変わった場合，もはや対応できなくなる。重要なのは，どのような職業でも，どのような場所でも，どのような状況でも使うことができる能力の習得である。ニューマンによれば，その能力とは「判断力」（judgement）にほかならない。判断力こそ，要点を即座に把握して，選択の拠り所となる，知的な能力の中で最も重要なものと見なされる。
　ニューマンの理解では，判断力が備える正確さ（exactness）と活力（vigour）という習性（habit）は，知性の修練によって鍛えられる。知性の修練には，歴史，道徳哲学，詩といった知識の摂取が必要であり，それを提供する教養教育が職業訓練のためにも有用であるとされる。この場合の有用性は商業的な意味

ではなく，おそらく人間的な意味で捉えられるべきだろう。ニューマンの主張を引用したい。

　思索し論究し比較し識別し分析することを学んだ人，趣味を洗練し，判断力を養い，精神的洞察力を研ぎすました人が，実際直ちに法律家とか弁護士，雄弁家とか政治家，内科医，地主，実業家，兵士，技術者，化学者，地質学者，古物研究家になれるわけではありませんが，そうした人は私が引き合いに出した学問や職業のうちのいずれか一つ，あるいは何であれ，他人には思いもよらぬところへでも自分の趣味や特殊な才能に合ったその他の学問や職業に，気軽に，優雅に，手際よく，そして首尾よく従事することが出来る，そういう知性の状態に置かれているでありましょう。ですから，この意味で（私はこの大問題に関してごくわずかしか述べておりませんが），精神の修養は断固として有用なのです[27]。

知性を修練する手立てとしての歴史，道徳哲学，詩といった人文知は，即座に利益をもたらさないかもしれない（はっきり言えば，ほとんど実利性はない）。しかし，教育が提供する内容として，商業的な意味で役に立つものだけでは困るのである。その人の土台を築き，善に貢献するよう促していくものが必要なのである。ニューマンは，その必要を満たすものが人文知であり，それは，それ自体が報いであるような知識＝教養知として有用であると強調する[28]。少し長くなるが，ニューマンの見解を以下に引用しておきたい。

　涵養された知性はそれ自体で一つの善ですので，それが取り組むあらゆる仕事に力と恩恵をもたらし，私たちをより有用にし，優勢にする，こう私は申しているのです。私たちには人間として，人間社会に負うている義務があります。また，属する国家に，活動する領域に，様々な形で関わっている個々人に，そして生涯において次々と出合う人々に対して義務を負うています。そして，「大学」本来の目的である，かの哲学的ないし一般教養教育

（そう私は呼んでまいりました）は，職業的関心事に最優先権を与えることを拒むとしても，市民を作り上げるためにその種の関心事をあとまわしにしたにすぎないのです。この哲学的な，リベラルな教育は博愛という，より大きな利益の促進に寄与すると同時に，一見した所，見くびっているかにみえる単なる個人的な目的を首尾よく遂行する準備をしてもいるのです。[29]

　教養教育では，すぐに役立つような技術的な知（例えば，パソコン，英会話，簿記，各種の資格など）を与えることは意図されていない。つまり，必ずしも手段に関わるスキルを示すことはできない。むしろ，教養知は目的に関わる知を鍛えて，深めることを目指している。それは生の意味を探求し，問題の本質を追究し，状況を批判的に検討しようとする（要するに，問題意識の倫理を高める）。したがって，それは経済効率としての有用性や数値化される採算性そのものを反省し，マンモニズム（拝金主義）の毒牙に抗う意図を持っている。つまり，本当の意味での実用教育を活かすものが教養教育なのである。どのように生きるのかという根本的な姿勢を問うことができなければ，一体，教育に何の価値があるというのだろうか。そうした意味において，教養教育の復権が求められねばならないのである。[30]では，それは具体的にどのように行われるのか。次節で検討してみたい。

③　教養教育の復権

　ブルームは，教養教育の方法として「グレート・ブックス」（いわゆる古典）を教授するよう提案している（彼が古典教養主義の代表格と目される由縁である）。

　　この方法に則った一般教養教育とは，一般に認められた古典文献を読むこと，とにかく読むことである。そして問題が何かを，また古典に近づく方法を，テクスト自身に語らせることである——つまり古典を出来合いの範疇に押し込んだり，歴史の産物として扱ったりせず，作者が望んだとおりの読み

方をしようとすることである。⁽³¹⁾

　学生が本を読まなくなったと嘆かれて久しいが，教育する側が読書の魅力を十分にアピールしきれず，またその習慣化に努めてこなかったことにも責任の一端があろう。今では電子書籍の普及により，優れた古典が廉価で手に入り，いつでもどこでも読める環境が整備されており，充実した読書経験に導かれる機会が増えるかもしれない。そのためにもまず，教員は読むべき古典名著の類を紹介する必要がある。引き続きブルームから引用する。

　　古典がカリキュラムの中心部を形づくっているところではどこでも，学生は夢中になり，満足しているということ，自分たちが独自な，自らの希望に副ったことをやり，他のどこからも得られない何ものかを大学から得ていると感じている，ということである。この特別な経験という事実がまさに――学生はこの経験を越えたどこかに導かれるわけではないが――学生に新しい選択肢と研究そのものに対する敬意をもたらすのである。学生の受ける利益は，古典についての自覚である――これはとりわけ，いま問題にしている何も知らない学生たちにとっては重要な点だ。古典に対する自覚とは，すなわち，大いなる問題が依然として存在するときに，何が大いなる問題であるかを知っていることである。また学生は，少なくとも，大いなる問題に答えるのにどのように取り組んだらいいか，そのやり方の模範を手に入れる。そしておそらく何よりも重要な利益は，共有された経験や思想といういわば資金であって，これを元手にして学生たちのたがいの友情が育まれるのである。古典の賢明な利用に基礎を置くプログラムは，学生の心に王道をもたらしてくれる。⁽³²⁾

　古典の世界に目を開くことができれば，人生に対する所作が整ってくる。つまり，人生の問題に気づくということ，それに向かう気構えができるということ，それを解決する手立てを得られるということである。筆者の理解では，古

典についての自覚は，世界における自己の発見を意味する。それは単なる読書なのではなく，ニューマンが言うところの知性の涵養という経験そのものなのである。文字を読むのではなく，文字に擬えて生きるのである。書物を通して多彩な人生模様に思いを馳せて，人情の機微に触れるのである。そのような意味において，古典の読解こそが人文知の王道なのである。それを欠いてしまっては，様々な問題に対処する応用知は身につかないであろう。この点について，猪木武徳は次のように主張している。

　教養の衰退が現代社会に与える影響は意外に大きい。それはマニュアルにはない，非定型的な判断のできる人材を育てるための重要な手段のひとつを失ったということを意味する。時間という厳しい審判者の裁定をくぐり抜けてきた古典がわれわれに教えてくれるのは，人間と社会についてのマニュアル化することのできない深い洞察であろう。この洞察がいざというときの非定型の判断能力を高めてくれるとすれば，古典教育を失うことは，そうした判断力をも失うということを意味する。[33]

筆者もまったく同感である。次に，古典教育の実例を紹介しよう。
　筆者は本務校の神戸国際大学にてキャリア教育科目に位置づけられている「自己探求入門」という講義を担当しているが，そこでは古典的著作の精読を行っている。日本の近代化を推進した明治時代の若者たちに多大なる影響を与えた書物がある（当時100万部売り上げたことでも知られている）。明治の六大教育家の一人に数えられる中村正直が昌平坂学問所の教授時代に翻訳した『西国立志編』[34]という本である（1872年の「学制」公布の時点では教科書として採用されていた）。原著はイギリスの作家サミュエル・スマイルズの *Self-Help, with Illustrations of Character and Conduct*（1859年発行）で，そこには欧米人のサクセス・ストーリー（ほとんどが史実にもとづいたもの）が満載されている。内容（現代語訳の章立て）をピックアップすると，①自助の精神，②忍耐，③好機，④仕事，⑤意志と活力，⑥時間の知恵，⑦金の知恵，⑧自己修養，⑨素晴らし

い出会い，⑩人間の器量などが取り上げられている。ここで一貫して述べられているのは，人生の成功の鍵は自助努力にあるということである。本書の冒頭に出てくる「天は自ら助くる者を助く」(Heaven helps those who help themselves)というスローガンは，あまりにも有名である。『自助論』は，勤勉，正直，感謝を通して人格が鍛錬されること，自分自身の意志と努力が成長の鍵となることを，多くの人物評伝にもとづいて説明している。そして，成功の秘訣は決意，集中，努力にあることを繰り返し語っている。生きていく上で大切なことは今も昔も同じなのであり，試行錯誤を重ねた末の先人の経験則は熟考に値する。自分自身の生き方や考え方をトレーニングしたいと思うなら，先人の成功例に学ぶことが近道であると思う。筆者は，この講義が1回生向けであることを考慮して（必要に応じて原文を参照するのは当然であるが）現代語訳の『自助論』を用い，学生とともに丹念に読み込み，自己修養の方法について具体的に教えている。

　講義の進め方は，以下の通りである。あらかじめ範囲を指定しておき，それを一読してくることが出席条件である。おびただしい数の登場人物が出てくるので（必ずしも有名人ばかりではない），固有名詞について調べておくことも課題になる。講義では，それぞれのエピソードの時代背景を説明し，なるべく歴史的人物に対する距離感を縮めるようにしている。また，偉人は最初から偉人なのではないこと，むしろ劣等生がどのようにして偉人になり得たのかというプロセスに注視した読み方を行っている。歴史的な英雄を身近に感じさせること，できないと思われたことが実際に実現できたということ，その手法を学ぶことによって成功経験をイメージさせること，さらに現在の自分自身に対する脚下照顧を促すこと，などを目指している。講義後には，その日に読み合わせた箇所を時間内に要約し，提出することを課している。また，先人が経験したような苦境に直面したと仮定して，自分ならばどのように切り抜けるのかといったシミュレーションもレポートとして課している。このような作業によって，成功者の生き方のエッセンスを自分の読解力で把握できるように指導しているつもりである。さらに，「信念は力なり」，「道なくば道をつくる」，「金は人格な

り」といった名言や格言などは，ことあるごとに暗記させている。それは読書の習慣化に役立ち，生きるために必要な基本的な心構えを養い，複雑な人間社会を生き抜くための応用的な知恵を授ける。ここで，ブルームの意見を引照しておこう。

　一般教養教育をうけた者とは，安直で好まれやすい解答に抵抗できる者のことである。それは彼が頑固だからではなく，その他の解答も省察に値することを知っているからである。書物を学ぶことが教育のすべてであるかのように信じるのは愚かであるが，読書はつねに必要であり，自分にもなれる高貴な人間類型の生きた見本が乏しい時代においては，とくに必要である。(36)

要するに教養教育は，古典を中心とした読書経験を習慣化することによって，知性の涵養に努める。それは精神を拡大し，知を受肉化させる手立てとなる。これはまさに，ニューマンが考えるプログラムにほかならない。

　精神の拡大は，多くのそれまで未知であった観念をただ単に受動的に受容することにではなくて，なだれ込んでくるそれら新しい観念に対して，またその只中で直ちに反応する精神の力強い働きにあるのです。それはものを形成する力の働きであって，私たちが獲得した知識の内容に秩序と意味を与えるのです。それは知識の対象を自らのものにすることであり，分かりやすい言葉を用いれば，受け取ったものをそれまでの思想の実体へと消化することです。そして，これなくして拡大もあり得ないのです。心に入ってくる諸々の観念を互いに比較し，それを体系化することがなければ，拡大などあり得ません。ただ学ぶというだけでなく，学んだことをすでに知っていることと照合する時，その時，私たちは精神が成長し拡張しているのを感じます。啓発(イルミネーション)とは，単に知識が増えるということではなく，すでに私たちが知っていることと現に学び取っていること，つまり習得したものの蓄積すべてが心の中心へと引き寄せられる運動であり，前進なのです。(37)

今日，学士課程教育の質保証のために，学習成果の可視化が喫緊の課題とされている。教育目標達成の数値化も検討されている。筆者は，そうした社会的要求の妥当性を理解するし，そのことに大学が取り組まねばならない必要性も痛感している。しかし，経験的に言えることだが，教育の成果は測れないもののほうがはるかに多いのである。即席の知識ではなく，即効性のなさそうに見える教養こそが，将来，その人を活かすことがある。長い目で成果を見守るという鷹揚さ，すなわち大学人としての矜持が問われている。次に引用するスタイナーの指摘は表現として辛辣なところがあるが，現状に即しており，言い得て妙である。

　親身に教えるということは，人間の心の最も深く敏感なところに踏み込んで直に触れることにほかならない。子供であろうと大人であろうと，その不可侵の人格の最も感じやすい深奥部に通路を穿つ試みなのだ。教師は教え子の心に侵入してそれを蹂躙する。さらにそれを破壊し，洗脳して新たに作り上げようとまでする。貧弱な教育，日常茶飯と化した形式的な授業，あるいは有用性のみを目的とした（意識的であろうとなかろうと結果的にシニカルな）教育とは悲惨な破壊行為にほかならず，生徒・学生の期待と夢を根こぎにしてしまう。悪い教育は，文字どおり殺人的であり，罪悪そのものである。生徒や学生を委縮させ，学ぼうと胸膨らませた事柄の魅力を奪って精彩のないものにしてしまう。子供であろうと大人であろうと，その豊かな感受性に，倦怠，アンニュイというあの最も浸食性の強い酸や沼気を徐々に注ぎ込む。やる気のない教育によって，なんと多くの人々が，数学や詩や論理から遠ざけられたことか。やる気のない教育が起こるのは，教師自らの知的欲求不満の（おそらくは無意識であろうが）捌け口となった場合であり，それは教師の知的凡庸さを証明する。[38]

これは，教養を担う大学教員の態度や風格が問われていることを物語っている。

大学において何らかの教養が成立するのであれば，それは学問的な教養にほかならないと，カール・ヤスパースは言った。学問性の態度は専門知識や専門技能に限定されず，偏見に囚われないで事実を自由に認識し，自分の凝り固まった在り方を批判的に変革し，「超越すること」へと跳躍するように促す。教養があるということは，この世には解決不可能なものがあり，世界は非完結性であると知っていること，それ自体ですべてを言い尽したことにはならないとわかっていること，このような認識によって真の無制約性への近接を可能にしようとすることなのである。『大学の理念』（1952年）において，ヤスパースは次のように述べている。

　　学問性は，事実に即していること，対象へと献身すること，慎重に考慮すること，対立的な可能性を探査すること，そして自己批判なのです。それは，その時々の必要に応じてあれこれのものを思惟し，その他のことを忘れてしまうということを許さないのです。学問性には，懐疑と問いかけ，決定的に主張されているものへの警戒，自分たちの主張を妥当とする限界と性質への検討が役立つのです。学問を通しての理性の恒常的な活動なしには，確固とした理想に従った形式としての教養は，硬直化し，限定されてしまうものです。理性においてあらゆる方法を試み，精神の活動を全面的に遂行しようとする態度の形式としての教養は，人間に最も広い空間を開くものなのです。[39]

　ヤスパースが言う「理性への教養」は，今後の教養教育が目指すべき指標となろう。
　以上，筆者は教養教育について，言い古された話を改めて述べたに過ぎない。おそらく何も新鮮味はない。教育における尚古主義（classicism）を主張したまでである。しかし，ここで言う古さとは根源的ということであって，われわれは常にそこに戻って，そこから始めなければならないものなのである。これを見失っては，あらゆる歩みが拙速になり，いずれ彷徨することになる。古いことを繰り返し吟味するゆとり（自由／「ゆとり教育」のゆとりの謂いではない）が

許される場所は，大学ぐらいのものであろう。今日の大学を取り巻く状況において，高邁な理念や高い理想を説くことは空しいのかもしれないが，それらを欠いた教育こそ空しさの極みと言えるのではないか。知性的な教養という総合知によって価値観を形づくり，内省を深めることは，人間教育の根本的な課題なのではないかと思う。社会的な責任という自覚は，道徳的な感受性を抜きにしては成り立たず，それを触発するための知性の涵養が急務とされているのであり，ニューマンの言葉を借りれば「幻影と表象から真理へ」（Ex Umbris et Imaginibus in Veritatem）導き入れるためにこそ，教養教育が必要とされるのである。そして，それは古典に習熟せんとする地道な努力によって可能となる。はっきり言っておこう。古典を学ぶことは，模範を知ることであり，それが教育の正統である。

●注
(1) 邦訳では，原著を『アメリカン・マインドの終焉』としているが，本章では最近の研究状況に鑑みて，『アメリカン・マインドの閉塞』とする。
(2) ジョージ・スタイナー／高田康成訳（2011）『子弟のまじわり』岩波書店，257〜258ページ。
(3) アラン・ブルーム／菅野盾樹訳（1988）『アメリカン・マインドの終焉』みすず書房，380〜381ページ。
(4) 最近，教養教育の意義を見直す意欲的な研究が散見される。例えば，藤本夕衣（2012）『古典を失った大学——近代性の危機と教養の行方』NTT出版，新村洋史（2013）『人間力を育む教養教育——危機の時代を生き抜く』新日本出版社，林哲介（2013）『教養教育の思想性』ナカニシヤ出版，を挙げることができる。また，日本における教養教育の歴史を実証的に明らかにした研究として，吉田文（2013）『大学と教養教育——戦後日本における模索』岩波書店，を挙げることができる。
(5) 猪木武徳（2009）『大学の反省』（日本の〈現代〉11）NTT出版，84〜85ページ。
(6) 詳細は，上智大学中世思想研究所編（1984）『ギリシア・ローマの教育思想』（教育思想史Ⅰ）東洋館出版社，に所収の村井実「ソクラテス」「プラトンの教育論」を参照のこと。
(7) この点については，ヴェルナー・ウィルヘルム・イェーガー／野町啓訳（1985）

『初期キリスト教とパイデイア』（筑摩叢書30）筑摩書房，が詳しい。
(8) 上智大学中世思想研究所編『ギリシア・ローマの教育思想』（教育思想史Ⅰ），前掲書に所収の脇屋潤一「イソクラテス」を参照されたい。
(9) この点については，前掲書所収の松尾大「キケロ」が詳しい。
(10) 上智大学中世思想研究所編（1985）『中世の教育思想』（教育思想史Ⅳ）東洋館出版社，に所収の上田閑照「マイスター・エックハルト」を参照されたい。
(11) エックハルトのBild概念には，「神性への突破」と魂における「神の子の誕生」の同時性が含まれており，人間が努力して成し遂げられるような単純なものを想定していない。おそらく，教養の自己陶冶という意味合いは，ヘルダーのEmporbildung zur Humanitätといった発想から明確化されていくものと思われる。Bildungの概念史的考察については，以下を参照されたい。Vgl., E. Lichtenstein, Bildung, in: HWPh (*Historisches Wörterbuch der Philosophie*), Bd. 1, Schwabe Verlag, Basel, 1971, S. 921-937.
(12) 竹内洋（2003）『教養主義の没落――変わりゆくエリート学生文化』中公新書，40ページ。
(13) 前掲書，240〜241ページ。
(14) 前掲書，241ページ。
(15) 前掲書，241ページ。
(16) 前掲書，240ページ。
(17) 前掲書，240ページ。
(18) ニューマンは神学者，説教家，哲学者，教育者，文筆家。銀行家の父とユグノーの子孫の母との間に生まれる。15歳の時に回心を経験し，1818年に英国国教会の司祭に叙階された。オックスフォード運動（キリスト教教義と霊性の復興運動）の精神的指導者として活躍（Tracts for the Timesに寄稿）するが，1845年にカトリックに転会（改宗）したことで周囲を驚かせた。1879年に教皇レオ13世により枢機卿（Cardinal）に選任される。代表的著作として，『四世紀のアリオス派』（1833年），『キリスト教教義発展論』（1845年），『大学の理念』（1852年），『アポロギア』（1864年），『承認の原理』（1870年）などが挙げられる。なお，ニューマンは2010年に列福され，福者となったことは記憶に新しい。
(19) J. H. Newman, *The Idea of a University*, University of Norte Dame Press, 1982. 原文を参照しつつも，本稿はニューマンの専門研究を意図していないので，引用には邦訳であるJ・H・ニューマン著，ピーター・ミルワード編／田中秀人訳（1983）『大学で何を学ぶか』大修館書店，を用いる。ただし，この邦訳は抄訳であり，全訳の刊行が切望される。なお，ニューマンの大学論については，ヤーロスラフ・ペリカン／田口孝夫訳（1996）『大学とは何か』（叢書ウニベルシタス539）法政大学出版局，が網羅的な研究を行っている。国内では，長倉禮子「ニューマンの大学論をめぐって」岡村祥子・川中なほ子編（2000）『J. H. ニューマンの現代性を探る』

南窓社，128〜156ページ，神谷高保「ニューマンの大学教育論」日本ニューマン協会編（2006）『時の流れを超えて――J. H. ニューマンを学ぶ』教友社，73〜88ページ，川中なほ子「人格共同体としての大学教育」前掲書，89〜94ページなどの先行研究がある。しかし，吉永契一郎「ジョン・ヘンリ・ニューマンの『大学論』」『広島大学高等教育開発センター大学論集』第42集，2011年3月，265〜278ページ所収の論稿が指摘するように，日本におけるこれまでの研究はニューマンの教育論の土台となっている神学思想についてあまり考慮しておらず，その点での分析が不十分であると言わざるを得ない。今後はニューマンの「教育の神学」を本格的に再構成しなければならないであろう。筆者としても，他日の課題に期したい。

(20) ペリカンも，そのような評価をしている。ペリカン，前掲書，14ページを参照。
(21) ニューマン，前掲書，123〜124ページ。
(22) 前掲書，9〜10ページ。
(23) 前掲書，43ページ。
(24) カール・ヤスパース／福井一光訳（1999）『大学の理念』理想社，41ページ。
(25) ニューマン，前掲書，44ページ。
(26) ジョン・ロック／服部知史訳（1967）『教育に関する考察』岩波文庫，253ページ。
(27) ニューマン，前掲書，106ページ。
(28) しかしながら，ニューマンは教養教育の絶対化を忌避している。換言すれば，リベラル・アーツを相対化している。というのも，いわゆる哲学的知識だけでは，真の人間形成には不十分であると考えられるからである。知性の涵養によって威力を発揮する理性が，世間において現実的な機動力と見なされると，それは自らを独立した至高のものと位置づけるようになり，それ以外の権威を一切必要としなくなる。言わば，自らひとつの宗教を樹立するのである。それが「哲学的宗教」ないし「理性宗教」と呼ばれるものである。その特徴は「良心の不感症，罪という観念自体に対する無知，自らの道徳的一貫性の観想，恐怖の全くの欠如，曇りのない自信，沈着冷静，冷ややかな自己満足」（前掲書，153ページ）である。こうした在り方は，人間の態度を傲岸不遜とし，人間の徳を表層的なものとする。そして結果的に，人間の内面の深化が望めなくなる。ニューマンによれば，言葉の真の意味における「良心」は道徳観や道徳的嗜好で置き換えられない。知的に洗練されることは謙虚さを身につけることにならず，立派な良識といえども良心の代用とはならない。いわゆる哲学的知識，教養教育，リベラル・アーツがどれほど啓発的であり，どれほど深みのあるものであっても，人間の内面において情緒，動機，活力を生み出すことはできない。哲学的知識によって知性を高め，判断力を養うという教養教育の根底には，宗教的次元に根差した良心が求められるのであり，哲学知と神学知の協働によって十全なる教育が可能となる。この点から，教養教育は宗教教育の在り方をも問うことになるが，両者の関係については別の機会に取り上げたい。
(29) 前掲書，108ページ。

(30) 筆者の見解では，教養教育は職業倫理に接続され得る。職業倫理の運用は，個人の判断力にかかっている。どのように理論的に基礎づけられた職業倫理であっても，それを実際に遂行する個々人に自覚がなければ，意味がない。例えば，組織の倫理監査を高度にシステム化できたとしても，そこで働き組織を構成する個々人に責任感がなければ，無用の長物であろう。社会人が身につけておくべき職業倫理を支えるのが個人の判断力であるならば，大学教育は知性の修練を優先的に行わなければならない。つまり，判断の適正さは，知性の修練によってしか磨かれないからである。その養分となる人文知は総合知であり，それを持って初めて専門知が活かされる。いくら専門知を積み上げても，教養知という土台がなければ脆弱であるし，倫理へ接続する良識が欠如すれば，すべてが歪んでしまうだろう。オルテガが専門教育への偏重を暴挙と断じたことは肯綮に中っていよう。詳しくは，オルテガ・イ・ガセット／井上正訳『大学の使命』玉川大学出版部，1996年を参照されたい。
(31) アラン・ブルーム，前掲書，381〜382ページ。
(32) 前掲書，382ページ。
(33) 猪木武徳，前掲書，134ページ。
(34) サミュエル・スマイルズ／中村正直訳（1981）『西国立志編』講談社学術文庫。
(35) サミュエル・スマイルズ／竹内均訳（2003）『自助論』三笠書房。
(36) アラン・ブルーム，前掲書，13ページ。
(37) ニューマン，前掲書，57ページ。
(38) ジョージ・スタイナー，前掲書，27ページ。
(39) ヤスパース，前掲書，57ページ。

●**参考文献**（出版年代順に列挙）

ヤーロスラフ・ペリカン／田口孝夫訳（1996）『大学とは何か』（叢書ウニベルシタス539）法政大学出版局。
阿部謹也（1997）『「教養」とは何か』講談社現代新書。
阿部謹也（1999）『大学論』日本エディタースクール出版部。
竹内洋（2003）『教養主義の没落──変わりゆくエリート学生文化』中公新書。
苅部直（2007）『移りゆく「教養」』（日本の〈現代〉5）NTT出版。
猪木武徳（2009）『大学の反省』（日本の〈現代〉11）NTT出版。
竹内洋（2011）『大学の下流化』NTT出版。
藤本夕衣（2012）『古典を失った大学──近代性の危機と教養の行方』NTT出版。
天野郁夫（2013）『高等教育の時代──大衆化大学の原像』（下）中公叢書。
新村洋史（2013）『人間力を育む教養教育──危機の時代を生き抜く』新日本出版社。
林哲介（2013）『教養教育の思想性』ナカニシヤ出版。

第6章
宗教教育の可能性を考える

近藤　剛

　1980年代以降，いわゆる「しらけ世代」の特徴として，「無気力」，「無関心」，「無感動」，「無責任」，「無作法」の「五無主義」が指摘されてきた。それから約30年を経た今日，学生の間で「五無主義」は改善されるどころか，むしろ定着してしまった感が否めない。さらに言えば，状況は悪化しているのかもしれない。報道を通して周知されているように，インターネット環境の飛躍的な進歩に反比例するかのような学生の幼稚さが（大学の偏差値レベルを問わず！），例えば「バカッター」と呼ばれるTwitterでの犯罪自慢や悪ふざけ写真の掲載，はたまたLINEやカカオトーク（インスタントメッセンジャーアプリ）による誹謗中傷や陰湿ないじめ（サイバー暴力）など，反社会的で極めて稚拙な事件を引き起こしている。内輪の話題であったとしても，それがTwitterやLINEなどを通すやいなや，広く社会に拡散され（ネット社会においても，実社会においても），もはや自分では取り消すことができないことを，場合によっては損害賠償の責任を求められることなどを，どうして予想できないのだろうか。そのイマジネーションの欠如たるや，深刻なレベルであると言えないだろうか。現代の学生は，無駄な情報（インフォメーション）には通暁しているのかもしれないが，肝心の知性（インテリジェンス）には窮乏しているのではないか。大量の情報を精査するためには，その良し悪しを見分けるための良質の判断材料が必要になる。それは歴史や伝統に裏づけられた叡智（その一種か本章で扱う宗教的知識）が担うべきであるが，[1] 巷間そのような考え方は旧態依然のものであると一刀両断にされる始末である。厳しい言い方になるが，現在の学生を取り巻く思潮に関して，筆者は，公私についての感覚が鈍く，恥，外聞，他者の気持ちを

察することのできない「無神経」を合わせて「六無主義」と名づけたい。

　学生による問題行動が露見するたびに，道徳教育の必要性が声高に叫ばれるものの，有効な一手を示すことは難しく，部分的な対応（例えば，前述の例に照らすと，情報倫理教育の拡充，メディア・リテラシーの徹底など）にとどまっているのが実情であると言えよう。表面的ではない抜本的な道徳教育の手立てはないものだろうか。そこで本章では，道徳を支える基盤となっている広義の宗教性(2)について，また，その教育的役割について考察する。そもそも社会における道徳の欠如という事態を招いた原因の一端として，世俗化の進行，価値相対主義の蔓延，(3)ニヒリズムの常態化といった（近代の帰結としての）現代のエートスを挙げることができるとすれば，教育現場は，それらによって失われようとしている道徳心，あるいはその根拠となる宗教的情操（religious sentiment）――家塚高志の定義では「究極的・絶対的な価値に対する心のかまえ」(4)――を見直すことによって，小手先ではない根本的なモラルの再構築をはかるよう努力しなければならないのではないか。換言すれば，(5)自らの存在理由（raison d'être）や人生の意義（価値を伴った意味）を希求し探究しようとする宗教に対して，一定の教育的効果を期待できるのではないか。人間形成を目指す教育現場において，道徳的な価値を志向する宗教の役割を問い直すことは必要なのではないか。本章では，このような問題関心から，大学生のモラル向上につながっていくような宗教教育の可能性について検討したい。ただ，筆者は宗教教育学を専攻した者ではないので，何らかの政策提言に耐え得るような意見の表明はできない。まがりなりにも宗教教育なるものに携わっている者としての所感を読み取っていただければ幸いである。なお，ここで述べる宗教教育とは，狭義の「宗派教育」に限定されるものではないし，いわゆる思想注入（indoctrination）や洗脳（brainwashing）ともまったく無関係であることを明言しておく。

1　宗教教育の目的について

　宗教系の私立を除いた諸学校，とりわけ国公立では，宗教教育は敬遠される

きらいがある。しかし、わが国の教育基本法では、宗教教育に関する規定が以下のようになされていることを、先ず確認しておきたいと思う。教育基本法（2006年12月15日改正）には「第15条　宗教に関する寛容の態度，宗教に関する一般的な教養及び宗教の社会生活における地位は，教育上尊重されなければならない」とある。この改正に遡って「教育改革国民会議報告——教育を変える17の提案」（2000年12月22日）の内容を見ても、「宗教教育に関しては、宗教を人間の実存的な深みにかかわるものとして捉え、宗教が長い年月を通じて蓄積してきた人間理解、人格陶冶の方策について、もっと教育の中で考え、宗教的な情操を育むという視点から論議する必要がある」と記述されている。こうした流れを受けて、最近では公教育における宗教教育の在り方（その理論と実践）を考える意欲的な研究も見られるようになっている。

　海谷則之によれば、「そもそも宗教教育の目的は何かといえば、宗教による人格の形成と健全な宗教的雰囲気をもった社会を建設することであり、人びとに生命尊重の精神と宗教に関する寛容の態度を育成することである。しかもその宗教教育は、信教の自由（宗教を学ぶ権利の尊重）と政教分離の原則に基づいて行われなければならないのである」と定義されている。このことからも明らかなように、宗教教育は特定の宗教団体への勧誘や教義内容の押しつけから一線を画しているのであり、慎重な取り扱いは必要であるものの、過度の警戒は不要であり、忌避されることもないはずである。伊藤悟は、宗教教育の内容を以下のように分類している。

①宗教的情操教育（宗教心を育てる，見えないものへの畏敬，特定の宗教に基づかない）
②宗教文化教育（宗教文化・芸術，比較宗教）
③宗教知識教育（教養・知識として）
④宗教安全教育（対カルト教育，迷信への批判力）
⑤宗教寛容教育（宗教間対話，他宗教理解，市民性教育）
⑥宗教的倫理教育（価値観形成，人格形成）

⑦宗教的ライフスタイルの形成（入信儀礼，祭儀，共同体エートス）
⑧宗派教育・教理教育（特定教派の信仰者の訓練・育成）
⑨宗教指導者の育成教育（後継者養成）⁽⁸⁾

　宗教的ライフスタイルの形成，宗派教育・教理教育，宗教指導者の育成教育は一般的な宗教教育から除外されるが，宗教的情操教育を目指した宗教知識教育の個別的な課題として，宗教文化教育，宗教安全教育，宗教寛容教育，宗教的倫理教育を位置づけることが可能である。現在，全国的に「グローバル化」の潮流に沿った大学改革が進行中であるが，グローバル化時代における異文化理解としての宗教文化，あるいは国際的なコミュニケーションの前提となる宗教的寛容の醸成について，その教育的な重要性は，より深く認識されねばならない。その点で，2011（平成23）年に設置された宗教文化教育推進センター（CERC）が運営する「宗教文化士」制度は，時宜に適った試みであると評価できるだろう。また，宗教的知識を生命倫理学（生命の尊厳）や環境倫理学（生態系の保全）が提起する問題圏との関わりで考察し，その叡智を活用することができれば，時代状況に応じた宗教的使信の再解釈が進められることになり，宗教に対する古色蒼然とした迷信的な捉え方を払拭することもできるだろう。その上で，破壊的なカルト教団の勧誘に対する防御的な知識武装を行うことができれば（宗教音痴であるがゆえに簡単に引っかかるケースが目立つので），学生を守るという大学の役割にも貢献することができる。しかし，これらの課題は周縁的であり，宗教教育の核心に当たるものは宗教的情操教育であると考えられる。以下，この点について詳しく取り上げていきたい。
　1998（平成10）年に WHO（世界保健機関）執行理事会で議論がなされ，それを経て健康の定義に spiritual が付け加えられたことは記憶に新しい。すなわち「健康とは，肉体的，精神的，霊的及び社会的に完全に幸福な動的状態であり，単に疾病や病弱がないということではない」(Health is a dynamic state of complete physical, mental, spiritual and social well-being and not merely the absence of disease or infirmity) ということである。このスピリチュアリティが宗教的情操

を表す概念として理解されるとすれば（例えば，キリスト教的な伝統では spiritual と religious は同義的な意味を持つ），健全な人間形成におけるその役割について，教育現場が積極的に取り上げる意味も認められるに違いない。日本では，宗教的情操教育について政策的に推進されてきた経緯があり，その点で注目されるのが中央教育審議会答申「後期中等教育の拡充整備について」別記「期待される人間像」（1966年10月31日）の内容である。そこには「すべての宗教的情操は，生命の根源に対する畏敬の念に由来する。われわれはみずから自己の生命をうんだのではない。われわれの生命の根源には父母の生命があり，民族の生命があり，人類の生命がある。ここにいう生命とは，もとより単に肉体的な生命だけをさすのではない。われわれには精神的な生命がある。このような生命の根源すなわち聖なるものに対する畏敬の念が真の宗教的情操であり，人間の尊厳と愛もそれに基づき，深い感謝の念もそこからわき，真の幸福もそれに基づく」とある。この記述内容を敷衍するならば，次のように言えるだろうか。生命の神秘を感受し，共有される生命の価値にもとづいて人間の尊厳を相互に確認し，その上に感謝を込めた礼節ある社会を構築するために，われわれの力の及ばない聖なるものへの畏敬の念と生命の連続性への尊崇の念を喚起させることは，教育上のみならず人間形成上も大切なことであり，それこそ宗教的情操教育の目指すところである。また，中央教育審議会答申「新しい時代を拓く心を育てるために──次世代を育てる心を失う危機」（1998年6月30日）では，「宗教的な情操をはぐくむ上で，我が国における家庭内の年中行事や催事の持つ意義は大きい。日本人の宗教観や倫理観は，日常生活そのものと深く結び付いている。我が国の伝統的な家庭内行事は，例えば，初詣や節分で無病息災を祈ったり，家族一緒に墓参りをして先祖と自分との関係に思いを馳せることなどを通じて，人間の力を超えたものに対する畏敬の念を深めるなど，宗教的な情操をはぐくむ貴重な契機となってきた」と記されている。たしかに，正月の初詣，お盆の墓参りをはじめとした年中行事，人生の節目に訪れる冠婚葬祭のセレモニー，地域や季節ごとに執り行われる祭りなど，日本人の行動様式に浸透し定着しているものは数知れずあり（明確な religious action としてではなく religious behaviorとして），特定の宗教を信じているというわけではないが，日常生活の中で宗教的に振る舞っている場面は案外多く見られるものである。このような文化現象に溶け込んで慣習化・習俗化された宗教的な振る舞いの中にも，宗教的情操を醸成する教育効果が見込まれており，そこには学校教育を補完する家庭教育や地域教育の重要性も示唆されているように思われる。さらに，中央教育審議会答申「新しい時代にふさわしい教育基本法と教育振興基本計画の在り方について」（2003年3月20日）において，「人格の形成を図る上で，宗教的情操をはぐくむことは，大変重要である。現在，学校教育において，宗教的情操に関連する教育として，道徳を中心とする教育活動の中で，様々な取組が進められているところであり，今後その一層の充実を図ることが必要である」と提示されていることから，大学教育一般において宗教教育の導入をはかることは，もう少し積極的になされてもよいはずだろう。

　もちろん，宗教的情操は各自の主体的な経験を通して深められていくものであり，客観的な宗教的知識を教えたからといってすぐに身につくというわけではない。しかし，宗教的知識は，聖なるものへの畏敬や生命の尊重という明確な価値を示すことによって，究極的な意味への志向を促し，宗教的情操——心理学者ゴードン・オルポートの定義によれば，それは「経験を通して作り上げられた，ある傾向であり，一定の習慣的な仕方で，とかく概念的対象や諸原理，つまり人が自分の生活に於いて究極的重要性を持つと見なすところの，そして事象の本性において永遠的または中心的とみられるものを取り扱うと見なすところの，概念的対象や諸原理に向う傾向である」(15)——を喚起させるきっかけになり得るだろう。概して，既成宗教に対する反発や無関心は，現代の学生の中で根強いと考えられる。しかし，そのことは必ずしも，彼らが非宗教的であることの証左とはならない。いわゆる精神世界やパワー・スポットへの興味，スピリチュアル・グッズや霊能力への関心は依然として高く，例えば，iPhoneのアプリでは「エア参拝」なるもの（インターネット上での擬似的な参拝）が人気を博している。ただ，この擬似宗教的な感覚は私的な（利己的な）満足にとどまっており，公共性や社会性に開かれていくものではなさそうである。もっと

も，宗教それ自体は優れて私事的なものでもあるが，それは徹底的に自己を深めていくという意味においてであり，若者に表れている擬似宗教的な感覚は，そこまで至っているとは言えないだろう。この中途半端な（ある意味では危うい）感覚を，真っ当な宗教的情操へと方向づけることが，宗教教育の目的となる。つまり，その方向づけが，絶対的な価値への志向，そのプロセスにおける自己の内部への精神的深化，および，自己の外部への精神的開放をもたらすのである。

2 宗教教育の課題について

第2次世界大戦の時代においてドイツからアメリカへ渡った亡命知識人の一人であった神学者・宗教哲学者のパウル・ティリッヒは，大学教育が産業社会への導入としてしか実行されていない状況に異を唱えて，「教育の神学」（1957年）[16]という論稿において独自の教育観を示している。彼の分類によると，教育には，導入教育（inducting education），技能教育（technical education），人文主義的教育（humanistic education）の3つの方法がある。①集団生活や社会生活に適応することのできる協調性を身につける上で必要な教育が，導入教育と呼ばれるものである。ティリッヒは次のように説明している。「導入教育の目標は個人の潜在能力の開発にあるのではなく，個人を家族・一族・町・国・教会等の現にある集団のなかへと，共同体の生活と精神のうちへと導き入れることにある」[17]。②技能教育は単なる技術訓練以上のものであり，社会活動に対して実践的に参加するために不可欠なものである。そのような技能教育には，規律や公共性といった人文主義的教育の要素が含まれる。③人文主義的教育は，思想史的にはルネサンスに淵源する人間像——例えば，ジャン・ドリュモーが「ユマニスムは，知的教育（Instruction）を人間形成（education）の主要な手段と位置づけ，その立ち位置を道徳的次元に定めた。このことは，ルネサンス期の乱脈ぶりのなかで計り知れない結果をもたらし，近代世界における偉大な創造的選択の一つとなった」[18]と述べるように——，つまり大宇宙が映し出している小

宇宙としての人間，すなわちティリッヒが強調している「ミクロコスモス」としての人間という理解（いわゆるウィトルウィウス的な人体と宇宙のアナロギア）[19]のもとで，人間が潜在的に持っている個人的ないし社会的な可能性をすべて開発することを理想とする。これを受けてティリッヒは，次のような見解を示している。

　この宇宙とその神的根拠を映し出す鏡として個々の人間は唯一無比であり，無限の価値を有しており，自己に与えられた天賦の才能を発展させる資格がある。この個々人の潜在的諸能力を，個人においても一般的にも現実化することが教育なのである[20]。

ところが19世紀以降，最大の教育目標は工業化社会の産業界からの要請に応じることと見なされるようになり，ついに20世紀になると技能教育（機械技術）が教育現場を席巻する事態となっている。そのことについて，ティリッヒは次のように指摘する。

　疑いもなく現代教育は，大量生産と大量消費との途方もなく巨大で不気味な進行――これがわれわれの工業的社会を，国によってそれぞれ差異はあるにしても，全体として特徴づけている――から生じてくる諸要求へと新しい世代を導入するという目的によく奉仕している[21]。

ティリッヒによれば，本来，教育の目標は社会的，民族的，国家的な諸々の境界を越えて，何か究極的なもの，無制約的なもの，普遍的なもの（筆者の見方では，これらは広義の宗教性の言い換えと解釈することが可能）へと向かわせることにあり，様々な可能性を探り当て，それらの実現を通して，人間が世界（宇宙）とその創造的根拠を映し出す鏡であると示すことであり，いわば，それは人間実存の秘義へのイニシエーション（initiation into the mystery of human existence）なのである。そういった意味において，大学は神律的存在でなけれ

第6章　宗教教育の可能性を考える

ばならず，教育には広義の宗教性が認められねばならない。しかし，そのような「文化の内実としての宗教」は喪失され，「宗教の形式としての文化」は形骸化され，人間形成において最も重要なもの，ティリッヒ神学のキーワードで言えば，「究極的関心」（ultimate concern）と呼ばれるものが教育現場から失われてしまったのである。ティリッヒは次のように嘆いている。

　……文化的財は単なる飾りとなり，気ばらしの手段にすぎなくなり，もはや究極的に重大なもの――存在の秘義がそれを通してわれわれに迫ってきて，われわれをしっかり捉えるようなもの――ではなくなった。(22)

ティリッヒによる一連の指摘に，いわゆる大学文化の凋落（例えば，伝統的な教養主義の衰退）をも読み込むことは，深読みに過ぎるだろうか。宗教的な内実を欠いて形骸化されてしまった文化の成れの果ては，意味空疎な社会をもたらすのみであり，人心の荒廃にも拍車をかけて，ニヒリスティックな状況を招来する。次のようなティリッヒの警告は傾聴に値する。

　……二重の空虚――すなわち工業化社会の諸要求への順応の空虚と，そして究極的重大さを喪失した文化的財の無意味性――が，無関心，冷笑（シニシズム），絶望，精神不安，少年犯罪，厭世へと人を導くのは不思議ではない。(23)

要言すると，文化的財を弄んで暇を潰すようなこととは根本的に異なる何ものか，つまり「絶対に本気になれるもの」（something absolutely serious）へと導き入れることが，ティリッヒの考える教育の使命である。それによって生きることに意味が与えられ，精神的な活動に充足感が得られ，価値ある生への手引きが可能となる。ジョージ・スタイナーは「真の教育とは，超越的な開示，より正確には神聖な啓示と言うべき行為，の「模倣（イミタティオ）」……ハイデガーがそのいわゆる「存在（ザイン）」の特性としたところの，真理の開示と内包という構造（アレー

ティア）にほかならない[24]」と述べているが，以上で論じたような，われわれに対して無制約的にかかわる存在の秘義といった形而上的基盤が，まったき人間を形成する教育の理念として据え置かれていなければならない。ここに，宗教教育を考える際の大きな手がかりがあると筆者は考える。

　ティリッヒによれば，宗教教育は，学生が今まで問うことのなかったような実存的な問いに答えを示唆するものでなければならない。まず，学生には自らの生存や人生の在り方について，根本的な問いを立てる努力を促すことが必要である。その問いに対して，神話，教義，礼拝儀礼における伝統的な宗教的象徴が答えとしての意味を持ってくるのであるが，もはや現代の学生に対して，それらの諸象徴をそのまま文字通りに信じさせるような素朴な直解主義（literalism）は通用しないし，またそれを押しつけるべきではない。したがって，宗教教育においては，宗教的象徴の威力を消し去ることなく，その概念を現代の状況で理解されるよう再解釈することが求められる。要するに「宗教教育の重要な課題は，宗教的象徴を損なうことなく，直解主義を克服することである[25]」。この解釈の成否が，宗教教育の成否に直結しているのであり，担当者（解釈者）の力量が問われるところである。

　しかし，宗教的象徴の再解釈といっても，現状では，それ以前の言葉の問題も取り上げる必要がある。例えば，「祈り」という言葉である。宗教的情操の意味や役割を伝える宗教的用語として「祈り」という言葉は欠かせないものだが，現代では「祈り」という言葉そのものの意味が変質してしまっている。今日の就活生たちが「祈り」という言葉から連想するものは，「今後のご健闘をお祈りします」という文言に由来する，企業からの不採用通知なのである。例えば，就活用語に「サイレントお祈り」という言葉があるが，これは採用通知の連絡がないことを意味する。就活生にとって「祈り」という言葉には，単なる社交辞令の響きが，さらに言えば，ある種の冷酷さが伴っており，ネガティブな印象を与えるようである。常に大学生の言葉づかいに注意を払っておかなければ，せっかくの宗教的知識も逆効果となることを指摘しておきたい（むろん，これは宗教教育のみならず，教育全般にも妥当することだろうが）。

③ 神戸国際大学の場合

　これまでは宗教教育の理論的な考察を行ってきたので、本節では具体的な取り組みについて言及したい。例えば、キリスト教系の私立大学では、多様な価値観が無造作に混在する現下にあって、キリスト教主義にもとづく価値や理念（具体的には、聖書における徳目や倫理規範など）を優れたもののひとつとして、堂々と紹介することができるはずである。昨今、アドミッション・ポリシーやディプロマ・ポリシーの明文化と、その情報開示が求められており、それぞれの教育方針に反映されるべき建学の精神が改めて見直されている。したがって、キリスト教系の私立大学では、その成立の基盤に鑑みて、思い切った宗教教育が可能であると思われるが、現状はそれほど容易ではない。伊藤悟が「……大学の大衆化、世俗化、大綱化の波によって、キリスト教大学の建学の精神は次第に軽視または有名無実化され、キリスト教関連の学科目やチャペルでの大学礼拝などが、しばしば周辺領域へと追いやられる様子が見られるようになった。キリスト者教員の割合も減り続け、大学の精神原理や構成原理としては形式上温存されてきたが、大学の具体的行動原理として位置づけられる大学はいまではほとんどなくなってしまった(26)」と指摘しているように、キリスト教主義大学の世俗化も深刻であり、創立された理念の抜本的な見直しが急務である(27)。あえてエドマンド・バークの言葉を借りれば、大学改革とは第一義的に、建学の精神を「保守するための改革」（reform to conserve）でなければならない。

　ところで、キリスト教主義を掲げる大学では、キリスト教についての概論講義を一般教養教育の中に位置づけ、必修化しているのが常であろう。しかし、従来通りのパターンを繰り返すだけでは、大学生の関心を惹くことは困難だと思われる。むしろ、今の大学生はキリスト教について、ほとんど何らの興味も示さないのが実情ではないか。そこで筆者は、セレモニーという実例を通したキリスト教的な情操教育と知識教育の可能性を模索している。冠婚葬祭は学生にとっても身近なものであり、キリスト教教育を行う一環として格好の題材に

なり得る。聖書の成り立ち，キリスト教の歴史，難解な教義に関心がなくとも，キリスト教の魅力的なブライダルと言われたら，少しは聞いてみたくなる（実際，キリスト教式の結婚式は人気が高い）。ブライダルという馴染みのある具体例を持ち出すことによって，キリスト教の考え方（愛，契約，恩恵，結婚の倫理，男女の一体性と神の似像）をより伝えやすくすることができる。あるいは，若い大学生であっても今までに一度くらいは立ち会った経験があると予想される葬儀について，取り上げることもできよう。つまり，死生観という切り口からキリスト教の思想を学ぶという試みである（死と復活，十字架，永遠の命）。例えば，筆者の本務校である神戸国際大学では，産学連携プロジェクト・実践型ライフデザイン講座としてブライダルとフューネラル（葬儀）を主題化した講義科目を実施しており，一定の教育効果をあげつつある。その狙いは，キリスト教精神というバックボーンに支えられたホスピタリティーを学んでもらうことにある。伝統宗教に対する拒否感を払拭するためには，その意匠を工夫していくことが求められる。また，宗教のエッセンスを伝達可能にするためには，学生にアプローチする方法を多様化する必要がある。試行錯誤の連続となるだろうが，それを覚悟して宗教教育にあたらねばならない。

　神戸国際大学では，春と秋にチャペル・ウィークという全学的な行事を行っており，学生を集中的に動員している。その趣旨は，建学の精神を浸透させるという1点にある。筆者は建学の精神を活かすことが，宗教的情操の向上につながると考えている。前述したような直解主義の克服も意図しつつ，またキャリア教育という問題意識も反映させた，しかしキリスト教色を前面に打ち出した宗教講話として，筆者が春のチャペル・ウィーク（式文を配布した礼拝形式によるもの）において，特に新入生に対して語った内容を以下に紹介してみたい。

建学の精神を知ることの大切さ

　皆さん，ようこそ，本学のチャペル「諸聖徒礼拝堂」にいらっしゃいました。どうして大学の中にこのような教会があるのかというと，本学がキリスト教主義にもとづいているためです。本学は1968年に八代学院大学として開学され，1992年に大学名を現在の

神戸国際大学に変更しました。創立者は日本聖公会の首座主教を務めた八代斌助主教です。斌助主教は17歳の若さでキリスト教の伝道を志し，やがて「世界のヤシロ」と呼ばれるようになるほど，世界的に活躍されました。第2次世界大戦後，マッカーサー元帥から復興の手助けを求められ，日本を再び国際社会へと復帰させるために尽力されました。1948年には戦後の日本人として初めて海外渡航の許可を受け，イギリス国王ジョージ6世に昭和天皇のメッセージを手渡したというのは有名なエピソードです。外交関係が遮断されていた中で，民間大使として貢献されたことは，国の内外において高く評価されています。そのような斌助主教が戦後日本の再建を若者の教育に託して，本学を創設されました。その深い思いと願いを私たちは共有しなければなりません。皆さん自身が属している大学の由来を理解するために，今日のこの日が与えられています。

　過日，KNS（関西ネットワークシステム）の大会があり，参加してきました。KNSは官界，産業界，学界の連携を促進するために，定期的な会合を開いています。私が参加した時，多くの企業関係者と話す機会を得ました。面接担当のエキスパートにも会いました。企業や社会が学生に求めるものとは何ですか，と質問したところ，すぐに答えが返ってきました。即戦力として働いてもらうために，専門的な技術が必要である，つまり，「テクニカル・スキル」が求められるということでした。それともうひとつ，活発なコミュニケーション能力であるとか，自らの使命感であるとか，人としての配慮であるとか，人間性の質に関わる「ヒューマン・スキル」も求められているということでした。とりわけ，出身大学の教育理念をどこまで理解しており，また，どこまでそれを自分のものとして活かしきれているかが重要であると言われていました。

　よく考えてみれば，4年間も在籍している大学の教育理念を説明できないというのは駄目なことですね。例えば，あなたの大学では，どういう建学の精神を謳っていますか，それをあなたはどのように理解していますか，と聞かれた時に，堂々と答えられなければ，学生としての信用を著しく損ねます。一体，4年間も何をしていたのかと，疑われることになります。出身校を大事にしない人だから，就職先の会社も大事にしてくれないだろうと思われてしまいます。皆さんは，そんなことになってはなりません。皆さんのキャリア形成のためにも，建学の精神というものを頭の中に入れておく必要があります。建学の精神は，これからの皆さんが拠って立つ土台となるものです。生きる基盤にしてほしいものです。では，神戸国際大学の建学の精神とは，どのようなものでしょうか。

建学の精神について
　学院創立者の八代斌助主教は，次のような建学の精神を私たちに遺されました。配布されている式文にも書いてあります。「神を畏れ，人を恐れず，人に仕えよ」とあります。これが本学のモットーです。よく覚えておいて下さい。この言葉の意味を順番に考えていきましょう。

まず「神を畏れる」ということです。最初に掲げられたこの言葉こそ，おそらく最も難しく，しかし最も大切だと思います。ですから，重点的に考えてみたいと思います。
　皆さんは大学図書館の入り口の上に，ヘブライ語が刻まれているのを知っていますか。あれは模様ではありません。文字です。「イルアス・アドナイ・レーシース・ダアス」と発音します。旧約聖書の「箴言」第 1 章 7 節の文言で，意味は「主を畏れることは知恵の初め」ということです。「主」は「神」と考えていいでしょう。「畏れる」とは「恐怖する」ということではありません。畏敬の念を持つという意味での「畏れ」です。畏敬とは，尊ぶべきものに対する厳かな感覚を示しています。私たちが最初に知るべきことは神に対する畏敬の念であると，大学図書館の入り口には書いてあるのです。
　神に対する畏敬の念とは，人間を遥かに超える存在に気づくということです。私たちの力を遥かに超える存在によって，私たちは生かされていると知ることです。私たちは一人で生きているのではありません。多くの人々の助けによって生きています。独りよがりではいけないのです。そもそも，自分の力で生まれてきたのではありません。与えられた命です。恵まれた命です。私たち一人ひとりの存在は奇跡的です。生まれてきたことは驚くべきことです。「神」という言葉で表現していますが，命を育む何らかの大いなるもの，something great と考えてよいでしょう。そうしたものの存在を感じて，今ここで生かされていることを心から有難いと思える気持ちが大切です。そのような感謝の気持ちが謙遜な態度を生みます。
　まとめておきましょう。
　〈神を畏れよ！〉——神を畏れるということは，謙虚になることです。皆さん，傲慢になってはいけませんよ。
　〈人を恐れず！〉——人を恐れないということは，毅然として生きるということです。人の顔色を見て，自分の意見を変えたり，曲げたりしてはいけません。自分を貫いて，信念を持って，堂々と生きて下さい。卑屈になってはいけません。しかし，それは自分勝手に生きていいということを意味していません。ですから，次のフレーズが大切なのです。
　〈人に仕えよ！〉——人に仕えるということは，奉仕をする，サービスをするということです。人のためになることを，何でもいいから 1 日にひとつして下さい。1 日に 1 回，人から「ありがとう」と言ってもらって下さい。それはなかなかに努力の必要なことですが，他人からそう言われると，気分は良いはずです。そういう気持ちを持って，お互いが相手に仕え合うこと，それが幸せ（＝仕合せ）につながります。

　「神を畏れ，人を恐れず，人に仕えよ」

　これが本学の建学の精神です。これを理解するために，これからの学生生活があるのです。そして，本学の卒業生には，これを実社会の中で体得していくことが求められま

す。本学を通っていく人には，必ず学んでほしいポリシーなのです。ですから，文言として，よく頭に入れておいて下さい。すぐに忘れてしまうことのないように，どうか気をつけて下さい。

学生へのメッセージ
　私の印象ですが，このところ目的意識のない学生が増えているように思います。せっかく大学に入ったのに，勉強には興味がない，授業が面白くない，だからサボる，あとはバイトばかり，試験前だけ友だちのノートを借りて，かろうじて単位を取る，その内に就活に追い立てられて，気づいたら卒業していた，一体4年間で何をやっていたのかわからない，そういうケースをよく見ます。私は，とてももったいないなと思います。しかし，目的意識がなかったら，そうなってしまうのです。
　学生から，よくこういう質問を受けることがあります。「先生，大学に来る意味はあるのですか」。私は，こう答えます。「あなたがないと思うなら，ないですね。いまさら，そんなことを聞いてくるぐらいだから，たぶんないのでしょうね」。質問した学生は目をまるくしています。自分の意志で大学に来たはずなのに，意味がわからないでは困ります。自分で自分のしていることに意味づけできないというのは情けないことです。意味というものは，自分で考えて，自分で見つけるものであって，人から指図されて決まるものではないはずです。皆さんは，今，どういう目的意識を持っていますか。自分がここにいる意味をどのように考えていますか。
　もっと大きく考えてみましょうか。そもそも，人生に生きる意味は，あるのでしょうか。何もないかもしれませんよ。というのも，地球のレベルでいえば，例えば，私がいようがいまいが，地球には何の関係もありません。宇宙のレベルでいえば，地球の存在そのものが，あってもなくてもどうでもいいようなものです。そう考えますと，実は，私たち人間の存在というものは空しいのです。私たちが生きているということは，死に向かっていることにほかならないからです。人間の死亡率は100％です。私たちは，ちっぽけな存在にすぎないのです。しかし，そのことをわかっているからこそ，人間は偉いのです。宇宙は空しさを知りません。人間だけが知っています。人間だけが，知ることができます。考えることができます。限りあることを知り，与えられた人生に感謝し，束の間のひと時を精一杯生きようとする姿勢に，人間の尊さが宿ります。人間性は，物事を深く考えることで形成されていきます。空しさにもかかわらず，自分なりの目的を定めて，自分にとっての固有の意味を獲得しようとすること，それが生きるということです。
　現代は情報化時代と言われています。この中で，パソコンや携帯電話やスマートフォンを使わない人はほとんどいないでしょう。インターネットには情報があふれかえっています。検索すれば，どんなことでも瞬時に調べることができます。しかし，自分にとって本当に必要な情報は手に入りません。自分は一体，何のために勉強するのか，何の

ために生きるのか、そもそも何のために生まれてきたのか、生存の意味や目的は何なのか、そういった根本的な問いに対する答えは、インターネットで検索することはできません。その答えは、自分で苦しんで見出すしかありません。なぜなら、その答え方は、その人にオリジナルのものだからです。どうやって答えるのか、その答えの出し方が、その人の人格や品格に関わっているからです。

　先ほども申しましたように、人生の意味や目的なんて、初めから何もないのかもしれません。しかし、人間は無意味、無目的には耐えられません。キリスト教では、生まれてきた人間の一人ひとりに意味があり、目的があり、価値があると言います。ただし、それらは押しつけられるものではありません。自分自身で求めて、探して、気づいて、見出して、獲得するものです。自分の生きている意味、目指すべき目的、そのために自分は生きたいと思えるような価値、それらが確かなものとして得られるような生き方なり、人生設計なりをしてみること、それはなかなかに意義深いものではないかと思います。自分自身を真剣に生きることを考えるならば、一般論としても、不品行を重ねている場合ではない、陰湿ないじめをしている場合ではない、そんなことをして自分を傷つけてはいけない、もっと自分自身を大切に、丁寧に、真面目に扱わなければならない。そうでなければ、あなたの生きる意味、目的、価値は見失われたままです。

　式文にある聖書の箇所を改めて読んでおきましょう。

　「求めなさい。そうすれば、与えられる。探しなさい。そうすれば、見つかる。門をたたきなさい。そうすれば、開かれる。だれでも、求める者は受け、探す者は見つけ、門をたたく者には開かれる」（マタイ福音書7：7-8）。

　今、皆さんは何を求めていますか、何を探していますか、どのような人生の門をくぐろうとしていますか。そのような問題意識を持って、真剣に物事を考えている人には、いつか必ず、求めるものが与えられます。大学では、自分の生きる意味、目的、価値を考えてほしいのです。そのヒントにしてもらいたいのが、建学の精神です。「神を畏れ、人を恐れず、人に仕えよ」、ここに人生の答えがあります。

　皆さん、自分自身を鍛えようと思ったら、楽なことに逃げないで下さい。むしろ、自分にとって難しいこと、煩わしいこと、面倒くさいこと、ウザいと思うことをやってみて下さい。皆さんは若いのですから、できそうもないことにチャレンジしてみて下さい。それで失敗したっていいのです。失敗したら、多くを学びます。どんな勉強よりも、失敗は勉強になります。失敗したことのない人間には、面白みがありません。難易度の高いことに挑戦すること、それが実は自分をレベルアップさせる一番の近道です。そしてもうひとつ、日々、真面目にコツコツやって下さい。真面目にコツコツ生きることを馬鹿にしてはいけません。真面目さを馬鹿にする人間が、馬鹿です。

　はっきり言いますが、一生懸命、取り組んだ人が勝ちです。人生の勝ち組とは、お金

持ちのことではありません。目的を持って生き，自分に対する意味づけを行い，自分の価値を知っている人が，本当の意味での勝ち組です。目的がなく，意味も考えず，自分の価値を貶める人が，負け組です。皆さんはどちらを選ぶのか，今，その岐路に立っています。どうか頑張ってみて下さい。

　以上，宗教教育の一環としてなされた講話をひとつの実例として示してみた。もちろん，こうした講話が，どの程度まで成功しているかわからない。学生の反応を見ながら，常に怠りなく準備を続けるしかない。宗教教育に携わる者としての持論であるが，宗教的知識に関しては，信じなくても理解できることがあるのであって，そうした事柄を理解できるように教えることが肝要であると考えている。要するに，知解を求める宗教教育が目指されねばならない。宗教思想には合理的な人間洞察が含まれており，それを人生哲学風に開いて語ることによって，学生の問題意識に働きかけることができればと願う。

　昨今，わかりやすい授業が推奨されているが，一体わかりやすさとは何のことだろうか。私見によれば，「知る」と「わかる」では，天地の開きがある。講義などというものは，せいぜい知識を「知る」ことにとどまるのであり，本当に「わかる」かどうかは，学生本人の経験を通した持続的な努力によるのである。したがって，教員が学生に対して簡単にわからせることなど，到底できないというわけである。教育は，このような不可能の可能性に挑戦することである。しかし，その挑戦は一生をかけるにふさわしいものであると，筆者は確信している。

　人生には様々な困難な問題がある。実に，わからないことだらけである。しかし，先へと進んでいかなければならない。人類の大いなる試行錯誤を積み重ねて錬成されてきたもののひとつが宗教思想であることに，おそらく誰も異論はないだろう。宗教教育において，個々の問題に対する決定的な解決策を授けることはできないが，宗教思想に含まれた歴史的に重みのある叡智を，参照に値する意見として，あるいは有力な判断材料として示すことができる。社会という未踏の地へ踏み出していく学生にこそ，携えてもらいたい知識なのである。

そのために宗教教育は，時代状況がもたらす問いに答えを与えるよう努めねばならない。そうした試みを断念しなければ，宗教教育の可能性は大きく開かれるはずである。

■ ■ ■

●注
(1) この点について，アラン・ブルーム／菅野盾樹訳 (1988)『アメリカン・マインドの終焉』みすず書房，49〜51ページの議論が示唆的である。
(2) 広義の宗教性とは，通常，われわれが宗教という言葉で理解しているもの（キリスト教，仏教，イスラームなどの世界宗教，ヒンドゥー教，ユダヤ教，神道，道教などの民族宗教，あるいは様々な新宗教など，既成の教団組織や制度といった何らかの実体によって規定されるもの）以上の意味を持っている。それは社会の至るところに潜在しており，文化や芸術に深みを与え，道徳や法律に根拠を与えている。人間が織り成す様々な営みにおいて無制約的な真剣さとして表出されてくる宗教性に着眼すること，それが広義の宗教性という考え方である。詳しくは，拙著「第一章　現代宗教学の方法論と課題」芦名定道編 (2006)『比較宗教学への招待——東アジアの視点から』晃洋書房，3〜6ページを参照されたい。
(3) この問題については，アラン・ブルーム，前掲書，17〜36ページの議論を参照されたい。
(4) 家塚高志「人間形成における宗教的情操教育の意義」日本宗教学会「宗教と教育に関する委員会」編 (1985)『宗教教育の理論と実際』鈴木出版，35ページ。
(5) 道徳心や宗教的情操について，今後は認知科学的な検討が必要になる。脳科学や進化生物学では，道徳や宗教は生得的な認知能力に由来すると考えられ，その視点に立てば，宗教教育という発想自体にも見直しが求められることになる。いわゆる認知宗教学（cognitive science of religion）による宗教教育のプログラミングという試みであるが，その考察は他日に期したい。なお，道徳や宗教の進化的な獲得について，次の文献が有益である。パトリシア・チャーチランド／信原幸弘・樫則章・植原亮共訳 (2013)『脳がつくる倫理——科学と哲学から道徳の起源にせまる』化学同人（とりわけ269〜290ページの議論）。
(6) 例えば，宗教教育研究会編 (2010)『宗教を考える教育』教文館，海谷則之 (2011)『宗教教育学研究』法藏館，などを挙げることができる。
(7) 海谷則之 (2011)『宗教教育学研究』法藏館，39ページ。
(8) 伊藤悟「第一章　キリスト教大学における教養教育」青山学院大学総合研究所キリスト教文化研究部編 (2011)『キリスト教大学の使命と課題』教文館，142〜143

ページ．
(9)　宗教的寛容の思想とその意義については，他所で詳しく論じたことがある．拙著（2013）「寛容」『キリスト教思想断想』ナカニシヤ出版，123～147ページを参照されたい．
(10)　詳しくは，宗教文化教育推進センターのホームページ（http://www.cerc.jp/）を参照のこと．
(11)　討議の経緯については，葛西賢太（2003）「「スピリチュアリティ」を使う人々——普及の試みと標準化の試みをめぐって」『スピリチュアリティの現在』人文書院，146ページ以降を参照．
(12)　WHOの定義では，例えば，「スピリチュアルな側面は，物質的な性格のものではなく，人間の心と良心に現われた思想・信念・価値及び倫理，特に，高邁な思想の範疇に属する現象」，「霊的とは……生きている意味や目的についての関心や懸念と関わっていることが多い．とくに人生の終末に近づいた人にとっては，自らを許すこと，他の人々との和解，価値の確認などと関連していることが多い」とされている．これについては世界保健機関編／武田文和訳（1993）『がんの痛みからの解放とパリアティブ・ケア』金原出版を参照．
(13)　これについては，公益社団法人日本WHO協会のホームページ「健康の定義について」（http://www.japan-who.or.jp/commodity/kenko.html）を引照した．
(14)　中央教育審議会答申の内容については，文部科学省審議会別諮問・答申等一覧のホームページ（http://www.mext.go.jp/b_menu/shingi/toushin.htm）から引用した．
(15)　G・W・オルポート／原谷達夫訳『個人と宗教——心理学的解釈』岩波現代叢書，1953年，63ページ．
(16)　Paul Tillich (1957) "A Theology of Education", in: *Theology of Culture*, Oxford University Press, 1959, pp. 146-157. 原文を参照しつつも，本稿はティリッヒの専門研究を意図していないので，引用には邦訳であるパウル・ティリッヒ「教育の神学」谷口美智雄・竹内寛・木下量煕・田辺明子共訳（1999）『ティリッヒ著作集7』（新装復刊）白水社を用いることにした．
(17)　ティリッヒ「教育の神学」，前掲書，214～215ページ．
(18)　ジャン・ドリュモー／桐村泰次訳（2012）『ルネサンス文明』論創社，497ページ．
(19)　この概念について，トビー・レスター／宇丹貴代実訳（2013）『ダ・ヴィンチ・ゴースト——ウィトルウィウス的人体図の謎』筑摩書房，54～74ページが詳しく論じており，興味深い．
(20)　ティリッヒ「教育の神学」，前掲書，214ページ．
(21)　前掲書，217～218ページ．
(22)　前掲書，220ページ．
(23)　前掲書，220ページ．

⑭　ジョージ・スタイナー／髙田康成訳（2011）『子弟のまじわり』岩波書店，6ページ。
⑮　ティリッヒ「教育の神学」，前掲書，225ページ。
⑯　伊藤悟「第一章　キリスト教大学における教養教育」前掲書，134～135ページ。
⑰　こうした危機感に呼応するように，キリスト教主義教育を改めて見直そうとする研究も生まれてきている。例えば，青山学院大学総合研究所キリスト教文化研究部編（2011）『キリスト教大学の使命と課題』教文館，聖心女子大学キリスト教文化研究所編（2013）『宗教なしで教育はできるのか』春秋社，などを挙げることができる。
⑱　例えば，キリスト教主義大学のスクール・モットーとしてよく知られたものに，「地の塩，世の光」（青山学院），「個人の力を，世界の力に」（南山大学），「Do for Others」（明治学院），「Be a man and serve the world」（関東学院），「Love God and Serve His People」（聖学院），「Spirit of Sophia」（上智大学），「Life, Light and Love for the World」（東北学院），「Mastery for Service」（関西学院），「SEQUIMINI ME」（桃山学院），「Seinan, Be True To Christ」（西南学院）などを挙げることができる。

● **参考文献**（出版年代順に列挙）

日本宗教学会「宗教と教育に関する委員会」編（1985）『宗教教育の理論と実際』鈴木出版。
古屋安雄（1993）『大学の神学――明日の大学をめざして』ヨルダン社。
国際宗教研究所編（1998）『教育のなかの宗教』新書館。
杉原誠四郎（2004）『日本の宗教教育と宗教文化』文化書房博文社。
土戸清（2005）『人間性の崩壊を救うもの――現代の教育と宗教の役割』教文館。
宗教教育研究会編（2010）『宗教を考える教育』教文館。
青山学院大学総合研究所キリスト教文化研究部編（2011）『キリスト教大学の使命と課題』教文館。
今道友信（2011）『教えるこころ――新しい時代の教育への提言』女子パウロ会。
海谷則之（2011）『宗教教育学研究』法藏館。
聖心女子大学キリスト教文化研究所編（2013）『宗教なしで教育はできるのか』春秋社。
西平直編（2013）『ケアと人間――真理・教育・宗教』（講座ケア　新たな人間――社会像に向けて）ミネルヴァ書房。
橘木俊詔（2013）『宗教と学校』河出書房新社。

第7章
グローバル化に対応した英語教育の在り方

松 本 恵 美

① 大学英語教育における現状

（1） グローバル化する社会

　昨今の大学構内を歩いてみると，昔の大学キャンパスに比べて，実に多様な文化的背景を持った学生が集っていることに気づく方は多いのではないだろうか。筆者が勤務する大学においても，年々この傾向が強まり，日本語以外の外国語を廊下でのすれ違い様に耳にすることが多々ある。これは，日本の大学キャンパスに限られたことではなく，日本社会全体として，このような傾向が見て取れる。実に多様な文化的・社会的背景を持った構成員による社会参加が，社会の至る所に浸透しているようである。

　「グローバル化」という言葉で，このような現象を表しているのだが，まずは，このグローバル化について概観をすることにする。グローバル化には，「外向きのグローバル化」と「内向きのグローバル化」がある[1]。

　1980年代以降，日本企業の海外生産への移行が加速的に進み，ビジネスにおける英語運用能力の需要が高まった。多くの企業が海外へと社員を派遣し始めたのが，この時期である。この場合は，派遣される一部分の社員のみに，海外での業務遂行の際に必要とされた英語運用能力が，求められたのである。このように，日本から海外へと外向きに人材が移動する現象を「外向きのグローバル化」と呼んでいる[2]。

　それに対して，「内向きのグローバル化」とは，海外から日本へと内向きに

人の流れができる現象を指す。近年の企業活動のボーダレス化により，日本企業においても，外国企業との協業や提携が飛躍的に増加。また，国籍を超えたグローバル人事が進展した結果，経営陣の中に外国人が就任したり，一つの拠点に複数の国籍を持った人材がともに働く環境が生じたりした。海外から日本の大学へ留学をして日本語を学び，また，日本語で専門科目の授業を受講し，日本の大学で学位を取得する外国人留学生。学位取得後，本国へ戻り就職をする学生がいる一方，大学卒業後，日本の企業に就職をする留学生もいる。後者は，年々増加の一途である。彼らのような存在が，日本の企業内での内なるグローバル化を推し進める一助となりつつあることは確かである。

　このことにより，さらに大きな変化が引き起こされた。社内共通言語を英語とする企業の出現である。全社規模で英語コミュニケーション能力が必要とされ，社員は，ある一定レベルの英語運用能力を求められることになるのである。一昔前であれば，海外へ派遣される社員のみに要求された英語運用能力が，国内においても求められるという厳しい状況に社員が直面することになったのである。これは，企業内部のみに起こった現象ではなく，この前段階である大学生の就職活動においても大きく影響をすることになったのである。就職戦線のグローバル化。外国人留学生とともに，日本での就職活動を行い，ともにライバルとして戦う大学生。グローバル化に対応できる人材を求める企業関係者。現在の就職活動は，さらに厳しさを増しているのである。

（2）　**大学入学生の英語運用能力**

　グローバル化が急速に進む社会状況を背景に，国際語としての英語の運用能力が，今後さらに求められる時代となっていることは明らかである。卒業後，このような社会に直面する昨今の大学生にとって，コミュニケーション能力はもとより，英語運用能力の向上も，必要不可欠な習得すべきスキルの一つとして，その重要度が増している。では，現状として，大学生の英語運用能力は，どのようなものなのだろうか。

　大学で英語科目を担当する教員間では，昨今の大学生の英語における基礎学

力が低下しているということは，すでに共通認識となっている。この傾向は年々強まり，担当教員は，それぞれが直面する状況に臨機応変に対応するスキルを求められているというのが現状である。また，対応せざるを得ないというのが実情である。

　本来であれば，大学入学については，入学試験として課せられる学科試験において入学生の英語運用能力を測定し，その結果，各大学が設定するある一定の基準に達した受験生のみが選抜され，志望大学への合格を許されるわけである。しかしながら，このような選抜機能が働いている大学は，ごく一部で，大部分の大学においては，選抜機能が働かない状態で入学生を受け入れているというのが実情である。学科試験の代わりに，AO入試等の入試形態において，面接試験のみで大学へ入学することを許可される学生。このような学生は増加の一途である。近年の入試形態の多様化により，選抜機能を失った大学においては，大学入学後に，この失われた機能の代替として，初年次教育なるもので，入学生を対象とした基礎教育を徹底して行う等により，それなりに対策を講じることになるのである。また，そうせざるを得ない状況に大学は直面しているのである。

　大学英語教育については，本来中学時代に習得しているはずの基礎的な英文法が習得されていない大学生の増加により，多くの大学では，英語科目を担当する教員は，この状況に対処せざるを得ないという現実に直面する。ここで難しいところが，大学生側の受け止め方である。大学にせっかく入学したにもかかわらず，また中学時代に習った英文法，ひどい場合には，アルファベットを書かされる。やる気が失せることこの上ない。受講学生の大学生としてのプライドの高さに対して，いかにうまく対応し，入学時のモティベーションをキープしていくのかは，担当教員の手腕にかかっている。実力が伴わないものの，プライドだけはそれなりに高い大学生。教員であれば，新学期が一番重要であることは，重々承知の上である。新学期に受講学生の気持ちをつかみ損ねると，学期途中で関係を修復することは至難の業である。その意味で，4月は，学生にとっても，教員にとっても，勝負の月であると言っても過言ではない。

（3） 若者の「内向き志向」

　大学入学生の英語運用能力が低下傾向にあることは，前述した通りである。では，大学生の海外留学への意識は，どのようになっているのだろうか。昔であれば，海外への憧れとともに，英語を学ぶ最大の動機は，旅行であれ，留学であれ，ともかく日本を飛び出し，未知なる世界に飛び込みたい一心で，海外へ出かけるためであったのではないだろうか。そのために必要となる英語を習得するために，大学や語学学校にて学んだという学生は多いはずである。

　ところが，観光庁の報告によると，近年，日本人の海外留学者の減少が顕著であるということである。2004（平成16）年に海外留学をした日本人の数は8万2,945人と過去最高を記録したものの，2007（平成19）年以降，減少傾向が続いている。[4] 若者の「内向き志向」という言葉がメディア等でも取り上げられ，若者について言及する際に，盛んに耳にすることが多くなった。観光庁によると，海外留学者数に限らず，若年層の出国率自体が低下しているということである。単なる海外旅行ですら，若年層で落ち込んでいるということである。海外へ飛び出し，未知なる世界を見てみたいという好奇心は，どうなってしまったのだろうか。

　この状況に危機感を持った観光庁は，若年層アウトバウンド促進の必要性を感じ，阻害要因を検証。その結果，挙がってきたのが，次の3つである。費用，旅行計画準備の負担，言葉の不安等。また，幼少期の旅行体験により，海外旅行に積極的な層と消極的な層に二分化される。統計上は，若年層において出国率が低下しているものの，盛んに海外旅行をする若者は，確かに存在する。その一方で，まったく海外旅行に関心がなく，日本にいることで十分満足感を得ている若者もいる。頻繁に海外へ出かけて行く層は，幼少期の家族での海外旅行等を通した何らかの成功体験が，その後の行動に良い影響を及ぼしているのであろう。若年層の出国率を下げている原因となっている海外旅行に消極的な層は，特に海外へ出かけて行くメリットを見出せないわけであるし，日本にいても海外へ行ったような気分になれるような体験が十分可能な便利な社会に満足をしているのである。わざわざ時間とお金をかけて，あえて治安の悪い海外

へとリスクを伴った旅行をする必要性を感じないということではないだろうか。

若年層アウトバウンド促進のためには，阻害要因である若者の経済的な負担を軽減することと合わせて，海外旅行に消極的な層に，海外体験のメリットについて説く機会を可能な限り設けることが重要である。海外体験者による体験談に直接触れることにより，良い意味での意識変化が期待できるのではないだろうか。実際，友人からの体験談等に感化を受けて，海外へと足が向く若者は，意外と多い。

（4）キャンパス内のグローバル化

海外留学をしなくなった日本人学生とは対照的に，日本の大学のキャンパスには，外国人留学生が増加の一途である。自国を飛び出し，海外へと留学をする外国人留学生。これは，文部科学省が，「グローバル戦略」展開の一環として，2020（平成32）年を目途に留学生受入れ30万人を目指す「留学生30万人計画」を掲げたことにより，一層拍車がかかっている。

この計画では，留学生の受入れと並行して，大学等の教育研究の国際競争力を高め，優れた留学生を戦略的に獲得することも視野に入れている[5]。留学生が大学および大学院を卒業・修了後の社会の受入れ体制も推進する方向で，関係省庁・機関等が総合的・有機的に連携して計画を推進中である。これにより，留学生の雇用が促進され，日本の社会のグローバル化が一層促進されることになることであろう。

外国人留学生の受入れ状況としては，わが国の留学生数は，11万8,000人で，中国，韓国などのアジアからの留学生が全体の約9割を占める。在学段階別では，学部が2分の1，大学院が4分の1，専攻分野別では，人文・社会科学が3分の2を占めている[6]。外国人留学生の大部分が中国からの留学生であるため，キャンパスには，中国語が飛び交うことになる。授業風景にしても，教室の前列を中国人留学生が陣取り，熱心に講義に耳を傾け，日本人学生が後列に群れるといったような構図になることも多々ある。

英語科目に関しては，これまでの日本語で英語の授業をするといった使用言

語を日本語とした教授法では，日本語を母語としない外国人留学生にとっては，非常に理解しづらい英語の授業となってしまうのである。目標言語である英語を外国語である日本語で解説を受けながら，学ぶことになるのだから。キャンパス内のグローバル化に対応するためには，英語の授業は，目標言語である英語で行うという方が，ある程度英語の基礎力のある外国人留学生にとっては，受講しやすいということになる。今後は，複数の国籍を持つ学生がともに受講する英語の授業が，一層増加することになるのであろう。大学キャンパスのグローバル化とは，このような一面を持つということを意味するのである。

2 企業が求める人材

（1） 企業が求める英語力調査

　大学英語教育の現状について概観したところで，次に，大学生が卒業後直面することになる社会において，どのような力が求められているのかについて論じることにする。企業が就職活動中の大学生に求めるスキルとして，まず第一に，「コミュニケーション能力」が挙げられる。この言葉が注目されるようになったのは，ここ10年ほどである。

　経団連が会員企業を対象にした「新卒採用に関するアンケート調査」によると，選考時に特に重視する点（複数回答）として，この「コミュニケーション能力」を挙げる企業は，2001（平成13）年は50.3％であったのが，徐々に増加し，2011（平成23）年には80.2％でトップとなった。「要するに，『我が社に合った人材が欲しい』というメッセージをそこに置き換えているのでしょう」と，就職情報サイト「マイナビ」の望月一志編集長は解釈する。

　経済産業省が2006（平成18）年から，企業の求める人材を育てる大学や専門学校向けに提唱する「社会人基礎力」によれば，「職場や地域社会で多様な人々と仕事をしていくために必要な基礎的な力」として，次のようなものが挙げられている。①前に踏み出す力（主体性，働きかけ力，実行力），②考え抜く力（課題発見力，計画力，創造力），③チームで働く力（発信力，傾聴力，柔軟性，状況

第7章　グローバル化に対応した英語教育の在り方

把握力，規律性，ストレスコントロール力）の３能力12要素。ここにある働きかけ力や発信力，傾聴力，状況把握力等は，いずれもコミュニケーション能力と言い換えられるものである。コミュニケーション能力の概念は一つではないということである。[7]いずれにしても，他者とコミュニケーションをうまくとっていくスキルが，求められている。

　では，英語運用能力については，どうなのであろうか。将来英語を使った職業に就くことを希望する大学生は，グローバル化の進行とともに増加傾向である。彼らにとって，どのような英語運用上のスキルを体得しておくことが，重要なのであろうか。

　ここで，小池生夫氏代表の研究グループによる「企業が求める英語力調査（2007）」を紹介する。[8]小池氏によると，「グローバル化が進む現代国際社会で活躍する人材を豊富に育成することは，国と民間あげての責務である」とのことである。ところが，実情では，外国語コミュニケーション能力が不十分であるために，国際協力，国際交渉能力が低く，実力を発揮する以前の問題となっている例が多い。これでは，英語コミュニケーション能力の向上を国家政策に掲げて取り組んでいる近隣諸国との差が広がるばかりである。それが日本の危機にさえなっているとして，同氏は，日本の将来を非常に危惧している。[9]また，この状況を改善し，国際ビジネスに必要な英語コミュニケーション能力の到達基準を具体的に設定し，それを頂点として，それに可能な限り近づけるように小・中・高・大における一貫した英語教育政策を策定する必要があると主張。この調査は，英語教育改革の青写真を作成することを目的として実施。企業等で活躍する社会人が国際実務で対応かつ十分に交渉力を発揮するために持つべき英語力，交渉力が，どの程度のものなのであるのか，その実態を把握し，その上で，具体的な到達目標を設定することを目的としている。

　調査では，国内・国外で海外と折衝する業務経験者など，国際ビジネスに携わるビジネスパーソンを対象にアンケートを実施。7,354人からの回答をもとに分析。これほど大規模に調査をしたデータは，これまでに存在しないため，非常に貴重なデータである。その結果，国際社会で活躍する人材に求められる

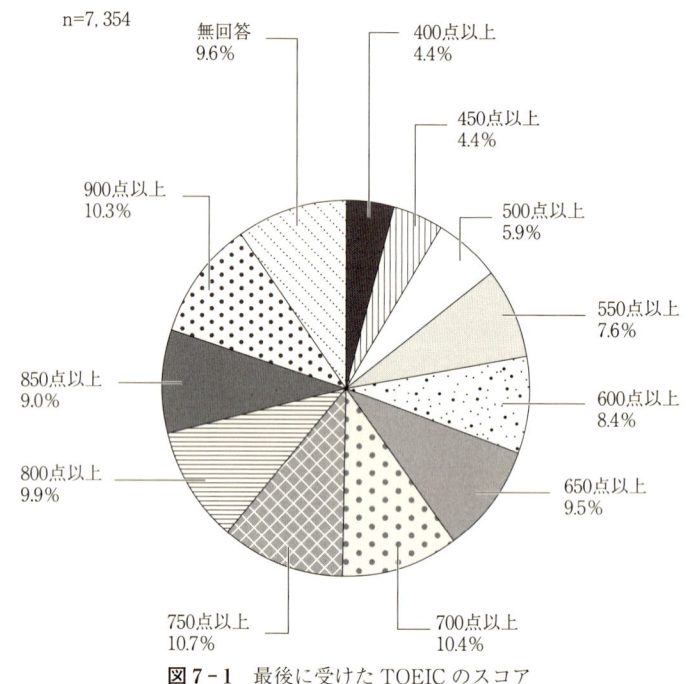

図7-1　最後に受けたTOEICのスコア
出典：国際ビジネスコミュニケーション協会（2007），15ページより。

n=7,354

- 無回答 9.6%
- 400点以上 4.4%
- 450点以上 4.4%
- 500点以上 5.9%
- 550点以上 7.6%
- 600点以上 8.4%
- 650点以上 9.5%
- 700点以上 10.4%
- 750点以上 10.7%
- 800点以上 9.9%
- 850点以上 9.0%
- 900点以上 10.3%

英語力について，以下のようなことが明らかとなった。

　まず，国際ビジネスに携わるビジネスパーソンの英語力について客観的に把握してみることにする。図7-1にあるように，最近取得したTOEICスコア[10]については，600点以上という回答が，約7割。回答者の約4割は，750点以上。900点以上は，約1割であった。

　職務上どの程度の英語を理解できているのかという職務上の英語力指標については，図7-2にあるように，「簡単なことなら相手の意見を理解することができる」という設問に対して「70〜90％以上」理解できるとの回答が，全体の約7割。それに対して，「高度で複雑，微妙な問題まで相手の意見を理解することができる」という設問に対して，「70％以上」理解できるとの回答は，全体の約4割。

第 7 章　グローバル化に対応した英語教育の在り方

n=7,354

1. 簡単なことなら相手の意見を理解することができる：90％以上 42.7／80〜70％ 30.6／60〜50％ 15.2／40〜30％ 6.8／20％以下 4.6
2. 高度で複雑，微妙な問題まで相手の意見を理解することができる：11.0／27.4／26.2／17.0／18.4
3. 簡単なことなら自分の意見を発表することができる：36.9／26.1／17.6／10.6／8.7
4. 高度で複雑，微妙な問題まで自分の意見を自由に発表することができる：8.0／21.7／23.5／17.9／28.7
5. 簡単なことなら書かれたものを理解することができる：64.0／21.4／7.8／3.6／3.1
6. 高度で複雑な資料を，普通の速度で読み理解することができる：18.9／33.2／23.9／12.7／11.3
7. 簡単なら書くことができる：40.7／24.3／16.2／10.0／8.7
8. 高度で複雑な資料をスムーズに書くことができる：8.6／22.0／24.2／17.8／27.3

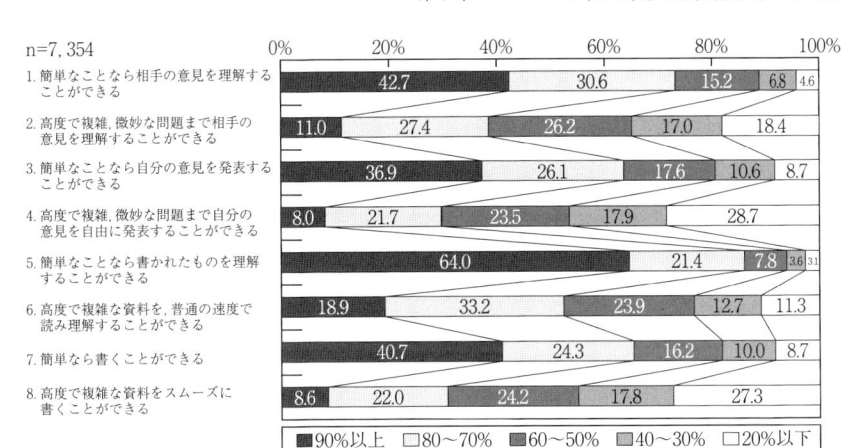

■90％以上　□80〜70％　■60〜50％　■40〜30％　□20％以下

図 7-2　職務上の英語力指標

出典：図 7-1 に同じ。

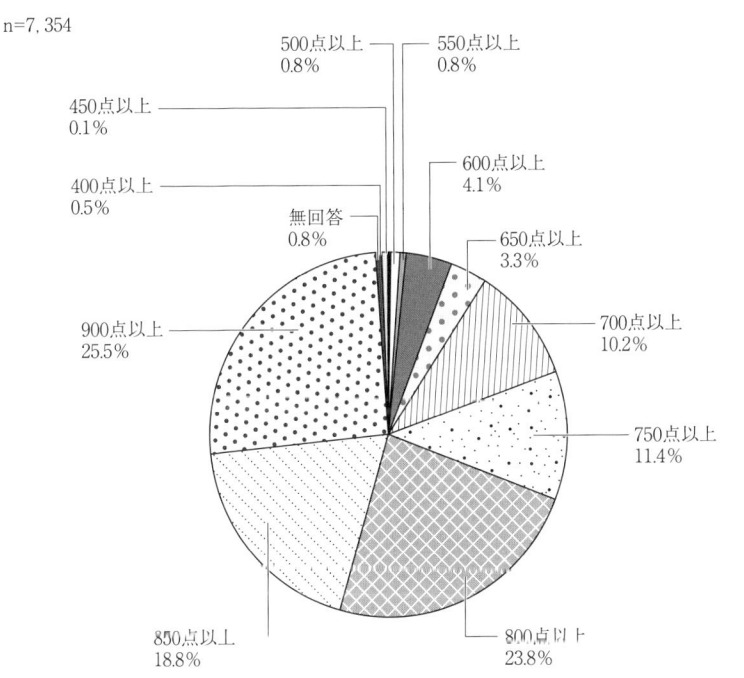

n=7,354

- 500点以上　0.8%
- 550点以上　0.8%
- 450点以上　0.1%
- 400点以上　0.5%
- 無回答　0.8%
- 600点以上　4.1%
- 650点以上　3.3%
- 700点以上　10.2%
- 750点以上　11.4%
- 800点以上　23.8%
- 850点以上　18.8%
- 900点以上　25.5%

図 7-3　日本人が国際交渉をするのに必要な英語力

出典：国際ビジネスコミュニケーション協会（2007），16 ページより。

n=7,354

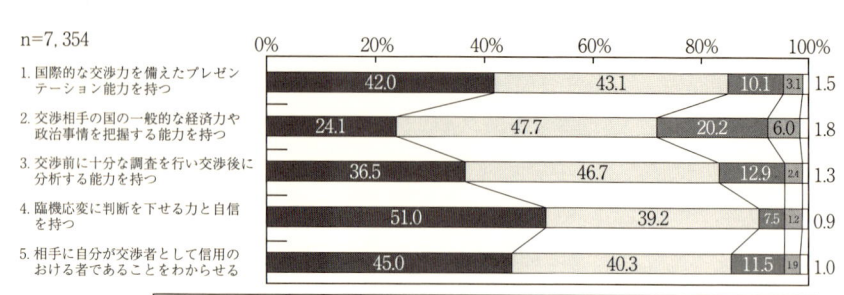

項目	非常に必要	かなり必要	どちらともいえない	あまり必要でない	必要でない
1. 国際的な交渉力を備えたプレゼンテーション能力を持つ	42.0	43.1	10.1	3.1	1.5
2. 交渉相手の国の一般的な経済力や政治事情を把握する能力を持つ	24.1	47.7	20.2	6.0	1.8
3. 交渉前に十分な調査を行い交渉後に分析する能力を持つ	36.5	46.7	12.9	2.4	1.3
4. 臨機応変に判断を下せる力と自信を持つ	51.0	39.2	7.5	1.2	0.9
5. 相手に自分が交渉者として信用のおける者であることをわからせる	45.0	40.3	11.5	1.9	1.0

図7-4　国際ビジネスで必要な能力

出典：図7-3に同じ。

「話す・読む・書く」力については，「高度で複雑，微妙な内容」となると難しいとの回答が多く，特に書く力については，落ちているという結果となっている。

次に，図7-3にあるように，「ご自分の経験から，平均的にみて，日本人が国際交渉を第一線で行うのに必要な英語力はどのくらいないと役に立たないと思いますか」との設問に対しての回答結果から，68.1％が国際交渉に必要だとするTOEICスコアは，800点以上，44.3％が，850点以上が最低限必要であると感じていることがわかる。

国際ビジネスで必要な能力として，次のような能力が挙げられる。「国際的な交渉力を備えたプレゼンテーション能力」，「交渉相手の国の一般的な経済力や政治事情を把握する能力」，「交渉前に十分な調査を行い交渉後に分析する能力」，「臨機応変に判断を下せる力と自信」，「相手に自分が交渉者として信用のおける者であることをわからせること」。図7-4にあるように，これらの能力について，7～9割が必要であると回答。

（2）　企業が求める人材とは

上述の英語力調査より判明したことは，次のようなことである。国際ビジネスに携わって，日々英語を使用しつつも，現実には，英語力不足を感じる場面に遭遇することがあるようである。確かに「高度で複雑，微妙な内容」を扱う

際には，正確さが求められる。昨今のようにグローバル化が進んだ社会においては，メールや文書での英文作成能力は，一層必要不可欠になりつつあると言える。「書く」力は，日本語同様，英語においても重要度が増しているのである。

　また，国際ビジネスで必要な能力として，最後に挙げられている「相手に自分が交渉者として信用のおける者であることをわからせる」能力。これについては，これほどビジネス交渉を大きく左右するものは他にないのではないかと思われるほど，必要不可欠な能力であると言える。人間として信用のおける人物なのかどうか。まずは，ここからが，スタートなのではないだろうか。このベース無しには，交渉が行き詰まることは，時間の問題であると断言しても過言ではない。国際ビジネスに携わった経験のある者であれば，言語や文化的背景の異なる交渉相手からの信頼を勝ち取ることの重要性について，実体験として痛感しているはずである。筆者自身も，海外出張等の際に，交渉をする必要に迫られることが多々ある。やはり，交渉相手から信用されることは，何にも増して，交渉の大前提として重要な要素であることは確かである。このベースを構築しておくと，その後のあらゆるプロセスが，スムーズに流れることは間違いない。

　企業が求める英語力調査の結果より浮かび上がってきた企業が求める人材とは，次のようなことに集約されるようである。まず，国際交渉に必要な英語力として，TOEICスコアを客観的基準として用いれば，少なくとも800～850点が必要となる。これに加えて，プレゼンテーション能力。そして，交渉相手から信頼される人間性。これらを兼ね備えていることが，最低限必要である。

（3）　観光業界が求める英語力

　2007（平成19）年1月から施行された観光を日本の重要な政策の柱として位置づける観光立国推進基本法，外資系高級ホテルの日本進出ラッシュ，航空会社の提携の加速等，グローバル競争が進行する旅行・ホテル・航空業界。このような状況の下，現場では，どのような人材が求められているのだろうか。観

光業界で求められる英語力について概観することにする。

　筆者が勤務する大学では，観光学を専攻する学生に英語を教える機会が多々ある。彼らの卒業後の進路希望は，やはり，観光業界での就職が大多数である。では，このような学生集団に対して，どのような英語運用能力をつけるための英語教育を提供すべきなのか。到達目標を明確にするためにも，観光業界で求められる英語力について，一定の客観的基準を明らかにしておくことは，最低限必要なことと思われる。

　① ホテル業界の場合

　まず，ホテル業界について見てみることにする。英語力が必須とされているホテル業界であるが，ウェスティン都ホテル京都を例として挙げてみる。利用客の3割が外国人であるため，英語でのコミュニケーション能力は必須であるとのことである。特に，チェックインからチェックアウトまで様々なサービスや手続きを担当するフロントは，利用客と多くの接点を持つ仕事である。フロントの接遇がホテルの評価に直接つながるため，より高い英語力が求められている[11]。したがって，フロント業務で求められる客観的な英語運用能力は，TOEIC800点以上である。英語力に加えて，言葉づかいやマナーはもちろんのこと，臨機応変に対応できる柔軟さや機敏さも重要であるとのことである。利用客の求めていることをいち早く察して，期待されている以上のものを提供する。それが利用客からの信頼につながっていくとのことである[12]。ここでも，相手（この場合は，利用客）からの信頼を得ることが，重要な要素として挙がっている。そして，何よりもホスピタリティマインドを備えていることが，求められているのである。

　また，マネージャー以上の職種においても，TOEIC600点以上が求められている。この背景には，同ホテルが，ウェスティンブランドに移行したことにより，マネジメント層に外国人が着任し，英語の需要が一気に高まったことが挙げられる。そのため，マネージャー以上の職種には，「聞く・話す」力に加えて，「読む・書く」力もかなり求められる。結果として，英語の4技能は必須となり，これに英語でのプレゼンテーション能力も求められるというところが

実情のようである。

② 航空業界の場合

航空業界では，どの程度の英語運用能力が求められているのであろうか。これまでは，羽田空港のグランドスタッフの求人では，英語力は不問であったものの，新滑走路の拡張による国際線の発着回数の増加に伴い，成田空港と同様にTOEIC550点以上がエントリーの条件に追加されたとのことである。グランドスタッフの募集にエントリーするためには，TOEIC550点以上，フライトアテンダントとなると，TOEIC600点以上が求められる。外資系エアラインでは，さらに高いスコアが必要である。希望する航空会社により基準は若干異なるものの，航空業界での就職を希望するとなると，最低でもTOEIC550点が必要であることがわかる。

③ 旅行業界の場合

2008年の観光庁設立以来，より多くの外国人観光客を受け入れるための政策が行われ，コミュニケーション能力とホスピタリティマインドを併せ持つ観光人材の育成が急務となっている旅行業界。旅行業界の場合は，どのような人材が求められているのだろうか。

旅行業界においても，ホテル・航空業界同様，外国語運用能力の必要性が高まっており，アウトバウンドだけでなく，インバウンドにおいても，国際観光に携わる業務では，少なくともTOEIC600点以上の英語力があると良いとされている。また，通訳案内士（通訳ガイド）の資格取得には，日本の政治や歴史についても話すことができる高いレベルの語学力が必須となるとのことである。

各業界により，求められる英語運用能力に相違はあるものの，どの業界であれ，観光業界での就職を希望するならば，最低でもTOEIC550点程度の英語運用能力が必要である。そして，その語学力に加えて，ホスピタリティマインドを兼ね備えたコミュニケーション能力の高い人材。大学卒業時までに，現実には，就職活動時までにということになるのだが，希望する業界が求める人材に少しでも近づくための地道な努力が，不可欠である。

3 TOEIC スコアの国際比較

（1） 日本人の英語力

　大学生が将来の職業選択において，到達しておくべき英語運用能力の基準ラインが明確になったところで，大学生の英語運用能力は客観的に見てどのようなものであるのか，実態について見てみることにする。現状認識をすることにより，どのような英語教育が必要となるのかが明らかとなるはずである。

　ここで，これまで頻繁に英語運用能力の客観的基準として取り上げてきたTOEICのデータをもとに，日本人の英語力について確認をしておくことにする。表7-1は，2004（平成16）年と2012（平成24）年の日本人受験者のTOEICスコアの平均点を比較したものである。

　2012（平成24）年にETS（Educational Testing Service）が発表した日本人のTOEICスコアの平均点は，512点（リスニング284点，リーディング229点）。表7-1から明らかなように，2004（平成16）年の454点（リスニング255点，リーディング199点）と比較すると，リスニングおよびリーディングとも，8年間で，かなりスコアが伸びていることがわかる。文部科学省は，初等中等段階からの外国語教育重視を掲げて，2002（平成14）年度より，「総合的な学習の時間」において，小学校5，6年生から外国語活動を導入。その後2011（平成23）年度には，小学校5，6年生で週1回の「外国語活動」が必修化されている。今後は，さらに開始年齢を引き下げて，小学校3，4年生程度から，専任教員を配置して，週2回以上の教科化の方向で検討中である。これらの改革が，日本人のTOEICスコアの平均点にどのように反映されることになるのか，大いに期待されるところである。TOEICスコアについては，毎年その平均点を更新しつつある。しかしながら，他のアジア諸国と比べると，いまだに後れをとっている日本の英語教育の現状に改めて危惧を感じざるを得ない。

第7章　グローバル化に対応した英語教育の在り方

表7-1　日本人のTOEICスコアの比較

	2004年	2012年	増減
Total	454	512	+58
Listening	255	284	+29
Reading	199	229	+30

注：数値はETSの算出にもとづく。
出典：ETS（2005）およびETS（2013）より作成。

（2）　TOEICスコアの国際比較

ここで，世界各国のTOEIC受験者のスコアについて概観をすることにする。図7-5は，2012（平成24）年実施TOEICテストにおける地域別のTOEIC受験者のリスニングおよびリーディングにおける平均点を示したものである。TOEICの平均点が500点以上の国のデータのみを提示しているため，平均スコアの低い国については，除外されている。

国際比較において，アジア諸国は，やはり最下位となっていることがわかる。アジア諸国に次いでスコアの低い地域は，南アメリカ，そして，北アメリカ，

2012 Worldwide TOEIC Listening and Reading Comprehension Scores

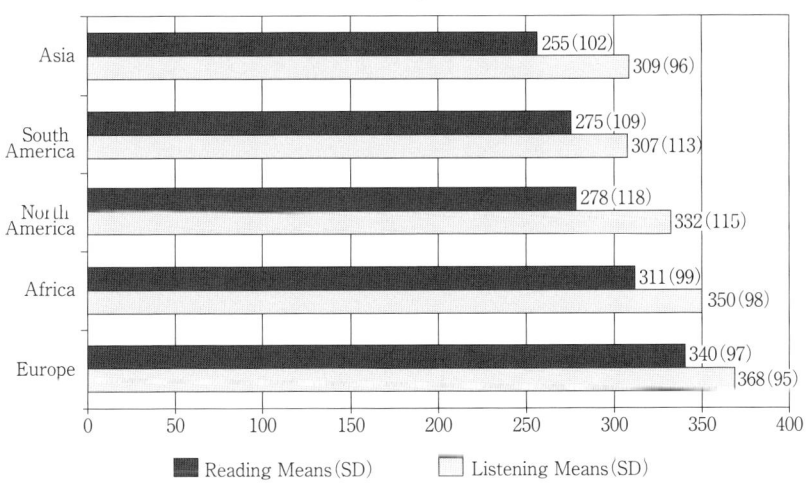

地域	Reading Means(SD)	Listening Means(SD)
Asia	255(102)	309(96)
South America	275(109)	307(113)
North America	278(118)	332(115)
Africa	311(99)	350(98)
Europe	340(97)	368(95)

図7-5　Mean TOEIC Scores by Region

出典：ETS（2013），4ページより。

表7-2　Mean Performance by Native Country

Country	Listening Mean	(SD)*	Reading Mean	(SD)*	Total Mean	(SD)*
BANGLADESH	466	(48)	433	(59)	899	(102)
SRI LANKA	464	(55)	429	(60)	893	(110)
NEPAL	458	(52)	421	(64)	879	(112)
GERMANY	451	(67)	415	(75)	866	(135)
INDIA	449	(65)	409	(78)	858	(138)
PAKISTAN	444	(84)	406	(99)	850	(179)
CANADA	422	(73)	386	(84)	808	(151)
PORTUGAL	422	(81)	377	(93)	799	(168)
SWITZERLAND	412	(95)	367	(99)	779	(188)
CHINA, PEOPLE'S REPUBLIC	389	(82)	358	(90)	747	(165)
FRANCE	377	(88)	350	(88)	727	(169)
ITALY	364	(84)	346	(85)	710	(161)
JORDAN	385	(107)	311	(127)	697	(228)
COSTA RICA	370	(91)	323	(94)	694	(177)
RUSSIA	373	(92)	321	(105)	694	(189)
MALAYSIA	376	(94)	312	(110)	688	(197)
MOROCCO	364	(93)	322	(97)	686	(182)
SPAIN	346	(107)	338	(100)	684	(200)
PHILIPPINES	370	(77)	308	(95)	678	(164)
TUNISIA	349	(98)	311	(100)	661	(192)
CAMEROON	340	(86)	307	(85)	646	(162)
SENEGAL	338	(92)	306	(88)	643	(172)
REUNION	335	(98)	308	(97)	642	(189)
ALGERIA	338	(101)	297	(102)	635	(195)
KOREA (ROK)	342	(86)	285	(94)	628	(172)
COLOMBIA	317	(119)	285	(115)	601	(226)
POLAND	332	(109)	264	(117)	597	(217)
BRAZIL	308	(125)	284	(122)	592	(241)
PERU	311	(118)	277	(112)	587	(223)
CHILE	306	(107)	269	(101)	575	(198)
MEXICO	308	(115)	249	(112)	557	(220)
ECUADOR	282	(97)	271	(96)	553	(183)
TURKEY	306	(118)	248	(122)	553	(234)
EGYPT	297	(132)	255	(127)	552	(252)
SAUDI ARABIA	321	(128)	230	(146)	551	(267)
GREECE	316	(102)	223	(102)	539	(196)
TAIWAN	295	(99)	244	(103)	539	(194)
HONG KONG	281	(111)	232	(121)	513	(225)
JAPAN	284	(91)	229	(98)	512	(180)
THAILAND	280	(104)	219	(101)	499	(198)
UNITED ARAB EMIRATES	294	(101)	201	(109)	495	(197)
VIETNAM	245	(92)	225	(97)	470	(182)
MACAO	266	(92)	200	(93)	467	(178)
ALBANIA	227	(118)	196	(117)	423	(229)
INDONESIA	195	(92)	149	(84)	344	(168)

*SD = Standard Deviation
出典：ETS (2013), 5ページより。

アフリカ。ヨーロッパ諸国は，格段にリスニングおよびリーディングのスコアが抜きんでていることが明らかである。アジア諸国の場合は，母語との言語的距離という点を考慮する必要はあるものの，まだまだ英語教育の改革が必要であるように受け止められる。

次に，国別のTOEIC受験者のスコア比較（表7-2）を見てみることにする。受験者数が500名未満の国は除外されているため，すべての国のデータが提示されているわけではない。そのため，単純比較は難しいものの，やはり，アジア諸国は，中国を除くと，スコアが若干低めであることがわかる。

（3） アジア諸国におけるTOEICスコア

表7-3にあるように，アジア諸国の中では，中国が依然第1位で，747点である。中国のスコアは近年上昇傾向で，他のアジア諸国との差が増々広がる一方である。次いで，韓国の628点。こちらも，中国同様，年々スコアを伸ばしつつある。中国，そして，韓国，この両国に共通している点は，小学校3年生から英語教育を導入しているということである。中国については，2001（平成13）年に導入。韓国は，必修正規科目として，1997（平成9）年に導入をしている。現在，韓国では，小学校3年生から6年生まで週1～2時間英語の授業を実施。「聞く・話す」活動を中心とした，原則的に英語で行う授業が実施されている。韓国のTOEICスコアの伸びは，韓国政府の英語強化政策が功を奏した証左と受け止められるのかもしれない。英語教育の早期化については，母語習得との関係において，長期の論争が存在したことは確かである。しかしながら，中国および韓国とも，保護者からの初等英語教育に対する強い実施要求が追い風となり，導入に至っている。

第3位に台湾の539点。8年前の570点と比べると，若干スコアが下がっている。台湾は，2001（平成13）年に小学校5年生から，正課として週2時間の英語授業を導入。その後2005（平成17）年には，開始年齢を下げて，小学校3年生から英語教育を導入している。しかしながら，現時点でのスコアには，その成果は，いまだ反映されていないように思われる。数年後の伸びが待たれると

表7-3　アジア諸国のTOEICスコア2012

	Total	Listening	Reading
中　国	747	389	358
韓　国	628	342	285
台　湾	539	295	244
日　本	512	284	229
タ　イ	499	280	219

注：数値はETSの算出にもとづく。
出典：ETS（2013）より作成。

ころである。そして，日本512点。以前は，常にアジア諸国の中で最下位であったものの，タイ499点を抜いて，何とか最下位からは脱却。タイについては，1996（平成8）年改訂のカリキュラムにより，公立小学校1年生から英語教育を導入している。コミュニケーション重視を掲げるものの，現場においては，筆記試験対策や文法を中心とした英語学習から脱却することが難しく，コミュニカティブな英語運用能力の習得には至っていないという問題を抱えている。

　TOEICスコアの平均点については，受験者数や母集団としての受験者の習熟度等により，すべての国の平均点が同じ条件で集計されたデータとして扱うことが難しい側面もある。そのため，この点をある程度考慮に入れて，このデータ結果を受け止める必要はあるように思われる。また，TOEICスコアについては，客観的なデータとして参考にするものの，このデータでもって，受験者の英語運用能力を正確に測定したとは，言い難い部分もある。企業が，採用時に，TOEICのスコアを参考資料とするものの，実際の英語力については，英語面接を行うことにより判断するというのも，このあたりに起因するのかもしれない。

4　大学英語教育の在り方

（1）Productiveな能力の育成

　これまで概観してきたように，大学生が就職活動を開始する時期までに，到達しておかなければならない基準ラインは，実態と照らし合わせると，かなり

高いハードルであることがわかる。日本人の2012（平成24）年実施のTOEIC平均スコアが，512点。しかしながら，大学入学時の英語運用能力については，まだまだこの平均スコアにすら到達していない入学生が大多数である。これらの学生の英語運用能力を就職活動時までに最低でも550点まで引き上げることは，確かに必要であるように思われる。しかしながら，TOEICで高得点を取得することばかりが，英語教育のすべてではない。TOEICは，あくまでも客観的基準として，就職活動時に，求められているものであって，国際社会で活躍するための人材育成には，実践的な英語運用能力の養成とともに，様々なスキルが求められている。「使える英語」を習得するために，どのような英語教育が必要なのであろうか。

　まず，企業が求める人材について概観したように，これからのグローバル化時代においては，発信するためのproductiveな能力の育成が，一層重要性を増してくることは，確かである。企業が求める英語力調査（2007）の結果，明らかとなったように，国際ビジネスに携わってきたビジネスパーソンが痛感していることとして，「書く」力の不足がある。4技能のうち，「話す」力とともに「書く」力について，不足を感じている場合は，確かに多いのである。しかしながら，これらのproductiveな能力こそが，情報等を発信する際に重要となる必要不可欠な力なのである。

　これからの時代に必要となる英語教育は，このproductiveな能力（「話す，書く」）の育成に重点をおいて，自己発信型のコミュニケーション能力，プレゼンテーション能力，そして，ライティング力を養成することを到達目標としたものであるべきである。これらに加えて，異文化理解，国境を越えた適応能力。そして，豊かな教養と人間性。もちろん，これらの大前提として，英文法等を含めた英語の基礎学力が，必須であることは言うまでもない。

（2）　英語教育における取り組み

　ここで，前述の自己発信型のコミュニケーション能力の育成を目指した筆者の英語授業における取り組みを紹介する。現在の勤務校にて教鞭を執るように

なり，今年で13年目になる。筆者自身の英語教育の取り組みの中で，画期的であったのが，10年前から導入した，すべて目標言語（英語）による英語授業の展開である。導入当初は，非英語母語話者である日本人教員が英語での授業をすることは，周りに前例があまりないこともあり，それなりに抵抗があったことは今でも記憶に新しい。受講学生にしても，英語母語話者でもない日本人が，英語のみで話しかけてくることに，戸惑いを感じているようでもあった。この導入に踏み切ったのには，それなりのわけがあったのだが，今では，この目標言語のみによる授業により，受講学生の英語運用能力および英語学習へのモティベーション向上を感じる等，この有効性を実感するようにまでなっている。何よりも，近年のキャンパス内のグローバル化により，異なる国籍の受講学生が混在するクラスを担当する際に，目標言語のみで授業を展開することは，非常に有効である。

また，英語授業において，受講学生にICTを使用した英語によるプレゼンテーションの機会を各学期に最低1回は設けるようにしている。このことにより，英語運用能力の向上が期待できる。また，受講学生のモティベーション向上効果，さらには，就職活動において必要とされるコミュニケーション能力育成も，大いに期待できる。将来，国際舞台で活躍するとなると，このような能力は，必要不可欠である。

（3） 海外留学制度の活用

大学生の英語運用能力向上および英語学習に対するモティベーション向上を目指して，授業内で様々な取り組みをしているものの，やはり海外留学制度ほど学生の英語運用能力および国際感覚に多大な影響力を持つものは無い。受講学生には，常に海外体験をするように奨励。若者の「内向き志向」を感じることが，多々あるものの，常に海外へと出かけて行く学生も中には，確実に存在する。

英語教員の場合，海外研修の引率で，海外で1ヶ月ほど学生とともに過ごす機会に恵まれる。今夏も，学生を引率してオーストラリアに滞在。今回で海外

第7章　グローバル化に対応した英語教育の在り方

への引率は，5回目である。毎回現地での学生の様子を観察することにより感じること，それは，異文化に身を置くことによる効用である。語学研修であるのだから，語学の習得は大前提である。しかしながら，それに加えて，学生は，異国の地で，非常に多くのことを体得するものである。異文化理解，多様な価値観を受容すること，コミュニケーション能力の向上，自国文化への興味，国境を越えた幅広いネットワークの形成，そして，英語学習に対するさらなる意欲。帰国時には，長期留学への挑戦，将来グローバルに活躍したいといった高次な目標へと向かっていく学生の姿がある。これらのことは，実体験として海外と向き合うことにより，初めて学生の中で熟成されるものである。このような海外体験を重ねることにより，国際的な視野を兼ね備えたグローバルに活躍できる人材への素地が，少しずつ形成されていくのである。

（4）　求められるグローバル人材

　グローバル化する就職戦線。昨今の大学生が直面する就職活動は，厳しさを増しつつある。少子高齢化，国内需要の縮小という環境下，海外で事業を拡大し，外国の消費取り込みが不可避となっている。グローバル人材を求めざるを得ない企業にとって，求める人材は確保できるのであろうか。経済同友会が2012（平成24）年4月にまとめた報告書（「日本企業のグローバル経営における組織・人材マネジメント」）によると，「グローバルな環境できちんと仕事ができ，リーダーシップを発揮できる人材」に必要な能力として，「自ら考え，意見を持ち，それを表明できる自己表現力，異文化を理解し，変化を楽しみ，現地になじんでいく異文化柔軟性」が挙げられている。[18]毎日新聞専門編集委員・西川恵氏によると，「世界のコミュニケーションは，文化の前提条件を共有しない者同士でも意思の疎通が図れる方向に収れんしつつある。その際のカギは，その人が異文化同士を架橋する能力を保有しているかどうかである」とし，異文化の間を架橋するために必要な「意見をきちんと言う」，「論理的に話す」，「自分をわかってもらう努力をする」という姿勢が必要であると主張する。[19]

　これらの異文化の間を架橋するために必要な姿勢は，グローバル化に対応で

きる人材育成を目指した英語教育とも合致するものである。自分の意見を発信するための英語運用能力の養成，そして海外へ飛び出し，日本を外から相対的に眺める視点を持つこと。大学英語教育が，これからの日本の未来を担う大学生に対して提供できることは，無限大である。

●注
(1) 辻（2008），56ページを参照。
(2) 辻（2008），56ページを参照。
(3) 田中（2006），135〜150ページ参照。吉原ほか（2001）によると，「内なる国際化」とは，「日本親会社において外国人社員の登用を増やし，経営に参加させていくことによって，日本親会社の内部から国際化が進む」という考え方である（220ページ）。
(4) 2004年に海外留学をした日本人の半数以上は，アメリカ留学である。
(5) 文部科学省（2008），6ページを参照。
(6) 文部科学省（2008）によるため，2007年5月1日現在のデータ。留学生の出身国については，中国や韓国に次いで，台湾，ベトナム，マレーシア，タイ，アメリカ，インドネシア，バングラデシュ，ネパール等が挙がっている。
(7) 『毎日新聞』2012年7月4日付夕刊。
(8) 小池生夫氏を研究代表とするグループでは，日本学術振興会の科学研究費補助金基盤研究A「第二言語習得研究を基盤とする小，中，高，大の連携をはかる英語教育の先導的基礎研究」を実施。この研究の一環として，「企業が求める英語力調査報告書」を発表。英語教育に携わる24名がチームを組み，平成16年度（2004年度）から19年度（2007年度）の4年計画で多様なテーマの研究に取り組んでいる科研費による大型研究の一部である。
(9) ビジネスコミュニケーション協会（2007），14ページを参照。
(10) TOEICとは，Test of English for International Communicationの略。英語を母語としない者を対象とした英語によるコミュニケーション能力を検定するための試験。英語運用能力を客観的に測定するための試験として，近年多くの企業が採用時や昇進の条件に使用。そのため，受験者も年々増加の一途である。
(11) ビジネスコミュニケーション協会（2010），5ページを参照。ウェスティン都ホテル京都の副総支配人・北村恵司氏によると，英語でのコミュニケーション能力を重視する同ホテルでは，採用時にTOEIC等の客観的テストスコアを参考にするも

のの，採用試験では，ネイティブスピーカーによる英語でのインタビューを行ったり，テーマを与えて英語でディスカッションをさせる等して，英語能力を判断するとのことである。
⑿　ビジネスコミュニケーション協会（2010），5ページを参照。
⒀　ビジネスコミュニケーション協会（2010），5ページを参照。
⒁　ビジネスコミュニケーション協会（2010），12ページを参照。
⒂　ビジネスコミュニケーション協会（2010），12ページを参照。
⒃　中国の都市圏の恵まれた教育環境では，現在，小学校3年生より英語を教えているところもあるものの，大部分の中国人にとっては，中学校で英語が必修科目となっている。学習者は，3年間を通じて基本文法と約1,000語の語彙を学習する。教室での使用言語は，可能な限り英語という方針を貫いている。また，高等学校では，英語は必修科目であり，さらに1,000語の語彙を学習することになっている。発音の基本が，高等学校ではじめて要求され，「聞き・話す・書く」の3技能のある程度の能力とともに，特に読む技能（平易な文の読解）が重視される。
⒄　韓国では，就職試験での英語の成績が採用の重要な決め手となると言われている。この背景には，韓国が今後も加工貿易立国として生き残っていくためには，英語運用能力の向上が必要であるとの認識にもとづく，経済界の英語重視への動きがあげられる。このことは，英語学習への強い動機づけとなり，現在，韓国の大学生の80％がTOEFL受験経験者であり，近年のTOEFLやTOEICにおける韓国受験者の高得点の要因にもなっている。また，最近では，TOEFLやTOEICの成績結果を採用や昇進の条件にする大企業も増えてきているようである。また，韓国の中学校では，小学校で英語教育を受けた学生が入学する2001年から，中学校の英語教育のレベルアップと第二外国語科目の導入（ドイツ語，フランス語，中国語，日本語，スペイン語，ロシア語，アラビア語から選択）を開始。日本の中学校と比較すると，授業時間数，教科書の学習量ともに多い。
⒅　『毎日新聞』2012年6月29日付朝刊。
⒆　『毎日新聞』2012年6月29日付朝刊。

●参考文献

有田伸（2011）「グローバル化に対応した人材育成の取り組みとその社会的背景――韓国」。
　　http://www.mof.go.jp/pri/research/conference/zk092/zk092_02.pdf
『英語教育』編集部（2004）「小学校英語をめぐって――行政の動き，地域の期待」『英語教育』第53巻第2号。
ETS（2005）*The TOEIC Test: Report on Test Takers Worldwide 2004.*
　　http://www.toeic.co.nz/pdfs/TOEICWorldwideReport2004.pdf
ETS（2013）*The TOEIC Test: Report on Test Takers Worldwide 2012.*

http://www.ets.org/s/toeic/pdf/2012_ww_data_report_unlweb.pdf
樋口忠彦（2004）「小学校の英語教育はいま…1──英語活動の現状，成果と課題」『英語教育』第53巻第7号。
本名信行編（2002）『事典　アジアの最新英語事情』大修館書店。
居神浩・三宅義和・遠藤竜馬・松本恵美・中山一郎・畑秀和（2005）『大卒フリーター問題を考える』ミネルヴァ書房。
国際ビジネスコミュニケーション協会（2007）「国際ビジネスに求められる英語力と現代国際社会で活躍できる人材育成のために必要な『能力の育成』」*TOEIC Newsletter*, No. 100（November），14～17ページ。
http://www.toeic.or.jp/sys/letter/News100_6439.pdf
国際ビジネスコミュニケーション協会（2010）「特集：旅行・ホテル・航空業界における人材育成と英語教育」*TOEIC Newsletter*, No. 107（February）。
http://www.toeic.or.jp/sys/letter/News107L_3991.pdf
国際ビジネスコミュニケーション協会（2011）「TOEICテスト DATA&ANALYSIS 2010」。
http://www.toeic.or.jp/toeic/pdf/data/DAA2010.pdf
文部科学省（2008）「留学生の就職と大学における外国人教員の受入れ」。
http://www.kantei.go.jp/jp/singi/jinzai/jitsumu/dai1/siryou2_2.pdf
大谷泰照・林桂子・相川真佐夫・東眞須美・沖原勝昭・河合忠仁・竹内慶子・武久文代編（2004）『世界の外国語教育政策──日本の外国語教育の再構築にむけて』東信堂。
田中利佳（2006）「企業のグローバル化と国際人的資源管理」茂垣宏志編『国際経営──国際ビジネス戦略とマネジメント』学文社，135～150ページ。
辻勢都（2008）「企業における効果的な英語教育の具体化──言語監査的アプローチの活用」『JIYUGAOKA SANNO College Bulletin』No. 41。
恒吉僚子（2005）「国際化と教育──『内なる国際化』の視点と日本の教育」『季刊家計経済研究』Summer No. 67，40～48ページ。
山田雄一郎（2003）『言語政策としての英語教育』溪水社。
吉田研作・渡部良典・根岸雅史・長沼君主・ベネッセコーポレーション国際教育事業部（2004）「日・韓・中の英語教育の現状と今後の課題──学生CAN-DO/英語教員意識調査より」『英語教育』第53巻第7号。
吉原英樹・岡部曜子・澤木聖子（2001）『英語で経営する時代──日本企業の挑戦』有斐閣。

第8章
グローバル人材育成と海外留学

松 本 恵 美

1　海外留学制度

（1）　海外留学制度の現状

　近年の日本社会におけるグローバル化に伴い，大学英語教育においても，グローバル化に対応した教授法が求められている。また，大学生の就職戦線においても，この傾向は強まり，国際舞台でグローバルに活躍できる人材育成が急務となっている。本章では，グローバル人材育成に不可欠な海外留学制度の活用について概観をし，国際社会で活躍できる人材輩出を目指した海外留学制度の在り方について考察を深める。

　英語運用能力を備えた人材育成を目指す教育機関においては，国際交流プログラムとして様々な海外留学制度を設けているのが常である。大部分の大学においては，海外経験の無い大学生を対象とした海外語学研修のような短期海外留学，また，海外経験のある学生を対象とした長期海外留学の制度を学生に広く提供している。英語専攻の学生を多数輩出する外国語大学等では，学位留学制度を設け，海外の大学においても学位取得が可能となる機会を学生に提供している。また，グローバル社会に対応するための人材育成プログラムとして，海外インターンシップ制度を構築している大学も増加の一途である。昨今の大学においては，学生のニーズに応じて，多様な海外留学プログラムが利用できる体制が整っている。加えて，大学によっては，海外留学のための奨学金等も支給される等，一昔前の大学生にとっては，まったく羨ましい限りの海外留学

制度の充実ぶりである。
　しかしながら，昨今では，このような充実した海外留学制度にあまり関心を示さない大学生がキャンパスに増殖中である。若者の「内向き志向」。この現象の要因については，第7章「グローバル化に対応した英語教育の在り方」にて論じた通りである。今後この現象に改善傾向が見られ，海外へと飛び出す若者が増加していくことを切に願うばかりである。
　「内向き志向」の若者がいる一方で，異文化や海外に高い関心を示す若者もいる。その関心ゆえに，英語でのコミュニケーションの必要性を強く感じ，英語学習に熱心に取り組む学生層である。このような学生が，海外留学制度を利用し，英語運用能力を高めて帰国すれば，グローバル人材としての素地を基盤として，卒業後国際社会で活躍することが大いに期待される。
　海外留学制度は，英語運用能力の向上のみならず，異文化に対する理解，また，多様な価値観を受容することをも可能にする。異なる文化的背景を持つ人々との出会いを通して，コミュニケーション能力の向上が期待でき，海外に身を置くことにより，これまで無関心であった自国文化に対して興味を持つ貴重な機会を持つこととなる。また，様々な出会いにより，結果として，国境を越えた幅広いネットワークを形成することにもなるのである。このような国際的な視野を兼ね備えたグローバルに活躍できる人材の育成は，単に国内で英語授業を受講して英語運用能力の向上を目指すだけでは，非常に難しい。また，異文化についての文献を読むことにより知識を深め，異文化を理解したつもりになるだけで終わっていては，真に異文化理解をしたとは言い難いのではないだろうか。グローバル人材育成には，英語運用能力の向上とともに，海外に身を置いて，実体験としての海外留学体験が不可欠である。海外に身を置くことにより，初めて見えることがある。異なる価値観に衝突することにより，初めて解決方法を模索せざるを得ない状況に直面する。このような状況をいかに打破していくのか。日常の些細なトラブルシューティングの蓄積が，結果として問題解決能力の向上にプラスとなり，異なる価値観を持つ人とのコミュニケーションを可能にするのである。グローバル人材育成には，海外留学制度は不可

欠である。

（2） 短期海外留学

　グローバル人材育成に海外留学体験が必要不可欠であるものの，海外留学制度と言っても，多種多様である。いかに多様な制度をニーズに合わせて選択するのかが，留学体験の成否を決める。海外に身を置くことが重要であると言っても，留学体験の質により，その効果は様々である。ここでは，海外経験の無い学生を対象とした短期海外留学について概観する。

　多くの大学では，大学生の前期授業終了後の夏期休暇期間中に，英語圏の大学の語学プログラムに参加する方式での海外語学研修を実施している。実施期間は，各大学により異なるものの，2～5週間といったところが大多数である。語学習得が主たる目的のプログラムであるが，週末には現地の観光名所を巡るツアー等も組み込まれていることが多いため，現地滞在期間中は，語学習得に加えて，様々な異文化体験が可能となる。滞在形態がホームステイである場合は，一層この傾向が強まることとなる。真に実り多い研修ということになる。いきなり長期留学となると，不安が残るという場合には，海外体験への耐性を確認するという意味で，適当な期間ということになる。この期間が短いと感じる場合には，次のステップとして，長期留学への道を選択することになるわけであるし，体験によっては，二度目は結構という残念な結果にもなる。お試し期間としては，適度な期間である。

　英語運用能力については，期間が短いために，長期留学ほど飛躍的な向上は期待できない。しかしながら，それなりに成果は認められる。滞在期間中の英語使用状況により，個人差は生じるものの，おおむねリスニング能力における向上は，顕著である。また，英語学習への動機づけとしては，これほど有効なものは無いのではないかと思われるほど，帰国後，学生は英語学習に真剣に取り組む等，絶大なる影響力を持つ。この場合，学生なりの明確な目標が見つかり，その目標達成のために，今後具体的にどのようなことをしていかなければいけないのかが明らかとなっていることが多いようである。将来の進路選択に

ついても，海外体験により選択の幅が広がり，渡航前と比べると，より広い視野で将来について考える機会を持つことが可能となっているようである。海外体験により，進路を大きく変更する場合もある。短期間とは言え，海外留学体験は，学業およびキャリア形成という点において，与える影響は大きいのである。

（3） 長期海外留学

　英語運用能力の向上を主たる目的とする場合，やはり長期の海外留学は不可欠である。半年以上の期間を海外の大学等のカリキュラムで学ぶわけであるが，短期留学の場合と異なり，滞在期間が長いために，第一に，勉学に集中することが可能となる。正規留学の場合は，現地大学生と対等となるため，寸暇を惜しんで大量のリーディング課題と格闘する日々の連続となる。海外生活を楽しむ余裕がなかなか持てないほど，かなり過酷な学業中心の学生生活となる。

　大部分の大学は，交換留学等の半年から1年間の長期留学制度を設けている。この場合，学生の習熟度に応じて，提携大学のESLコースにて英語運用能力の強化を図りながら，現地学生を対象とした専門科目の講義に参加する方式で科目履修することになる。専門科目を受講するための英語運用能力，特にリスニング能力が一定水準に達していない場合は，結果として，ESLコースにて英語科目のみを受講して留学が終わる場合もある。この場合は，他国からの留学生とともに受講をする機会を持つのみとなり，現地学生とともに講義を受ける機会を失うということになる。したがって，長期の交換留学等の場合は，派遣学生を選考し，留学に耐えられる一定水準の英語運用能力を備えていることを前提条件の一部とすることとなる。大学により状況は異なるものの，希望者を基本的に受け入れる短期留学の場合と異なり，ある程度の選抜機能が働いているのが，長期留学制度である。

　長期留学の利点は，英語運用能力の向上が大いに期待できることであるが，加えて，長期間異文化に身を置くことにより，異文化適応能力が磨かれるということも挙げられる。長期間滞在することにより，初めて見えるものがある。

短期留学の場合，この段階に達する前に帰国することになるため，この能力がそれほど強化されないという残念な結果となる。グローバル人材育成という観点では，長期留学は不可欠である。また，長期留学の場合，就職活動を視野に入れた上での海外滞在となる場合が多いため，学業と並行して，キャリア関係のフォーラム等に海外にて参加をする場合もあり，進路選択の点で，様々な体験をする機会を多く持つことが可能となる。短期海外留学経験者には，次のステップとして，ぜひとも長期留学に挑戦をしてもらいたいものである。

（4） 海外留学の滞在国

学生の中には，漠然と「とにかく留学がしたい！」と考えている者がいる。具体的にどの国に行きたいのか，また，行って何を学びたいのかといったことについては，特に何の希望も考えも無いのである。明確な目標は持っていないものの，何となく「行きたい！」という思いは抱いているようである。このような学生の場合は，海外語学研修のような短期海外留学に参加することにより，今後の目標が見つかることが期待される。大学が提供する海外語学研修は，すでに滞在国および滞在先が決まっている場合がほとんどであるため，漠然と海外体験を希望する学生にとっては，最適なプログラムである。学生によっては，個人的に希望する滞在国が明確となっている場合もあり，すでに滞在国が決められている海外語学研修は，魅力的とは言い難いと感じるようである。その結果，大学が提供する語学研修に参加するのではなく，個人で海外語学プログラムに申し込み，希望通りの研修地にて現地プログラムに参加するということになる。

近年では，どの大学にも海外語学研修プログラムがあり，英語研修の場合は，研修地が，英語圏のアメリカ，イギリス，カナダ，オーストラリア，ニュージーランド等となっている場合が多い。筆者が勤務する大学（経済学部）においても，海外語学研修を毎年実施。主として，イギリスおよびオーストラリアを研修地として，原則として，ほぼ隔年でどちらかの研修地を選び実施している。研修地が隔年で変わることにより，イギリスを希望する学生層およびオースト

ラリアを希望する学生層のニーズに応えることが可能となる。今夏は，オーストラリアにて実施したため，来年の夏は，イギリスでの実施となる。イギリスへの憧れが強い学生層は，来年の夏に語学研修に参加することが可能となる。毎年複数の国へ研修参加学生を送る制度が確立されれば，学生の選択の幅が格段に広がることは間違いない。

　どの国で留学体験をするのかについては，一見どうでもよいように思われがちであるものの，実は，留学の成否を決める非常に重要な要素となる。滞在国に否定的な見解を持って，留学をしてみても，充実した海外体験とはなりにくい。また，本人にとっては，苦痛以外の何物でもないということにもなりかねない。特に長期留学の場合は，様々な試練を乗り越える場面に遭遇する確率が高まるため，どのような困難な状況下にあろうとも，目標達成のために突き進む強い意志とそれを支える動機づけが必要となる。そのため，大学の交換留学等の場合は，交換留学生選考時に応募者に留学先の希望を慎重に確認することになる。そして，可能な限り，第一希望に添うように留学先を振り分けるようにするのである。交換留学先を多く持つ大学等では，留学先の規模や滞在国の地域差等にも配慮し，派遣学生との相性を見極める必要が生じる。海外留学を成功に導くためには，ホームステイ先との相性と同様，留学先および滞在国との相性も重視されるべき要素なのである。

2　海外語学研修プログラム

（1）　事前研修

　海外語学研修というと，参加学生が現地の英語プログラムに参加し，英語運用能力の向上を目指すというイメージで捉えられることが多い。確かに現地での研修が主となるわけであるが，忘れてはならないのが，この現地での研修を実り多いものとするためには，事前準備が重要な意味を持つということである。海外語学研修は，短期実施である。そのため，その性質上，貴重な時間と投資に見合うように，この短期間をいかに効率よく過ごすのかが重要となる。[2] 大学

により実施状況は若干異なるものの，大部分の大学では，何らかの形の事前研修に相当するものを実施しているようである。

　筆者が勤務する大学では，事前準備の授業として「海外研修A」という科目を設置し，渡航までに学んでおく必要のある現地の歴史や文化，社会，生活習慣等，また，現地にて必要不可欠となる英語での日常会話表現について担当英語教員（この場合，引率者）より前期に週1回のペースで指導を受ける。渡航までに必要となる様々な手続きや注意事項等も，この授業の一部分を利用し，国際交流センターの職員が担当する。主として海外経験のない参加学生を対象としているため，パスポートの申請方法から始まり，海外渡航への不安を取り除き，現地での生活にうまく適応するための準備に向けて，かなり細かく指導をしているのが実情である。近年は，学内にて危機管理セミナーを開催し，海外渡航予定の学生には，このセミナーへの出席を義務づけている。海外研修に参加する学生も，このセミナーに出席し，海外での危機管理について学習。この事前研修としての準備授業をすべて受講し，夏期休暇中に現地大学の英語プログラムに参加。現地プログラム修了時には，修了証書を授与され，無事帰国ということになる。これにより，研修参加状況に応じて，4単位が認定される。

（2）　**事後研修**

　ここまでは，おそらくどの大学でも実施していることではないだろうか。筆者の勤務する大学では，これで研修修了とはいかないのである。帰国後，事後研修として，例年，参加学生にスピーチコンテストへの参加を義務づけている。海外での貴重な体験について言語化し，大学祭に開催されるスピーチコンテストにて，現地研修を通して，異文化に触れて考えたことについて英語で発表する機会を持たせるのである。今年は，主催者側の事情により，スピーチコンテストへの参加が難しい状況となったために，現地大学の修了式にて，参加学生全員が，英語でスピーチを行った。キャンパス内の野外劇場にて行われた，40名近いクラスメートや現地教職員の前でのスピーチは，参加学生の現地での様々な異文化体験を聴衆と共有する場となり，非常に有意義なものとなった。

例年，学生を引率した担当英語教員がスピーチの指導にあたる。また，スピーチとともに，参加学生は，体験集用の英文エッセイを作成することも義務づけられている。これについても，引率教員が指導にあたる。ここまでをこなして，ようやく4単位が認定される。帰国をして研修修了，というわけにはいかないのである。

　この事後研修は，事前研修と同様，語学研修を強化するものとして重視されるものであると考える。海外での貴重な研修期間の集大成として，自らの体験について振り返り，言語化する過程は，参加学生の今後の飛躍にとって必要なものである。実施側としては，何らかの成果を求めたいという部分は確かにある。しかしながら，海外語学研修は，参加学生が，次のさらなるステップへ向けて飛躍するためのプログラムであるのだから，今後の継続した英語学習へとつなげていくための仕組みが重要となる。前述したように，語学研修での英語運用能力の飛躍的な向上は，長期留学と異なり，あまり期待できるものではない。しかしながら，この語学研修が成功したのかどうか，投資に見合うものであったのかどうかについては，参加学生の英語学習への動機づけが高まったのかどうか，長期留学へ挑戦したいという気持ちが高まったのかどうかを検証すれば一目瞭然である。

（3）　引率状況

　海外経験の無い学生を対象とした海外語学研修について，過去5回の引率経験から学んだことをもとに，筆者の勤務する大学における実施状況について概観をする。近年多くの大学が夏期あるいは春期休暇期間を利用して海外語学研修を実施している。しかしながら，英語教員が研修参加学生を引率し，4～5週間にわたる現地研修期間中，学生とともに研修地に滞在する体制を取っている大学は，非常に少ないのではないだろうか。教員が引率をする場合でも，第1週目まで滞在し，帰国。2週目以降は，参加学生のみが現地滞在し，研修修了後，学生のみで帰国するという方式での実施をしている大学の方が多いようである。大学によっては，第1週目と最終週のみ，教員が現地滞在する方式を

取っているところもある。大学により，引率教員の滞在期間は異なるようである。また，このような語学研修に引率教員無しで，参加学生のみで渡航し，現地研修修了後，参加学生のみで帰国する方式を取っている大学もある。参加学生に目標言語での問題解決能力がある程度備わっている場合は，引率教員は必要無いと捉えられる。問題に対処するための語学力が十分でない場合は，危機管理上，引率者を送らざるを得ないということになる。大学によりプログラム内容が異なるために，実施方式も多種多様である。

　筆者の勤務する大学では，引率教員が渡航から帰国まで，研修期間中，参加学生とともに4～5週間現地滞在をする方式を取っている。危機管理上，参加学生にとっては，安心であることこの上ない。そのため，参加学生の現地での様子を24時間体制で観察する機会に恵まれる。第1週終了後に引率教員が帰国をしてしまうと，研修状況については，帰国後に参加学生からの都合の良い断片的な報告のみを受け取ることになり，実態把握という点では，不十分ということになる。研修先の大学にしても，多くの外国人留学生を抱える中で，個別の事例について状況把握をすることは，至難の業である。また，都合の良いとのみの報告となりがちでもある。特に大きな問題が発生しない場合は，研修参加学生からの事後報告でも十分となるのかもしれない。しかしながら，想定外の状況が発生した場合は，瞬時に問題処理にあたる必要があるため，様々な点で，事実関係の確認等において困難を窮めることとなる。帰国後に参加学生に対してアンケートを実施し，研修プログラム改善のための参考とする大学は多いものの，実態把握については疑問が残る。研修期間がほぼ1ヶ月ともなると，24時間体制で研修参加学生の指導にあたる引率教員にとっては，かなりの負担となる。しかしながら，この経験により得るものは大きい。

　海外語学研修については，参加学生へのアンケートや英語運用能力測定試験により，研修の成果を動機づけや英語力の観点から測定する方法で検証するのが一般的である。客観的データとしては，確かに有益であるものの，アンケート結果や試験のスコアには炙り出されない部分もある。ここでは，筆者の過去5回にわたる海外語学研修引率経験をもとに，現地語学プログラムおよび参加

学生の意識変化について，現地での観察を通して得られた情報をもとに，海外語学研修の在り方について検証を試みる。

（4） 過去実施状況

　筆者の勤務する大学においては，前述したように，毎年夏期休暇期間中に海外語学研修を実施している。筆者が過去に引率した5回の研修は，1回を除くと滞在国および研修先がそれぞれ異なっている。また，滞在形態も，実施年度により，学生寮の場合とホームステイの場合と2通りに分かれる。ほぼ毎回引率する研修先が異なるために，常に新しい環境での滞在経験をすることになる。そのため，第1週目は，毎回現地での生活情報の収集等に追われることになるが，それはそれで新鮮でもある。

　表8-1で明らかなように，5回の引率のうち，3回はイギリス，2回はオーストラリアでの研修である。イギリスでの英語プログラムは4週間，オーストラリアでのプログラムは5週間となっている。オーストラリアの場合は，研修実施時期が現地大学の学期中と重なるため，キャンパスは現地の学生であふれ，研修参加学生は，活気に満ちたキャンパスライフを体験することになる。イギリスの場合は，現地学生の休暇中に研修実施となるため，キャンパスは閑散とした状態で，現地学生の姿はまばらである。その代わりに，社会人を対象とした生涯学習や様々な講座が開講されている。そのため，比較的年齢層の高い受講者やかなり年齢層の低いスポーツ関連の講座を受講する小・中学生等で，日中のキャンパスは，ある程度は賑わいを見せている。日没後は，ほぼ現地学生不在のキャンパスにて，参加学生同様，英語プログラムに参加している他国からの留学生とイベントやパーティーを通して，親交を深めることになる。しかしながら，週末の観光名所を巡る日帰り旅行が，かなり充実しているのはイギリスである。休暇中の現地学生がアルバイトとして外国人留学生を対象とした様々なイベントを企画運営し，週末観光のガイドも務め，現地に不慣れな留学生のケアにあたっている。滞在国により，研修実施状況は異なるが，それぞれに充実した研修プログラムであることは確かである。

表 8-1 海外語学研修実施状況（引率 5 回分）

	1	2	3	4	5
実施年度	2002	2004	2007	2011	2013
時期	7月〜8月初旬	7月〜8月初旬	8月〜9月初旬	7月末〜8月	8月中旬〜9月末
期間	4週間	4週間	5週間	4週間	5週間
滞在国	UK (England)	UK (Wales)	Australia (New South Wales)	UK (Wales)	Australia (Queensland)
研修先	A大学	B大学	C大学	B大学	D大学
滞在形態	学生寮	学生寮	学生寮	学生寮	ホームステイ
学期中	×	×	○	×	○
現地大学主催の小旅行	◎	◎	△	◎	×
小旅行代金	無料	有料	無料	有料	／
現地大学主催のイベント	◎	◎	○	◎	△
参加人数	10人	15人	11人	18人	10人

3 海外語学研修の比較分析

（1）研修先

　筆者が引率した 5 回の研修は，イギリスおよびオーストラリアの 4 大学の現地英語プログラムに参加する方式にて実施された。ここで，各研修先での実施状況について概観をすることにする。筆者が訪れた 4 大学は，それぞれ独自の素晴らしい英語プログラムを提供しているため，比較分析により優劣をつけることは，本考察の目的ではない。各大学の独自性を尊重し，日本の教育機関における海外語学研修を推進する上で，一助となることを期待し，比較分析を試みたいと考える次第である。

　語学教員が研修参加学生を引率するのは，まず第一に，危機管理上，現地でのあらゆる場面での語学力を生かした円滑なコミュニケーションを期待されているからであろう。語学教員でなくとも，語学力の高い引率者候補となる教員

は，少ないわけではない。参加学生を引率するという点では，語学教員に限定する必要性は特に感じられない。昨今では，キャンパスのグローバル化に伴い，語学に堪能な海外経験豊富な教授陣は増加傾向にあるのだから。しかしながら，語学教員であるからこそ，可能なことも確かにある。それは，現地での英語プログラムを観察することにより，自らの教授法を省み，海外研修プログラムのさらなる充実に向けて検証をする機会を持つことである。筆者の場合は，これらの4大学での滞在経験により，英語教育に関して多くのことを学んだ。現地での学生指導の合間を縫って実施されたFD（Faculty Development）とも捉えられる。FDと呼ぶほどの大げさなものではないにしても，個人的には，非常に有益な経験であったと受け止めている。語学教員を引率者として派遣することの利点の一つは，滞在経験で得た知見が，帰国後，勤務する大学の語学教育等に何らかの形で還元されるというところにあるように思われる。

（2） A大学での研修

イギリス（イングランド）南部にあるA大学で実施された語学研修は，実施時期が7月であったこともあり，主として，ヨーロッパ諸国からの多くの外国人留学生が集う国際色豊かな環境での体験となった。現地学生は，休暇中のため，キャンパスは英語プログラムを受講する留学生の姿が見受けられる程度で，比較的閑散とした状態であった。

参加学生は，プログラム初日にプレースメントテストを受験し，習熟度別クラスに分かれ，他国の留学生とともに英語授業を受講。日本からの参加学生は，筆者の引率した学生のみであったため，研修期間中は，多くの留学生と交流する機会に恵まれた。キャンパス内の学生寮には，英語プログラムを受講する留学生が滞在。そのため，キッチンやバスルームをシェアしながら，常に英語でコミュニケーションを図る場面が，至る所にあふれていた。パーティー好きの留学生が多かったことも手伝って，ほぼ毎晩パーティーが開催され，参加学生は，ヨーロッパからの留学生とかなり親密になったようである。英語のみならず，ドイツ語やスペイン語等を留学生から学ぶ等，様々な言語や文化に触れる

またとない機会となった。A大学は，小規模な大学であったため，結果として，キャンパスに集う留学生が一丸となり，まるで一つの大家族を形成したかのような親密な関係が築かれていた。

毎週末，イギリス南部の観光名所を巡る小旅行に他国からの留学生とともに無料で参加。小旅行は，実に充実していたと言える。アクセスが良いため，短時間で多くの観光地を巡ることが可能であった点も魅力の一つである。

(3) B大学での研修

引率2回目の研修は，イギリス（ウェールズ）にあるB大学で実施された。A大学と同様，イギリスでの研修である。同じイギリスであるものの，イングランドと異なり，ウェールズ独特の文化および言語に接する貴重な機会となり，参加学生は，イギリスの地域差について関心を持つこととなった。スーパーマーケットでふと耳にする言語（これがウェールズ語であるのだが）が，キャンパスで話されている英語と異なることに驚いてみたり，道路標識や町のあらゆるところで目にする表示が2言語併記となっていることに疑問を抱いたり。キャンパス内でウェールズ語を話す年配のグループに遭遇することもあり，ウェールズ語講座なるものが開講されていることを知り，ウェールズ語について関心を持つようになったようである。身近にあふれるウェールズ語。参加学生にとって，ウェールズでの研修が，その地域性ゆえに，単なる英語学習を超えた付加価値の高い研修となったことは間違いない。

B大学は，A大学よりも規模が大きい。そのため，比較的広大なキャンパスでの研修となった。学生寮の数も多く，夏期期間中に多くの留学生が英語プログラムを受講していたため，キャンパスの寮は，受講学生で賑わっていた。参加学生が滞在した学生寮は，空室の関係で，日本人学生のみを固めた部屋割りとなっていた。そのため，共同キッチンとバスルームをシェアする住環境は，日本語の飛び交う空間となってしまった。しかしながら，イングランド同様，ウェールズでも，現地学生が休暇中のため，他国からの留学生と交流する機会は至る所にあった。アジア，特に中国からの留学生が多く，ヨーロッパからの

参加は少数であった。チュニジアから教員志望学生の団体参加が同時期であったため，参加学生は，チュニジアの文化に触れる機会を持つこととなった。留学生数が多いために，毎週末，様々な国の食文化を紹介したパーティーが開催される等，交流のためのイベントが目白押しであった。英語授業についても，多様な国籍の留学生で構成されたクラス編成となっていたため，他国からの留学生と知り合う貴重な機会となったようである。

　A大学同様，こちらでも毎週末，イングランドやウェールズの観光地を巡る日帰り旅行が企画されていた。水曜日の午後にも，キャンパス近辺の観光地への半日旅行の機会があり，A大学よりも充実していたと言える。ただし，これらの旅行が有料であったことと，乗り物酔いの問題で，参加学生の中には，負担に感じた者もいたようである。イングランドと異なり，ウェールズの場合は，どこへ出かけるにしても，山岳コースのバス旅行となる傾向にある。片道3～5時間ほどバスに揺られ，山越えをして，ようやく目的地のイングランドまで辿り着くといったことは，珍しいことではない。B大学には，2回参加学生を引率した経験があるが，毎回乗り物酔いの参加学生が続出する。

　2回の引率とも，ロンドン研修を組み入れていたため，イングランドとウェールズの両方の地域性について考える絶好の機会となった。特に1回目の引率時には，研修の後半部分で，ロンドン研修を行い，列車にてロンドンへ向かったため，参加学生は，ウェールズとイングランドの違いを列車内にて感じる瞬間を体験。列車が定刻通りに到着しないということも学習する貴重な経験となった。

　筆者が2回目に参加学生を引率して同じキャンパスを訪れた際に，気づいたことがある。2011（平成23）年夏，7年ぶりにウェールズのB大学に戻ってきたのであるが，キャンパスは日本人学生であふれかえっていた。同時期に，複数の日本の大学からの団体参加があり，学生食堂では，日本語が飛び交っている有様であった。多くの日本人学生が海外にて英語プログラムを受講しているという事実に，グローバル化の波を感じたような次第である。

（4） C大学での研修

　オーストラリアのニューサウスウェールズ州に位置するC大学。これまでの現地学生不在の閑散としたキャンパスでの研修と異なり，現地学生であふれ返った活気あるキャンパスでの学期中の研修となった。これこそが，理想の語学研修の環境ではないかと，大きな期待を抱いて訪れた研修地である。広大なキャンパスは自然豊かで，キャンパス内を流れるせせらぎには，色鮮やかなオウムや野鳥が羽を休めに舞い降りる。まるで野鳥公園を散策しているかのような癒しの空間が広がる美しいキャンパスである。

　イギリスのA大学やB大学と比べると，かなり大規模な大学である。参加学生は，英語授業では，国際色豊かな環境で，他国からの留学生と交流。昼食時には，現地学生で混雑した複数の学生食堂にてクラスメートと交流を深めた。サウジアラビアからの留学生とは，ともに過ごす時間が長いために，次第に親密になっていったようであった。参加学生は，キャンパスからバスで10分ほどの学生寮に滞在。数名単位で，現地学生と共同の寮に滞在したため，共同キッチンの使用を通じて，現地学生と交流する機会を持つこととなった。しかしながら，現地学生と積極的に交流をした学生と日本人同士で固まりがちであった学生とに二極化していたようであった。現地学生があふれるキャンパスにいるという好条件を十分生かしきれない学生がいたことは，残念であった。現地学生とのコミュニケーションは，まだまだハードルが高いということなのだろうか。

　週末の観光旅行については，イギリスと異なり，特に留学生用のものが企画されているわけではなかった。結果として，引率教員が，旅行を企画し，毎週末シドニーを含めた観光地に参加学生を案内することとなった。イギリスと異なり，列車を使用することにより，近隣の名所を訪れることが可能であったため，アクセスに関しては，恵まれていたと言える。

（5） D大学での研修

　オーストラリアのクイーンズランド州にあるD大学での研修。こちらの大学

は，観光地のすぐ近くにキャンパスがあり，アクセスに関しては，申し分ない研修地であった。C大学と同様，学期中のキャンパスでの研修となったため，現地学生と知り合う機会にあふれていた。大学の規模が比較的小さいこともあり，同時期の英語プログラムを受講する日本人学生の多さが非常に目立った。日本の大学からの団体参加は複数あり，小規模であるために，キャンパスは日本語が飛び交う空間となっていた。そのことを物語るように，英語プログラムを担当する教員は，日本で英語教育に携わった経験のある場合がほとんどで，中には，日本語での簡単な会話能力のある教員も見受けられた。英語授業に関しては，現地教員が日本人学生の気質に理解があることを示すかのように，参加学生は，非常に満足をして楽しく受講をしていたようである。

　D大学での研修では，これまでの学生寮での滞在とは異なり，ホームステイ方式を取っていたため，参加学生の成長の過程に関して，非常に興味深い発見をすることが多々あった。日本人学生の多さは，語学研修をする上で，阻害要因となりうるのが常であるが，今回に関しては，問題とはならなかった。これは，滞在形態に大きく起因しているように思われる。ホームステイであったために，キャンパスを離れることにより，常に英語漬けの環境を確保することが可能であった。これが，寮での滞在となると，話は別である。ホームステイに関しては，参加学生とホームステイ先との相性の問題が常につきまとう。加えて，すべての参加学生が，まったく同じ条件のホストファミリーと生活をともにする機会を与えられるという性質のものではない。格差が生じることは，どうしても否めない。しかしながら，参加学生全員が，ホストファミリーに恵まれ，家族の一員として受け入れられ，愛情を十二分に注いでもらったことは，何物にも代えがたい喜びである。帰国日早朝の別れの涙が，そのすべてを物語っている。これまで引率したグループで，現地研修期間中，ここまで英語漬けになり，英語を積極的に使ったグループは初めてであった。引率者としては，参加学生の積極性と成長ぶりに，感動すら覚えるほどの充実した5週間であった。

　週末の観光に関しては，アクセスの良さを生かして，短時間に効率よく，観

光地ならではの多くの名所を巡ることが可能であった。大学側が企画したツアーは皆無であったものの，引率教員が企画したサーフィン体験を含め，毎週末，イベント参加や観光旅行にと観光地を満喫する充実ぶりであった。

（6）滞在形態の比較

　海外語学研修は，「語学」の研修である以上，語学力の向上において，どのような成果があったのかについて期待されるところである。英語研修ということになれば，当然のことながら，英語運用能力において何らかの向上があったのかどうかについて知りたいところである。海外語学研修に関する研究は，具体的な内容紹介から簡単な調査報告に至るまで，様々なものが発表されている。英語運用能力の向上に関する研究についても，すでに分析がなされている。しかしながら，Day（1987）やMilleret（1990）が主張するように，1ヶ月以下の語学プログラムでは，英語運用能力の向上を評価することは難しい。参加学生の英語学習に対する姿勢や意欲の変化，また，英語圏文化に対する理解度や容認度の向上といった心理的要因や社会文化的側面については，多くの研究がなされ，海外語学研修が有効であることがすでに証明されている。

　筆者の5回の引率経験のうち，1回は滞在形態がホームステイ，4回は，学生寮であった。ここで，滞在形態の違いと参加学生の英語使用頻度との関係について分析をしてみることにする。第一に，参加学生の英語音声のインプット量に関しては，表8-2にあるように，圧倒的にホームステイを経験した学生の方が多かった。現地到着後，即ホストファミリーと過ごすことになり，英語漬けの環境を体験することになる。平日は，ホームステイ先での朝食および夕食時，そして，週末にも，ホストファミリーと過ごす時間を持つことが可能である。一方，学生寮の場合，日本人学生を固めた部屋割りの場合には，日本語のみで過ごす時間が多くなるという残念な状況となる。ルームメイトが日本人の場合は，状況は一層厳しくなる。意識的に英語を使用する努力をしない限り，研修が有意義なものとはなり得ない。現地学生と共同キッチン等で交流する機会がある場合は，それなりに英語使用の頻度が上がる。しかしながら，他国の

表8-2 滞在形態の比較

	ホームステイ	学生寮
英語音声インプット量	多い	少ない
英語使用頻度	多い	少ない
現地文化・習慣を学ぶ機会	多い	少ない
リスニング難易度	高い	普通
英語母語話者との交流	多い	少ない
留学生との交流	普通	多い
自由度	低い	高い

　留学生との共同生活の場合は，英語使用の機会には事欠かないものの，現地の文化や習慣等を学ぶことは難しいという状況に陥る。したがって，英語使用の機会は，ホームステイ方式での実施の方が多くなるという結果となる。ただし，ホームステイ先でのコミュニケーションがうまくいかない場合は，この限りではない。

　ホームステイの利点の一つは，その言語が話されている文化的背景について，生活体験を通して学ぶことが可能となるということである。現地のホストファミリーと生活をともにすることにより，初めて見えることがある。参加学生の中には，テーブルマナーの違いや皿洗いの方法が日本と違うことに感銘を受けた者もいる。また，新聞配達の方法の違いに驚くこともあったようである。このような日常の些細な生活習慣の違いを体験を通して学ぶことは，英語が使用されている文化や社会について理解をすることに通じるのである。

　また，同じ英語学習者である留学生と英語で会話をする場合と英語母語話者であるホストファミリーと会話をする場合とでは，リスニングの点で難易度は異なる。後者との会話の方が，はるかに難しいということになる。事実，参加学生は，初めのうちは，発話速度の速さに戸惑うことが多かった。しかしながら，聞き取れない場合には，紙に書いてもらう等，常に理解をするための努力をしていたことは評価に値する。吉村・中山（2010）が指摘するように，「何が話されているのか，何が書かれているのかを理解するように努力をしなけれ

ば,『できる』ようにはならない」のである。速度の速い発話に接する機会が多いために,自らの英語運用能力の低さに落ち込み,そこから奮起し,英語学習への動機づけがさらに高まる傾向が見受けられた。日々英語と格闘する学生の姿に,思わずこちらの方も熱いものが込み上げる。ここで忘れてはならないのが,学生をここまで英語学習へ駆り立てたものの存在である。一つには,ホストファミリーから注がれた愛情が挙げられる。参加学生が,家族の一員として受容されたという認識を持った時に,英語学習への動機づけが高まったのではないだろうか。[3]

　英語運用能力の向上,そして現地の文化や社会に対する理解を深めるためには,ホームステイは理想的であると言える。しかしながら,欠点もある。共同生活であるために,門限や夕食時までに帰宅する必要があること等,自分のペースでの生活体験は難しい。オーストラリアでのホームステイの場合は,水不足が深刻であるために,シャワーの時間が4分と設定されている場合が多い。様々な点で制約のある共同生活となる。自由な時間を持ちたい場合は,学生寮での滞在が快適となる。海外語学研修に何を求めるのかにより,優先するものが自ずと決まることになるのであろう。

（7）　研修期間の比較

　大学により,海外語学研修の期間は様々である。英語運用能力の向上のためには,期間が長ければ長いほど効果的であることは,明らかである。筆者の引率経験から言えることは,語学研修には,最低でも4週間は必要であるということである。研修第1週目は,新たな環境への適応期間となる。現地での生活基盤を確立するためのオリエンテーションや買い物等に追われ,落ち着いて英語学習に集中することは難しい。第2週目あたりになると,ようやく現地生活に適応し,行動範囲を広げることが可能となる。英語学習への集中開始時期である。第3週目以降は,現地生活への慣れから,異文化に対する不満が少しずつ出始める時期となる。ホストファミリーとの相性を含めた諸々の問題も,この時期に表面化する場合が多い。また,個人差があるものの,日本食が恋しく

なるのも、この時期である。語学研修が4週間のプログラムである場合は、第4週目には、帰国準備に取り掛かるため、落ち着いて英語学習に集中することが困難となる。その場合は、集中して英語に向かう期間は、2週間のみということになる。これが5週間のプログラムの場合は、3週間の集中学習期間が確保される。オーストラリアでの5週間の語学プログラムは、この点で、参加学生の英語運用能力の向上、そして、英語学習への動機づけや意識変化において、研修期間としては、適当であったと言える。吉村・中山（2010）は、研修期間について、「3週間ではやっと英語のエンジンが調子よく動き始めたところで研修が修了することになってしまい、『もったいない』と感じた」と3週間の語学研修の短さについて指摘している。2～3週間の語学研修を実施している大学は多い。研修の目的により、実施期間は異なるのであろうが、語学習得が目的の場合は、2～3週間の語学研修では、研修期間としては、不十分ということになるのではないだろうか。

④ 海外語学研修の活用

（1） 海外語学研修の在り方

近年は、多くの教育機関にて海外語学研修が実施されている。海外語学研修プログラムを金銭的および時間的投資に見合うものにするために、どのような点に留意すべきなのだろうか。筆者の過去5回にわたる引率経験より、海外語学研修プログラムのより一層の充実のために必要不可欠となる主な留意点について論じることにする。

① 大学1、2年次生参加の奨励

実施年度により参加学生の学年構成比は異なるものの、英語運用能力の向上および英語学習への動機づけの観点からすると、大学入学生および大学2年次生への語学研修参加を奨励することは非常に重要である。吉村・中山（2010）は、海外語学研修参加学生のテストスコアの分析結果より、研修後の大学1年次生のスコアが、3、4年次生のスコアより高いことを指摘。「受験勉強で得

た語彙や文法が語学研修における重要な基盤として英語力の向上に役立ったのではないか」と推測している。また，「受験勉強で築いた英語力の基盤が後退しない内に訓練することで，効率よく能力を向上できる」と主張する。英語運用能力における伸びが大きかったのは，大学1年次生ということである。つまり，海外語学研修は，大学1，2年次に参加することが望ましいということになる。

1年次生については，入学後の経済的に負担の大きい時期と重なるため，思い切った投資が難しいところであるが，投資の価値は十分あると言える。また，海外語学研修が，次の長期海外留学への踏み台としての重要な役割を果たすことを勘案すると，当然，大学1，2年次生での挑戦が重要となることは明白である。このことは，英語学習に限らず，大学全体のカリキュラムとして昨今各大学が強化を図っている初年次教育についても，同様のことが言える。「鉄は熱いうちに打て」である。

② 英語使用機会の確保

滞在形態により英語使用の機会が異なることは，前述した通りである。ホームステイでの滞在を選択するのか，学生寮での滞在を選択するのか。研修先により状況は，多種多様である。鹿浦（2007）は，日本で日本語を学ぶ留学生への調査結果より，「ホームステイの環境は消極的な留学生にも否応無しに日本語を話さなければならない環境にあり，文化習慣を吸収するよい動機付けにもなる」と指摘している。また，「お互いの努力でスピードにも慣れて，聞き取り能力が上がった事例が多い」とし，日本の学生寮（セミナーハウス）に滞在するおとなしい消極的な留学生の場合，日本に滞在している利点を生かし切らずに，日本語の授業で習った日本語を応用する機会を逸するという問題について指摘。同様のことが，英語圏で英語を学習する海外語学研修参加学生についてもあてはまる。このような問題点を踏まえ，参加学生が，研修期間中，英語使用の機会を多く持つために，大学側として留意すべきことは，何なのだろうか。この点については，以下の通りである。

ホームステイでの滞在の場合，参加学生とホームステイ先との相性が研修充

実度の成否を決めると言っても過言ではない[6]。そのため，渡航前の段階において，このマッチングを念入りに行うことが重要となる。学生の喫煙習慣やアレルギー等，かなり多くの項目についての組み合わせを行うことになる[7]。筆者の経験では，研修先の大学スタッフとの現地および筆者の勤務大学での打ち合わせ等，国内外にて緊密に連携することにより，より充実したプログラムが構築されているように思われる。

　また，ホームステイの場合は，携帯電話を使用することにより，英語使用の機会がさらに拡大する。帰宅時間等の連絡をする機会が多いため，参加学生とホストファミリーとが携帯電話等により相互に連絡を取り合う機会が格段に増す。今夏筆者が引率した参加学生は，全員が携帯電話を使用。このことにより，引率教員やホストファミリーと英語によるメール連絡の機会が増加。携帯電話は，英語学習の支援ツールとしての役割を果たすこととなった。

　学生寮の場合は，参加学生の積極性により，英語使用の機会が大きく異なる。参加学生に積極的に英語を使用するように指導することも可能ではあるが，むしろ，大学側として，英語使用の機会を増やす仕組みを構築しておくことも一つの方法である。例えば，現地大学の異文化に関心のある（可能であれば日本語学習者である）学生に英会話パートナーになってもらい，参加学生と定期的に会話をする機会を提供するバディ制度等。前述したC大学（オーストラリア）では，2012年度研修参加学生が，この制度を利用し，英語使用機会を拡大した。本来は，参加学生が自ら積極的に現地学生とコミュニケーションを図るべきなのだが，これが意外に難しいというのが，現実である。

　③　研修を次のステップへつなげるための仕組み

　海外語学研修は，飛躍的な英語運用能力の向上には，期間が短すぎる。しかしながら，英語学習への動機づけについては，目覚ましいものがある。研修期間中に高まった英語学習への動機づけを研修後も持続させていくためには，次の高次な目標が必要である。また，研修期間中に飛躍的ではないにしても研修前よりは伸びた英語運用能力を保持し，向上させていくためには，持続的に英語学習をする機会が不可欠である。そのためには，参加学生が受講するための

英語科目がカリキュラムに設置されていることが重要となる。特に，英語でのプレゼンテーション等，すべて英語で行う発信型の英語運用能力養成のための英語科目が不可欠である。また，受講学生の文化的背景や国籍が多様化している場合は，より一層，英語使用の機会が拡大されることになり，日本人学生にとって，理想的な英語学習の場となる。継続した英語学習により，次のステップである長期海外留学へとつなげていくことが重要であり，そのための仕組みを構築することが求められている。

(2) グローバル人材育成に向けて

　企業の海外進出加速に伴い，グローバル人材の確保が急務となっている。2004（平成16）年に海外留学をした日本人の数は8万2,945人と過去最高を記録。しかしながら，2007（平成19）年以降は日本人留学生の減少傾向が続いている。昨今の大学生が，海外留学に関心を示さない要因は，様々である。そのうちの一つに，就職活動への影響が挙げられる。早期化により，大学3年生の10月より開始となった就職活動。その後，開始時期を遅らせて，大学3年生の12月。しかしながら，経団連は，大学生を対象とした企業の採用活動開始時期を，現在より3ヶ月遅らせる内容の新たな指針を発表。これによると，会社説明会など広報活動の解禁を大学3年の3月（現在は大学3年の12月），面接や筆記試験などの選考開始は4年生の8月（同4年生の4月）に繰り下げる。就職活動の長期化で，学業などに負担がかかる現状を懸念する政府の要請を受けた措置である。この措置は，現在の大学2年生から適用される[8]。これにより，海外留学に関心を示さない要因の一つについては，解決されることが期待される。交換留学等への応募をためらっている学生層が，海外留学を一つの選択肢として捉えることが可能となる。

　また，海外留学が近年の大学生に敬遠されるもう一つの要因として挙げられているのが，留学への金銭的および時間的投資に見合うメリットの無さである。つまり，企業が留学体験をあまり評価しない現実があるということである。これについては，現時点で，この状況を改善するための大きな動きが進行中であ

る。文部科学省は，2014（平成26）年度より，大学生の海外留学を促進するため，企業と連携して留学経験者の就職を有利にするプロジェクトを実施する方針を決定。「グローバル人材育成コミュニティー」構想の立案である。来年度当初予算の概算要求に，前年の3倍に相当する大学生3万2,500人，高校生3,600人を対象とした留学奨学金事業153億円を計上。企業には，「欲しい人材」に沿った形の奨学金を創設してもらい，国の制度と組み合わせて留学を希望する学生の負担を大幅に軽減する。参加企業は学生を選抜し，留学前後には研修を開催。留学修了者を対象としてインターンシップや企業説明会を実施し，留学と就職を結びつける。研修過程で学生と企業が「相思相愛」となれば，入社の可能性も高まる。参加企業間での情報交換も促し，留学経験がある学生は，広く企業から内定が得やすくなるという。2014（平成26）年秋にも最初の留学生を送り出す予定とのことである。

　産業能率大（東京都）が今春の新入社員を対象にグローバル化への意識を調査した結果，海外勤務について「消極派」と「積極派」の二極化が進んでいることが明らかとなった。海外勤務が身近になる中，自分の成長のチャンスと捉える積極派に対して，語学力や海外生活への不安を感じる消極派という構図が浮かび上がる。12年前に実施した同様の調査結果と比べると，消極派が倍増。これについて，産業能率大は，「海外赴任が近年のグローバル化の中でより現実的に認識されるようになったからではないか」と分析する。新入社員の「内向き志向」。この傾向に逆行するかのように，企業のグローバル化は確実に加速している。

　日本経済の競争力を高めるグローバル人材育成については，課題山積である。しかしながら，大学が提供する海外留学制度の活用により，英語運用能力の向上のみならず，多様な価値観を理解・尊重し，自分の意見を国際舞台で主張できる人材育成が可能である。今後，求められる人材がより多く社会に輩出されることを願って止まない。

第 8 章　グローバル人材育成と海外留学

●注

(1) 吉村・中山（2010）によると，「海外留学しさえすれば英語がうまくなる，英会話が出来るようになる」というのは誤りである。「外国語習得はそんなに容易に，そして首尾よく達成できるものではない」とし，「英語を用いて話さなければ，会話能力（スピーキング）は身に付かない」ことを指摘。また，「海外では英語を聞いたり話したりする機会は増えるが，何が話されているのか，何が書かれているのかを理解するように努力しなければ，『できる』ようにはならない」ことを主張。積極的な学習の必要性を説いている（3ページ）。詳細については，吉村・中山（2010）を参照。

(2) 吉村・中山（2010）によると，「短期留学は特に時間に限りがあるため，その機会を効率よく利用しなければならない」ということである。そのためには，「目標に沿って学習内容を選択する必要がある」と主張している（5ページ）。

(3) Matsumoto（2009）は，外国語学習の動機づけについて，海外語学研修参加学生の意識変化について調査をし，「学習者が受容されたと感じることにより動機づけを高めた」ことを論証。詳細については，Matsumoto（2009）を参照。

(4) テストスコアの分析結果の詳細については，吉村・中山（2010）を参照。

(5) 鹿浦（2007）は，ホームステイをしている学生の日本語能力は，していない留学生と比べて，「自然な発音，会話能力，応用力があるという点で優位性が見られる」ことを指摘。「クラスで習ったことをその日のうちに実際に使える，聞けるという理想的なホームステイの環境において，ホームステイ家族の支援，日本語教員の支援を得て，また，日本語教員とホームステイ家族の連携した支援を得て留学生の自発的な努力をもってすれば，ホームステイ家族と留学生のコミュニケーションが密に行われ，さらなる日本語学習効果を得られる」ことを主張（106ページ）。

(6) 吉村・中山（2010）は，3週間の海外英語研修への参加学生を対象としたアンケート結果より，週末のホームステイが「英語学習への意欲や英語力の自信の向上」，そして，「英語コミュニケーションに対する積極的な態度の育成に役立った」ことを指摘。このような制度を積極的にプログラムに組み入れる必要性について説いている（29ページ）。

(7) 廣田・岡（2009）は，日本語を学習する留学生を受け入れた日本人ホームステイ先に対して実施されたアンケート結果より，マッチングについて，ホストファミリーの語学能力よりも「社交性や基本的におしゃべりなのか無口なのかといったコミュニケーションのパターンに注目した方がよい」と指摘している。また，同様のことが留学生にもあてはまるとし，コミュニケーションパターンに注目し，可能な範

囲でマッチングの参考にしていく必要性について言及している（179ページ）。
(8) 『毎日新聞』2013年9月14日付朝刊。
(9) 『毎日新聞』2013年10月21日付朝刊。
(10) 『毎日新聞』2013年10月21日付夕刊。

●参考文献

Day, J. T. (1987). Student motivation, academic validity, and the summer language program abroad: An editorial. *Modern Language Journal*, 71, 261-266.

廣田陽子・岡益巳（2009）「週末型ホームステイ実施方法の改善に向けて」『岡山大学経済学会雑誌』第41号(3), 1〜17ページ。

Matsumoto, E. (2009). Motivation in language learning: Changes through overseas experience. In K. Yoshimura (Ed.), *Aspects of the future of cultural exchanges: Interactive thinking for easing cultural conflicts*. (pp. 385-394). Osaka: Osaka Kyoiku Tosho.

Milleret, M. (1990). Evaluation and the summer language program abroad: A review essay. *Modern Language Journal*, 74, 483-488.

鹿浦佳子（2007）「ホームステイにおける日本語学習の効用——ホームステイ，留学生，日本語教員の視点から」『関西外国語大学留学生別科日本語教育論集』第17号，61〜112ページ。

鹿浦佳子（2008）「ホームステイする学生は成績がいい！　ホームステイをすると成績が上がる？」『関西外国語大学留学生別科日本語教育論集』第18号，99〜134ページ。

白畑知彦・若林茂則・須田孝司（2004）『英語習得の「常識」「非常識」』大修館書店。

恒吉僚子（2005）「国際化と教育——『内なる国際化』の視点と日本の教育」『季刊家計経済研究』Summer No. 67, 40〜48ページ。

吉村紀子・中山峰治（2010）『海外短期英語研修と第2言語習得』ひつじ書房。

第9章
大学生のコミュニケーション力とその諸問題

三宅　義和

1　コミュニケーション力の捉え方

　近年，大学生のコミュニケーション力が低下している，とよく言われている。自分から声をかけるのが苦手だ，直接話すよりもメールを多用する，人前でうまく話せない，面接が苦手である，自分の気持ちをうまく表現できない，友人が少ない，本音をぶつけ合えるような友人がいない，敬語をうまく使えないなど，この例には枚挙に遑がない。ただ，この力が不足していたり欠如していたりすると，学校，職場，コミュニティで不適応になりやすい。社会でより良く生きていくためには，コミュニケーション力は欠かせない。

　『大辞泉』[1]によると，コミュニケーションとは「社会生活を営む人間が互いに意思や感情，思考を伝達し合うこと。言語・文字・身振りなどを媒介として行われる」と定義されている。このことからもわかるように，われわれはコミュニケーション力という言葉を，おおよそ周囲の人と意思疎通をはかる力という意味で何気なく使っていることが多い。しかしながら，この言葉は意外と多義的であり，人によってその使い方や意味するところが大きく異なっている。自分の気持ちをうまく伝えるための力と思う人もいれば，周囲の雰囲気を的確に読んだ上で適切な言動を行える力と捉える人もいるだろう。あるいは，目上の人に対してきちんとした態度や礼節を持って会話できる力というものを思い浮かべる人もいるかもしれない。それゆえ，コミュニケーション力について語る時，どうしても議論がかみ合わないことが多くなる。この言葉の多義性が示

すように，大学生のコミュニケーション力に関して議論されるべき話題はたくさんある。この章では以下の3つの問題を取り上げ，次節以降の紙上で述べていきたい。

　1つ目は，青年期の友人関係について。青年期の友人関係は近年変化したと言われる一方で，以前とさほど変わっていないという両方の主張が存在する。この十数年の社会の急激な変化は若者のメンタリティに大きな変化をもたらしたが，このことが若者のコミュニケーションの仕方をも変化させ，その結果，青年期の友人関係が多様化していること，そして先ほどの主張対立は矛盾するものではなく，多様化という現象の中の異なる側面にもとづいた主張であることを，青年心理学および青年社会学の知見によって述べていくことにする（第2節）。

　2つ目は，就職活動における大学生のコミュニケーション力の問題について。コミュニケーションは友人や家族などのプライベートな間柄だけではなく，学校，職場などの社会的場面でも行われる。ただ，後者におけるコミュニケーションでは，その状況に応じた決まり事や約束事が伴う。例えば，上下関係のある間柄に関しては適切な敬語の使用や，職場ではビジネスマナーが，また社会一般ではその社会を円滑に維持していくための暗黙のルール，いわゆる社会常識などがそれにあてはまる。大学生が就職活動をする際，コミュニケーション力の問題が話題となるが，なぜ，このような問題がクローズアップされるのか，また具体的にはどういうところに問題点を抱えているのか，また，その対応としてどのような方法が可能か，ということについて述べていく（第3節）。

　3つ目は，発達障害の学生が抱える問題について。この障害を有する学生の場合，ある特性の偏りや遅れゆえ周囲の者とのコミュニケーションに問題が生じやすい。例えば，会話に付随する気持ちや感情を察することが苦手なため，また，やりとりを行う際の暗黙のルールがわからないため，親密な関係を築いたりそれを維持したりするのが難しくなり，結局その集団から孤立してしまう。これは発達障害の中でもアスペルガー症候群と呼ばれる者が抱える典型的な例であるが，今ではこのような学生が大学生の間で比較的多く見られるようにな

った。今の大学には発達障害の学生がどれほどいるのか，この問題に関する大学の現状とその対応の在り方について述べていくことにする（第4節）。

2　青年期の友人関係について

（1）若者のメンタリティの変化

　この十数年間で起きた社会の急激な変貌は，若者のメンタリティに大きな変化をもたらした。この変化は，若者同士の友人関係や上下との人間関係，または就職活動まで様々な状況においてまでも大きな影響を及ぼした。では，若者のメンタリティやコミュニケーションの仕方にどのような変化が見られるようになったのか。以下，列挙していく。[2]

　①　強まる同調志向

　青年期にさしかかる頃になると，他者からどのように見られているのかということに敏感になり，周囲の雰囲気に配慮しながら行動するのが特徴である。この特徴は以前の若者にも見られたものであるが，以前よりもましてこの傾向が強まってきており，「空気を読む」[3]ことの重大性が自明視されている。土井（2004）によると，自己の根拠を刹那的な衝動に置く者は，自分の能力や努力で培ってきたものに支えられることがないので，本当の意味での自己肯定感が乏しい。そのため，周囲の身近な者からの絶え間ない承認が必要となって，異様なまでの気遣いを行うようになる。

　②　内集団と外集団の関係性の逆転

　自分をさらけ出すことで，時にはぶつかり合いながらも互いに認め合っていく，このような形で成立するのが以前の青年の友人関係であった。この関係は一度成立してしまうと，気がねなくつきあえる間柄になることを意味していた。しかし，現代青年の場合，友人のように自分にとって内集団である人間であればあるほど，彼らとの関係をこわさないように気を遣う。なぜならば，本当の意味で自信のない者にとって，友人たちは自分の存在価値に承認を与えてくれる数少ない源泉であるからである（土井，2004）。その一方で，友人や家族以外

の人々など，外集団の者からどのように見られているのかについては無頓着，無関心である。外集団の者であればあるほど気遣いや配慮を見せるのが常であった以前の青年とは対照的である。現在の青年は彼らが人として存在していないかのように振る舞ったり，自分の行為が礼を失する行為かどうかという吟味を欠いていたりするような場合も少なくない。これは，内集団の関係維持に心理的なエネルギーを注ぎこんでしまって，外集団にまで気遣いする余力が残されていないという指摘もある。

③　内閉志向

他者と真剣にかかわり深い交友関係を築くならば，互いにそれなりの傷つきを覚悟しなければならない。逆に言うと，この傷つきを避けたいのなら，初めから他者と深くかかわらないほうがよい。深くかかわることは，自分だけではなく他者も傷つける行為となるからである。このような考え方にもとづいてなされる表面的な関係は「やさしい関係」（土井，2004）と呼ばれている。このメンタリティにおける根本的なダイナミクスは，強い内向きの力である。社会的場面におけるコミュニケーションは，自分の価値観と同じ人あるいは近い人との間ではなく，むしろ異なる価値観を持つ人との間にこそ求められるものである。ゲーム，ネット，ソーシャルメディアの類[4]は，自分とは本質的に異なる他者とコミュニケートする煩わしさから解放してくれるが，これらの出現がさらに内向きの力を強めている。

④　根拠のない自己肯定感

ありのままの現実を見ようとせず，一部の限られたポジティブな側面を強調することによって得られる自己概念や世界観のことを「ポジティブ幻想」と呼んでいる。この幻想には，自分を実際以上にすごい存在だと見なすことや，非現実的な楽観性を持つことなどの特徴があるとされている[5]。また，これと類似の概念である「仮想的有能感」（速水，2006）は，周囲の他者を根拠なしに見下すことによって得られる自己肯定感のことであり，今の若者はポジティブ幻想や仮想的有能感が強いとされている。自分を肯定的に捉えたり将来に対し楽観的であったりすることは，メンタルヘルス的には悪いことではない。しかし，

根拠のない自信や楽観さを抱くことは，学生でいられる場合は問題化しにくいが，社会に出ていかなければならない時，それは危険きわまりのない囚われとなる。これらの根拠なき自己肯定感の背後に，本当の意味での自信のなさとそれをカムフラージュしたいという心理が潜んでいる。

⑤ 人間関係の外発的動機づけ化

得をすることならその行動をする，逆に得にならないことや損をするのならそのような行動はしない，という原理にもとづいて行動する者が極めて多くなった。これが人間関係に適用されるとどうなるであろうか。自分から話しかけるということは，必ずしも肯定的な反応が得られるとは限らず，リスクを伴う投資行動となる。そうなると，自分から話しかけるという行動が減少する。若者が初対面の人や目上の人にコンタクトする時，直接的に話すよりメールで用件を伝えることが多くなったが，これにより相対する時の心理的コストを減らしたいという気持ちが働いている。

総じて言うと，外集団との関わりを避け，現実の自分に向き合わないですむようなダイナミクス，いわば内閉する力によってコミュニケーションは大きく変質したと言えるのではなかろうか。このようなコミュニケーションの変化は，青年期の友人関係における多様なパターンを生み出すこととなったのである。

（2） 現代青年の友人関係について

青年期における友人関係は極めて重要である。というのも，それが社会化を果たす上で重要な役割を果たすからである。松井（1990）はその機能について以下の3点を指摘した。1つ目は安定化機能である。青年期になると心理的に両親から距離を置くようになるが，友人はそれによって生じた不安感や孤独感をいやすためのリソースとして機能する。2つ目は，その友人を通して自分の長所や短所について知ることができる，いわば，自己認知のためのモデルとして機能している。3つ目は，友人との交流を通じ，そして傷つけ，傷つけられる経験によって，より豊かな社会的スキルを学習することが可能となる。青年が成長していく過程で社会化が促進されるために友人の役割が欠かせないのは，

今も昔も変わらない。

　ただ，今の青年の場合コミュニケーションの仕方に変化が生じ，先述したような友人の役割が機能不全的なトーンを帯びている。むろん，友人関係がうまくいっている者も少なからずいるだろう。しかし今の青年の友人関係を全体的に捉えようとすると，従来的な見方だけで捉えることができない。この様相を多様化という現象として捉えるとどうなるであろうか。

　岡田（2007）は，現在の青年は友人関係の築き方によって3つのタイプがあると指摘している。

① 群れ指向群

　友人選択の基準は，遊び仲間としての適性があるかどうか。深刻な話題は避け表面的な楽しい関わりを求める。このような関係によって，友人関係を築いている者は，群れ指向群と呼ばれる。

② 関係回避群

　意見や好みがぶつからないよう，あたりさわりのない会話を好む。傷つけたり傷つけられたりすることを恐れる心理が強く，他者との関わり合いからひいてしまう。友人がいるとすれば，物理的に近いかどうか。このような在り方によって友人関係を築こうとしている者が，関係回避群である。

③ 個別関係群

　多くの友人より，自分の内面を明かし真剣な議論もできる一人の友を求める。以前の青年と同様に友人と深く関わることを旨とする。友人を選ぶ際には，価値観が一致するかどうか。このような関係によって，友人関係を築いている者が個別指向群である。

　今の若者の友人関係は以前の若者と何ら変わりがないという指摘がある。それはたしかに部分的な正しさは反映しているが，全体的には内閉化というダイナミクスにより，ひきこもり的な者からコミュニケーションが活発な者まで，全体的に多様化してきているというのが実状である。この岡田の指摘した3分類は，青年の友人関係のパターンをうまく捉えており，筆者の経験や実感とも一致する。この3分類について筆者の解釈を加えたものを，表9-1に図示す

第9章　大学生のコミュニケーション力とその諸問題

表9-1　友人関係の3タイプ

群れ指向群	関係回避群	個別関係群
中心に描かれているのは自分自身である。周囲にはいつも群れている仲間がいるが、内閉へのダイナミクスが強く働くことで、その仲間以外の者との関係は強く閉ざされている。	中心に描かれているのは自分自身である。周囲には友人が（ほとんど）いない。内閉へのダイナミクスが強く働いていることで、外の者との関係は強く閉ざされている。	中心に描かれているのは自分自身である。周囲には価値観の一致する程度に応じて友人関係が広がっている。内側へのダイナミクスはさほど働いておらず、外の者との関係は開かれている。

出典：岡田（2007）の知見をもとに筆者が図示したものである。個別関係群を重層的に描いているのは、この群に属する者たちは古典的な青年のパターンであるとも考えられ、友人選択においては価値観の一致する程度に応じて、友人関係が多層的であるという筆者独自の考えを取り入れているためである。

る。

　かなり以前の大学生であるならば、飲み会や食事会も簡単に成立した。幹事を行うほどの労ならそれを厭わなかった学生も少なくない。しかしながら、今ではそれぞれの個人が自分の都合のよい日を譲らず、それ以外の日を調整するということをしないため、飲み会などの集まりの日時を決めるのも難しい。そして、この日程調整を教員に平然と依頼することも珍しいことではない。[7]学生同士コミュニケーションを求めている一方で、自分好みの関わり方を他者に求め自分のスタンスを変えようとしない。このような者が多くなれば、なかなかコミュニケーションは成立しないであろう。なぜならば、コミュニケーションを円滑にするための秘訣は、半分は他者の主張を受け入れ、もう半分は自分の主張をきいてもらうことにほかならないからである。

　表9-2は、コミュニケーションに関する心理的諸相を、以前の若者と現代の若者別に記している。ここで気をつけたいのは、この表は以前の若者と現在

表9-2 コミュニケーションの諸相における以前の青年と現在の青年の比較

	以前の青年の特徴	現代の青年によく見られる特徴
内閉の力	あまり見られない	全体的に内閉
エネルギー	強い	全体的に弱い
内省傾向	強い	人による(弱い者〜強い者まで)
"やさしさ"という意味	相手のことをいたわる,慈しみの気持ち	傷つけ(られ)ないように,気を配ること
"努力"という意味	結果の良否にかかわらず,それに何らかの労力を傾ける	(結果が伴うとされる)手順に従って,着々とこなす
友人関係	重層的	群れ,孤立,重層的

出典:筆者作成。

の若者との単なる比較ではないということ。今の若者は以前の若者と同じような心理的諸相をベースとしながらも,内閉化,傷つきへの恐れ,効率化,二極化などのダイナミクスという影響を受けることで,友人関係が多様化していることを示している。若者のコミュニケーションは何ら以前とは変わらないという言説が展開される一方で,このダイナミクスの影響により,若者のコミュニケーション力が社会問題として取りあげられる事態を生んでいる。

3 就職能力としてのコミュニケーション力

(1) 大学生の就職難の原因

今は,大学生にとって就職が困難な時代である。そのひとつの原因として雇用慣行の変化が挙げられる。1990年代半ば,日本的経営の特徴のひとつであった終身雇用制がこれからの社会では必ずしも必要でないという考え方が示され[8],企業における中核的な社員つまり長期において雇用が保障される社員の割合が以前ほどではなくなっていった。この在り方は,大卒労働市場にも影響を与えた。終身雇用や長期雇用に資する人材や,即戦力的な人材を望む傾向が強くなった結果,正社員としての雇用可能性水準が押し上げられた。が,やはりそれ以上に景気の影響は大きいと言わざるを得ない。1990年代初めのバブル崩壊以

降，わが国は長期の不景気にあえいできたわけだが，2008（平成20）年のリーマンショックにおいて，世界の景気が減速，日本の大卒労働市場にも大きく影響を与えた。この年には内定取り消し問題がニュースでも報じられ，また，学生が多くの企業を受けても内定がなかなか取れないということが当たり前の事態となった。

しかしながら，長引く不景気や雇用慣行の変化といった状況要因だけが原因ではない。新規大卒者の求人倍率は0.99であった2000（平成12）年を除き常に1を上回っている。21世紀に入ってからは2008（平成20）年，2009（平成21）年と2年連続で2を超えたこの数値も近年は1台前半と低迷しているが，理屈の上では求人数のほうが求職者数より多い時代がずっと続いてきた。にもかかわらず，大学生の就職難がニュースなどで大きくクローズアップされるのはどういうわけか。そこには，求職者の希望が企業規模によってその数が異なるという求職者側の事情がある。つまり，従業員1,000人以上を超える大手企業に対する求職者は多く，その求人倍率は1を超えないのに対し，従業員1,000人未満の中小企業の求人倍率は1より大きい。従業員300人未満の企業に限ると，求人倍率が4を超えるような年もある。いわば，大卒労働市場における二重構造である。大学進学率が50％を超え，新規学卒就職者の学歴別構成比に占める割合が大学生で6割を占める今，大卒労働市場が二極化し，その双方において需要と供給がアンバランスな構造となっている。

では，中小企業が彼らの受け皿になれば，就職難はある程度解消されていくはずだが，この点についてはどうだろうか。事態は単純ではない。今，少子化と大学の総定員数増加によって，以前なら大学生になることのできなかった学力層の生徒が大学へ入学できるようになったことや，以前においても大学へ進学できたであろうとされる学力層の生徒も，大学が以前よりは入学しやすい状況であるため，ずっと以前に卒業した同じ大学の学生ほど，彼らの能力は高くはない。中小企業も社会人として育成可能な水準を下回る学生，つまり就職するのに最低必要限の能力や知識を有していない学生を採用するわけにはいかない。学生のほうからすると「大卒となるのになぜ就職できないのか」，「この一

流大学の4年生なのになぜ中小企業にしか就けないのか」と，嘆くことになる。自分の真の実力を相対化できないので，就職の難しさの原因を景気などの外的な要因だけに帰属させてしまうことになる。前節で述べたようなポジティブ幻想や仮想的有能感が強い者ほど，その傾向は強いだろう。

中小企業が企業総数の中で大部分を占めている事実を考えると，今は売り手市場でもなければ買い手市場でもない。売り手にとっても買い手にとっても厳しい時代なのである。

（2） 社会で求められるコミュニケーション力

中央省庁等では，大学生に求められる就職能力を様々な形でまとめており，名称は異なるものの，コミュニケーションに関する力が重視されている。以下，厚生労働省，文部科学省，総理府，経済産業省が記した就職能力の概要を示す。

① 厚生労働省（若年者就職基礎能力）

YESプログラムで示された若年者就職基礎能力は，コミュニケーション能力，職業人意識，基礎学力，ビジネスマナー，資格取得の5つの領域より成る。ここでのコミュニケーション能力は，その下位に意思疎通，協調性，自己表現能力などを含んでいる。また，ビジネスマナーは「集団社会に必要な気持ちの良い受け答えやマナーの良い対応ができる」能力を意味しており，あいさつと話し方，電話のマナー，訪問の方法，来客の対応，話し方の基本・言葉づかい，話の聞き方，指示の受け方などを含んでいる。このビジネスマナーも，コミュニケーション力に大いに関係する就職能力のひとつである。

② 文部科学省（基礎的・汎用的能力）

中央教育審議会の答申「今後の学校におけるキャリア教育・職業教育の在り方について」（2011年）で示された基礎的・汎用的能力は，発達の視点を重視したもので「分野や職種にかかわらず，社会的・職業的自立に向けて必要な基盤となる能力」を意味する。具体的には，人間関係形成・社会形成能力，自己理解・自己管理能力，課題対応能力，キャリアプランニング能力の4つから構成されるが，これらは相互独立するものではなく，相互に関連した能力として捉

えられている。コミュニケーション力に関係する能力は人間関係形成・社会形成能力であるが、これにはコミュニケーションスキル、チームワーク、リーダーシップなども含まれる。

小学校、中学校、高等学校までの中等教育まではキャリア教育の具体的な目標が掲げられており、大学生にはそれまでの目標や課題をふまえた上で職業的自立に向けての必要な意欲や態度、能力の形成が求められている。

③　総理府（人間力）

文部科学省によって提唱された生きる力[14]という理念を発展させ具体化した人間力は「社会を構成し運営するとともに、自立した一人の人間として力強く生きていくための総合的な力」と定義される。この力は職業生活という側面でも求められ、知的能力的要素、社会・対人関係力的要素、自己統御的要素の3つから構成される。ここでは、社会・対人関係能力的要素がコミュニケーション力と関係の深いもので、コミュニケーションスキル、リーダーシップ、公共心、規範意識などを含むとされている。

④　経済産業省（社会人基礎力）

社会人基礎力は、「職場や地域社会で多様な人々と仕事をしていくために必要な基礎的な力」と定義され、「前に踏み出す力」、「考え抜く力」、「チームで働く力」の3つの能力から構成される。この能力は、人間性や基本的な生活習慣の上に成り立つもので、基礎学力や専門知識を活かすための総合力と位置づけられている。この能力のベースとなる人間性の中に思いやり、公共心、倫理観、基礎的なマナー等が含まれ、また「チームで働く力」もコミュニケーション力に相当すると考えられる。

今、記してきたように、コミュニケーション力は就職能力の中で重要な位置を占めている。近年の学生にとって就職問題は一大関心事であるが、コミュニケーション力が就活の成否に大きく影響している。

では、学生のコミュニケーションの実態はどうであろうか。葛城（2008）は香川大学の学生を対象に調査を行い、8割以上の学生が学内でコミュニケーションを交わしている一方で、ほとんど誰とも話をしない学生が一定数いると報

告している。学部により若干差異は見られるものの全体的に討論や議論は苦手な傾向にあり，また，目上や年上と話すことにおいてもやや得意という水準にはない。コミュニケーション能力を向上させるには，討論や発表を取り入れた授業が有効であるとしている。

　また，学生自身はコミュニケーション力をどのように捉えているのであろうか。栗田ほか（2012）の報告では，コミュニケーションが上手な人というのは，話すのが上手な人という捉え方をしており，具体的には，話題が豊富で途切れずに話せる人，誰とでも話せる人，意見を言える人ということを意味していた。それに対し，聞き上手な人，親身になって聞けるなどの聞き上手であることは，話すことほど重視されていなかった。コミュニケーションが上手であることのイメージは人さまざまであるが，学生が考えるコミュニケーション力は，ビジネスシーンで求められるコミュニケーション力とは，状況の多様性，複雑さの程度などにおいてかなり異なっている。学生自身が就活で求められる十分なコミュニケーション力を身につけているとは言い難いのではないか。

　厚生労働省（2004）の若年者の就職能力に関する実態調査によると，大学生を採用する際に重視する能力として，コミュニケーション能力，基礎学力，責任感，積極性・外向性が上位4位までを占めた。その中でもコミュニケーション能力は最も重視され，実に85.7%の企業が必要だと回答している。その他にも，上述の4つの能力に加え資格取得も重視されているが，この5つを修得していると認められた場合，採用の可能性は50%を超えると試算されている。この調査では，就職にかかわる能力としてこれら以外にもビジネスマナーやプレゼンテーション力など19の項目を挙げており，これらの学生の習熟度についてその満足度を企業に訊ねたところ，すべての項目において[15]「不満」が「満足」を上回った。若年者の就職能力が全体的に現場で求められる水準に達していないことの表れである。

　また，実際の採用時，採用後の声を『大阪市内事業者にかかる若年者・就業実態・意向調査報告[16]』（2007年）から取り上げてみる。企業側が若年者を採用する時や，今，雇用している若年者の悩みについて自由記述で回答を求めたとこ

表9-3 社会人として基本的なマナー・スキル・態度ができていないという現場の具体的な声

- 朝遅刻をする。電話をするとまだ寝ていたりする。（情報通信）
- 朝，出勤が遅い。（建設）
- 履歴書がきちんと書けない，面接を無断キャンセルする，面接に来ても満足に受け答えできない，等々。（情報通信）
- 面接に履歴書を持参しないことがあった。（保育）
- 連絡なく突然，仕事を休む。数日後，こちらから連絡をするが，なかなか連絡がとりづらい。休む時には連絡をするよう指導をし，しばらく通常通り出勤するが，また同様のことを行う。（保育）
- 仕事を自分の思い込みで進めて手戻りを発生させる，自分で切り開いて仕事が進められない＝指示待ち状態。（情報通信）
- 指示したことは忠実に受け止め実行するが，自己研鑽が乏しい。（印刷）
- 仕事の納期意識が希薄。生産性，品質の向上に対する認識がない。コスト意識がない。（製造）
- 上司の話（訓示・指示）を聞く姿勢が乏しい。（卸売・小売）
- 外見で判断してはいけないとは思っていますが，面接時の軽装には「参った」と感じてしまう事がありました。8月の暑い日ではありましたが，肌の露出が多いキャミソールに足元はミュールで来られたときに少しびっくりしたのは正直な気持ちでした。（医療・福祉）

出典：『大阪市内事業所にかかる若年者就業実態・意向調査報告書』（2007年）90ページより。

ろ，以下の4つの問題点が浮かび上がってきた。①離職の多さ・長続きしないこと，②社会人として基本的なマナー・スキル・態度ができていないこと（表9-3参照），③一般的な教養・知的能力，人生や職業に対する姿勢の問題，④中小企業やハードな職種への関心の低さ，雇う余裕がないこと，の4点である。①に関しては労働環境が劣悪な企業も少なくはないので，一義的にいうことはできないが，若年者の忍耐力が欠如，不足していたりするという側面は否定できない。また，②～④からは，社会人になるためのレディネスを欠きがちであるにもかかわらず，身の丈以上の企業を選ぶ傾向にあると言える。

（3） コミュニケーション力の育成とその可能性について

大学選びの際，容易に大学へ入学できた者ほど就職の壁は厚い。就職活動では，選ぶ者から選ばれる者へと立場の転換が求められるからである。選ばれるためには，自分自身を見つめ，そのためには何が必要なのか，自分には何が足りないのかを自覚する作業が必要となる。自分と向き合うという作業は，その必要性に迫られてこなかった者にとって実に疎ましいことかもしれないが，こ

表9-4 コミュニケーション・チェックリスト（対年長者用）

状況＼段階	NG	中間	OK′	OK
面接や目上の人との待ち合わせなど，時間の約束をした時	時間に遅れる。遅れても理由を言わない。約束をすっぽかす。あるいは，約束を忘れる。	その場所へ時間通りに行くことができる。もし，行けなくなった場合は必ず連絡を入れることができる。	約束の時間より余裕をもって，その場所へ行くことができる。もし，行けなくなった場合は，丁寧な言い方でその旨を表現できる。	
目上から留守電や着信メールが入っていた時	返事の電話をしない，返信しない。また，電話がかかってくるまでほっておく。	時間がたってもよいので，必ず返事あるいは返信することができる（ほっておいてよい，という考えを捨てることができる）。	できるだけ早く，返事あるいは返信することができる。その時，出られなかった状況を説明できる。	すぐに返事あるいは返信することができる。その時，自分が出られなかった状況を丁寧な言い方で説明できる。
目上にメールをする時のエチケットについて	名前を書かず，要件だけを書く。	きちんと自分の名前を名乗ることができる。	まず，名前を名乗り，丁寧な言い方で伝えることができる。	まず，名前を名乗り，丁寧な言い方で，複雑な用件でもわかりやすく，工夫しながら伝えることができる。
エレベーターで目上と乗り合わせた時	先に降りる。あるいは，降りようとする。	目上の人が，先に降りるまで待っていられる。	目上の人を先に降ろすように，状況に応じてそれなりの配慮ができる。例えば，開ボタンを押し，相手を先に降ろすように，「どうぞ」というような声がけができる。	
面接など，目上の人から日時に関する設定がなされる時	自分の都合は絶対に譲らないという姿勢や，友だち感覚のノリで交渉する。	友だち感覚にならずに，相手の言うことに耳を傾け，日時を調整することができる。	相手の立場を考え，できるだけ自分のスケジュールを調整するように工夫する。	

出典：筆者作成。

れをなくして就職活動で成果を収めることはほぼ不可能である。

　就職能力はいくつもの要素からなるが，その中でもコミュニケーション力が重要であることは今まで述べてきた通りである。ここで言うコミュニケーション力は，多くの学生が捉えているような対等な間柄での社交能力や親しい者同士の交流といった幅の狭いものではなく，傾聴，自己表現，協調性，主導性を有した上で異なった立場を理解し思いやることのできる幅広い諸能力を含むも

のである。それゆえ，大学生の中には，自分自身コミュニケーション力はあるほうだと思い違いをしているケースが多々見られるが，こういう場合，就活などでまったく通用しないのは言うまでもない。

　YESプログラムでは，高卒程度と大卒程度で習得すべきコミュニケーション能力について項目リストを作り列挙しているが，このようなリストは本人に何が足りていて何が足りないのかを自覚させる上において有効であろう。表9－4は，大学生の不適切なコミュニケーション行動を是正・改善するためのチェックリストの一部である。左列の状況に対する行動においてその適切さの程度において，NG，中間（マシ），OK'，OKと判定される。実際に使用されているものではないが，大学生各自に自覚を促すための指標として有効ではないかと考えられる。

④　大学生と発達障害

（1）　発達障害について

　発達障害とは，社会性やコミュニケーション，認知，言語などの発達において遅れや偏りが見られる障害のことで，学習面や行動面など社会適応上問題となることが多い。今から10年ほど前になるが上野（2002）は，特別な支援を要する小学生や中学生が通常学級の中にどれほどいるのかを調査し，学習面に著しい困難を持つ者の割合を4.5％，行動面に著しい困難を持つ者の割合を2.9％と報告した。この調査対象となった児童らが大学生になる年齢になった今，発達障害を有している者たちが多く大学に在籍していると考えられる。

　2007（平成19）年度に独立法人国立特別支援教育総合研究所は，全国で3割の大学に発達障害の学生が在籍している，と報告した。また2011（平成23）年度の日本学生支援機構の調査[17]では1,179人の発達障害者が大学に在籍していることが明らかになっている。これらの報告からすると，発達障害の学生は一部の大学にしかいないということになるが，実際はこれよりも多くの大学にいると推察され，その数もかなり多いのではないかと言われている。その理由とし

て，この障害をもった学生の多くが自分自身そうであるという認識を欠いており，適切なサービスを受けるために大学へ申告しているケースはむしろ稀なこと，また，調査の回答者が大学の各部署と連携が不十分なために学内の数を正確に把握しきれていないこと，などが挙げられる。

では，発達障害[18]はどのような障害であるのか。主な下位分類，自閉症系の障害，注意欠陥多動性障害，学習障害の3つについて簡単に記していく。

① 自閉症系の障害（アスペルガー症候群と高機能自閉症）

自閉症系の障害ではコミュニケーションや社会性に大きな問題が見られるのが特徴である。アスペルガー症候群の場合，相手の気持ちを察したり相手の立場になって考えたりするということが難しいため，友人や仲間を作ることができないといった対人関係の障害がみられる。また，自分の習慣やパターンに対するこだわりが強く，状況によって臨機応変に対応する必要があっても，それに合わせることができない，つまり反復的あるいは常同的な頑なさが見られる。高機能自閉症[19]とは，その二徴に加えて，言葉を十分に使えず会話を継続させる力に欠けるなど，根本的なコミュニケーションにも問題がある場合を言う。

自閉症系の障害は必ずしも知的能力と相関するわけではない。つまり，社会性やコミュニケーション力が著しく劣っていても知能が極めて高い場合もあり，超難関大学や難関大学においてもこのような学生が一定の割合いると考えられている。

② 注意欠陥多動性障害（ADHD[20]）

人の話をじっと聞けない，指示などはすぐ忘れるといった，注意を持続させることが難しい注意欠陥の障害と，落ち着いてイスにきちんと座っていられない，人が話し終わらないうちに話をし始めるといった，多動性の障害の2つがある。どちらかにのみ問題がある場合もないわけではないが，通常は2つの障害[21]が合併して見られる。このような学生は，授業に集中することができないため，私語しがちで課題も忘れやすい。

このような現象は発達早期から現れるが，年齢を重ねるうちにそのような行動は軽減していくので，大人になる頃にはほぼ問題がなくなるのが一般的であ

る。しかし，一部の大学には，この障害やその傾向を持った学生が入学してきており，周囲の学生と良好な関係を築けない場合も少なくない。

③　学習障害（LD）[22]

文部科学省の定義では，聞く，話す，読む，書く，計算する，推論するといった6つの領域のうちひとつ以上に問題が見られ，教科や科目の学習に様々な著しい困難が見られる障害のことを言う。知的障害のように全般的な遅れはなく，視覚や聴覚などの障害によって引き起こされるものではないとされている。「b」と「d」の区別がつきにくい，「ぬ」を「め」と書いてしまう，物の数を数えられないといった，学習の根幹となる入力過程，出力過程，処理過程のベーシックな領域に問題がある場合，それ以降の学習がほぼ不可能になる。全般的な知的能力に問題は見られなくても，学業成績がふるわないため，学習面で自信をなくしたまま入学してくることとなり，付随的な問題として周囲から孤立してしまうという現象も生じる。

発達障害の原因は，心理・社会的な環境要因ではなく，中枢神経系に何らかの問題があることによる。注意欠陥多動性障害の場合は，前頭葉から大脳基底核にかけての神経回路に問題があるとされているが，学習障害や自閉症系の障害の場合，未だよくわからないのが現状である。

（2）　発達障害の学生が抱えやすい問題

発達障害の学生は，学業面，生活面，就労面の3つの面で困り事を抱えている。

学業面における困り事は実に多い。まず，大学の授業は1コマの時間が90分と長く，授業形式も講義の他，演習や実習や実技などが加わる。試験も客観式試験ではなく論述式試験が中心となり，それにレポートなども課せられる。また，単位を取得するためには，自分だけの時間割を作成しなければならず，自己管理の必要性が生じてくる。このような学業上の変化に伴い，講義についていけない，履修登録の仕方がわからない，多様な試験形式に対応できない，レポートや論文などの期限が守れない，などの問題が生じる。

次に生活面であるが，対人関係の問題が重要なテーマとなる。高校までのように学級単位で動くというよりは，個人で活動するように求められる。周囲の者が彼らを理解できず，ただ変わっている人という見方をする事により，浮いた存在となりやすい。適当な距離感を保てないことから友人とうまくつきあえない，飲み会や合宿になじめない，モノの貸し借りがいい加減になりやすい，サークルやクラブでトラブルを起こすことが多い，といったことなどが生じる。また，時間やお金の管理が苦手なため，大学で求められる用件や課題が把握しきれない，約束を守れなかったり，アルバイトをしてもおつりを間違いクビになったりする。

最後は就労面である。進路が決められず就活を行わなかったり，また自分の能力を過大評価しすぎて何の準備も行わず就活を始めたりする。就職活動は授業とは異なる取り組み方が必要だが，それに気づかず失敗するケースも見られる。いずれにしても，対人関係に関係する仕事は難しい。

（3） 大学における支援の体制と課題

2005（平成17）年に発達障害者支援法が施行された。その第8条第1項では「国及び地方公共団体は，発達障害児（十八歳以上の発達障害者であって高等学校，中等教育学校及び特別支援学校に在学する者を含む）がその障害の状態に応じ，十分な教育を受けられるようにするため，適切な教育的支援，支援体制の整備その他必要な措置を講じるものとする」とされ，またそれに引き続いて第2項では「大学及び高等専門学校は，発達障害者の障害の状態に応じ，適切な教育上の配慮をするものとする」と定められている。松浦・坂原（2007）は，この支援法は「発達障害に対する社会の理解を促進していく啓発法（理念法）であり，発達障害に対する具体的な支援策がこの法律から導かれるものではない」としている。それゆえに具体的な施策や対応は各教育現場に求められ，大学側もその要請に応えていく社会的責務が生じている。

まず，支援の基本的な体制となるのは，入学以前あるいは入学後に発達障害の診断を受け，それにもとづき本人や家族からの支援の要請があった場合であ

表 9-5(1) 発達障害の学生が抱える困り事と支援内容①【履修登録】

どのような困難を示すか	支援内容	検討
履修計画が立てられない	履修登録補助	△
授業の内容，形式，評価方法（試験かレポートか）などの情報が明らかでない場合，自分に適した授業が選択できない	詳細なシラバスを作成	△
希望する授業が履修制限で取れない	優先履修登録の検討	●

注：検討とは段階別支援検討の略である。
出典：「日本学生支援機構のHP」http://www.jasso.go.jp/tokubetsu_shien/guide/hattatsu_bamen.html より。

る。日本学生支援機構ではこのような学生に対し「場面一覧」（表9-5(1)～(4)参照）が示すような支援内容をすべて検討すべきだとしている。また，診断書などの公の証明がない場合でも，校医や学内の専門家の目から見て発達障害の可能性が濃厚だと考えられる場合には◎印と△印の付した支援が，さらに証明がなくてもいつもの行動から発達障害の可能性が考えられ本人や保護者から支援の申し出がある場合などは△印の支援内容を検討すべきだとしている。

　支援の中心となるのは学生相談室や，特別支援センターなどこの支援に特化した部署であり，支援内容は学生本人への直接的な支援と，家族や学内の教職員に対する具体的な対応の教示である。直接的な支援では学生本人にカウンセリングが行われるが，ここでのカウンセリングは受容や支持を中心とした非指示的な方法ではなく，問題解決志向の助言やアドバイスを中心としたカウンセリングが中心となる。また，発達障害に詳しい専門スタッフが常駐していることが望ましく，それにより，本人と本人を取り巻く教職員のニーズに応えやすくなる。

　就労支援に関しては，キャリアセンターが中心となる。ここでは企業に関する情報だけでなく，エントリーシートの書き方や面接の練習といった就職対策の講座，その他個別のキャリアカウンセリングが行われる。ただ，これらのサービスは一般の学生と同様であるため，ハローワーク，発達障害者支援センター，発達障害地域障害者職業センター，地域若者サポートステーションなどの外部機関との連携が必要となってくる。発達障害に関しては，経済的な補助を

表9-5(2) 発達障害の学生が抱える困り事と支援内容②【授業（講義・演習・実験・実習）】

どのような困難を示すか	支援内容	検討
文字を読むのが困難である	読み上げソフトの紹介	△
	資料の電子データ提供	◎
文字を書くのが困難である	パソコンの持込許可	△
	ノートテイク	●
話を聞きながらノートを取るのが困難である	講義内容の録音許可	△
	詳しい配付資料の準備	◎
	ノートテイク	●
決まった席でないと座れない	座席配慮	△
（演習など）自分の意見が言えない（または言いすぎる）	議論のルールを決める	△
（演習など）質問に答えられない	具体的な質問をする	△
（卒論など）テーマを決められない	担当教員による綿密な面談	△
授業に遅刻してしまう	時間管理スキル指導	△
急な変更に対応できない	事前に個別伝達	◎
対人関係に問題が生じる	周囲の理解と本人への助言	△
	心理カウンセリング	△
集合場所・時間を間違える	自己管理スキル指導	△
	連絡事項等文書伝達・注意喚起	△
手順を理解できない	分かりやすい手順説明資料を配布 ティーチングアシスタントをつける	△
注意力の問題がある	注意事項チェックリストを作成配付	△
	グループメンバーに協力を依頼する ティーチングアシスタントをつける	△
細かい作業が苦手である	グループメンバーに協力を依頼する ティーチングアシスタントをつける	△

出典：表9-5(1)に同じ。

第9章　大学生のコミュニケーション力とその諸問題

表9-5(3)　発達障害の学生が抱える困り事と支援内容③【学生生活支援】

どのような困難を示すか	支援内容	検討
自分に必要な支援を説明できない	支援要請スキル指導	◎
自分の障害を理解できない	自己理解促進指導	△
対人関係に問題が生じる	周囲の理解と本人への助言 心理カウンセリング	△
集団活動（サークル，下宿など）に問題が生じる		
連絡がとれなくなってしまう，引きこもってしまう		△
学内で食事が取れない	居場所の提供	●
安心してキャンパスにいることが難しい	刺激の少ない安心していられる場を作る，一緒に探す	
一人暮らしが困難である（ゴミ出しや健康管理等）	社会的スキル指導	△
カルト宗教，詐欺被害に遭いやすい		
電車に乗れない	自動車通学許可・駐車場確保	●

出典：表9-5(1)に同じ。

表9-5(4)　発達障害の学生が抱える困り事と支援内容④【就職支援】

どのような困難を示すか	支援内容	検討
履歴書が書けない	就職ワークショップ等の紹介	△
	個別に履歴書の書き方を指導する	◎
職業の適性が分からない	職業評価・ジョブマッチング・学内資源（図書館等）やアルバイトなどを利用した就業体験	△
就職が決まらない	地域の障害者職業センター，障害者就業・生活支援センター，ハローワーク等外部リソースとの連携	◎
	学内コーディネーター（心理カウンセラー）とキャリアカウンセラーの連携	
	障害者手帳の取得指導，障害者法定雇用枠の使用指導	
使える社会的資源を知らない	地域の障害者職業センター，障害者就業・生活支援センター，ハローワーク等外部リソース情報の提供	◎

出典：表9-5(1)に同じ。

行う行政サービスはない。療育手帳や精神障害者保健福祉手帳を持っているほうが，障害者枠での雇用が可能となる。また発達障害を有している場合，どのような症状があるのか事前に伝えておくほうが，就職後のコミュニケーションがうまくいきやすいと言われている。

5 まとめ

　近年，大学生のコミュニケーション力が低下していると叫ばれている。コミュニケーション力についての捉え方は人によって異なるため，この言説の真偽に関する議論などこの領域に関する話題は事欠かない。そこで本章では，大学生のコミュニケーション力に関係する問題として，青年期の友人関係，就職活動，発達障害を抱える学生を取り上げ論じた。いずれの問題も，社会の急激な変貌や大学を取り巻く環境の変化と無縁ではない。そして，この問題自身が高等教育における新しい課題を提起している。教職員や学生も含め，高等教育にかかわる者は，今がこの著しい変化に対応した新しい在り方を模索していく時代であることを忘れてはならない。

●注
(1) デジタル大辞泉（http://kotobank.jp/word）による。
(2) 列挙される項目は，相互関連している場合が多い。
(3) KY という言葉で象徴されている。
(4) 携帯電話やスマートフォンの類を意味している。
(5) 三宅・遠藤（2003）も同様の指摘を行っている。
(6) この十数年において，初等・中等教育における中心的な評価方法が絶対評価に依拠しているのも大きく関係していると考えられる。
(7) 特定のある大学だけでの話ではなく，多くの大学の教員の感想にもとづいている。
(8) 日経連が発表した『新時代の「日本的経営」』（1995年）では，従業員を3つのグループ，つまり労使ともに長期雇用を望む長期蓄積能力活用型，長期雇用を前提と

しない高度専門能力活用型，雇用が不安定な雇用柔軟型に分類し，これらを適切な割合で組み合わせていくことが重要であるとされた。
(9) 2000年代前半には景気の上向いた時期があったが，大手企業の業績を背景としたものであり，その恩恵は中小企業や一般庶民にトリクルダウンしたものではなかった。そのため，20年の不景気としている。
(10) http://www.jil.go.jp/institute/research/2012/documents/091_02.pdf を参考にした。
(11) 小規模な企業の中には，求人募集を1年に何度も行う企業もある。
(12) Youth Employability Support の略で若年者就職基礎能力支援事業のこと。2004年に始まり2009年度で終了した。
(13) キャリア発達に関わる諸能力で定義された4領域8能力，つまり人間関係形成能力（自他の理解能力，コミュニケーション能力），情報活用能力（情報収集・探索能力，職業理解能力），将来設計能力（役割把握・認識能力，計画実行能力），意思決定能力（選択能力，課題解決能力）がもとになっている。
(14) 「21世紀を展望した我が国の教育の在り方について」の諮問に対する中教審答申の中で記された概念。いかに社会が変化しても，自ら課題を発見し，自ら学び，自ら考え，主体的に判断・行動していく力のこと。
(15) この質問では19項目のうち，アルバイト経験，ボランティア活動，その他を除く16項目について聴いており，この16項目すべてにおいてという意味である。
(16) ここでの若年者とは大卒者だけではなく，高卒者なども含まれている。
(17) 正確には，「大学，短期大学及び高等専門学校における障害のある学生の修学支援に関する実態調査結果報告書」。
(18) 医学概念では，広汎性発達障害（自閉症系の障害），学習障害（LD），注意欠陥多動性障害（ADHD），知的障害，運動能力障害を含むが，ここでは知的障害と運動能力障害は含めない。
(19) ここでいう高機能とはIQ70以上の自閉症者を指すのに用いられ，特に優れた機能という意味ではない。
(20) Attention Deficit Hyperactivity Disorder の略。
(21) 注意欠陥にのみ障害がある場合はADDと呼ばれている。
(22) Learning Disability の略。
(23) http://www.jasso.go.jp/tokubetsu_shien/guide/hattatsu_bamen.html を参考にした。

●引用・参考文献
浅野智彦（2006）『検証・若者の変貌――失われた10年の後に』勁草書房。
土井隆義（2004）『「個性」を煽られる子どもたち――親密圏の変容を考える』岩波ブックレット No. 633，岩波書店。

橋本京子（2003）「ストレスフルイベントにおけるポジティブ幻想と精神的健康との関係」『京都大学大学院教育学研究科紀要』第49号，327～337ページ。

速水敏彦（2006）『他人を見下す若者たち』講談社現代新書。

栗田智未ほか（2012）「大学生のコミュニケーション行動と意識の調査――コミュニケーションの自己評価を中心に」『総合保健科学：広島大学保健管理センター研究論文集』第28巻，43～49ページ。

楠本久美子・八木成和・広瀬香織（2010）「大学・短期大学における発達障害及びその疑いのある学生への支援の現状と課題」『四天王寺大学紀要』第49号，447～460ページ。

葛城浩一（2008）「学生のコミュニケーション能力に関する現状と課題」『香川大学教育研究』第5巻，1～12ページ。

松井豊（1990）「友人関係の機能」斎藤耕二・菊池章夫編『社会化の心理学ハンドブック――人間形成と社会と文化』川島書店。

松浦光和・坂原明（2007）「高機能広汎性発達障害の学生に対する大学内の支援について」『宮城学院女子大学発達科学研究』第7巻，47～54ページ。

仲律子（2009）「大学における発達障害学生への支援についての一考察」『鈴鹿国際大学紀要 CAMPANA』第16号，71～87ページ。

岡田努（2007）『現代青年の心理学』世界思想社。

大阪市市民局市民生活振興部雇用・勤労施策室（2007）『大阪市内事業所にかかる若年者就業実態・意向調査報告書』大阪市市民局市民生活振興部雇用・勤労施策室。

佐々木正美・梅永雄二監修（2010）『大学生の発達障害』講談社。

上野一彦・花熊暁編（2006）『軽度発達障害の教育――LD・ADHD・高機能 PDD 等への特別支援』日本文化科学社。

●引用・参考 Web サイト――――――

「平成23年度（2011年度）大学，短期大学及び高等専門学校における障害のある学生の就学支援に関する実態調査結果報告書」

http://www.jasso.go.jp/tokubetsu_shien/documents/report_h23.pdf

「日本的雇用慣行・企業風土と収益性」

http://www.eco.nihon-u.ac.jp/center/industry/publication/report/pdf/31/31chapter5.pdf

「厚生労働省『若年者就職基礎能力支援事業』について」

http://www.mhlw.go.jp/general/seido/syokunou/yes/01.html

「厚生労働省『若年者の就職能力に関する実態調査』結果」

http://www.mhlw.go.jp/houdou/2004/01/dl/h0129-3a.pdf

「人間力戦略研究会報告書」

http://www5.cao.go.jp/keizai1/2004/ningenryoku/0410houkoku.pdf

「『キャリア発達にかかわる諸能力（例）』（4領域8能力）の開発過程について」
http://www.mext.go.jp/component/a_menu/education/detail/__icsFiles/afieldfile/
　　2012/05/21/1320712_04.pdf
「新規学卒者に対する労働力需要」
http://www.jil.go.jp/institute/research/2012/documents/091_02.pdf
「独立行政法人　日本学生支援機構のHP」
http://www.jasso.go.jp/tokubetsu_shien/guide/hattatsu_bamen.html
「社会人基礎力（METI／経済産業省）」
http://www.meti.go.jp/policy/kisoryoku/about.htm

第10章
学生への教育サービスとSD
――スタッフマインドの育成を通じたSDの在り方――

畑　秀和

1　SDを実施するにあたって

　大学の教育サービスを向上させるために，各大学ではFDやSDの取り組みが行われているが，果たしてどれだけ機能しているのだろうか。筆者は甚だ疑問である。FDに関しては，ごく一部の教員を除き，ほとんどの者が何かしら日々努力をしている。ただ，それに比べて職員の方はどうだろうか。日々の事務作業に追われているということもあるが，大半がこと無かれ主義なため，その努力義務を怠っているのではないか。また，各大学では，SDに関する様々な研修等が行われているが，それが効果的であったという声はほとんど聞かない。その理由も含めて，SDの主な目的の一つである教育サービスを効果的なものにするため，大学職員はどうあるべきか，筆者自身の経験をまじえながら，述べていきたい。

（1）職業人の在り方について
　SDについて考える前に，まず職業人の在り方について考える必要がある。大学職員が仕事をしていく上で重要なのは人間力に支えられたトータルなスキルである。それは，事務的な対処レベルのスキルのみではなく，マナーやコミュニケーションスキルなど，様々なスキルが含まれる。このスキルを身につけるためにはその基礎となる人間力が必要であるが，その辺りも含め，どのようにすれば人間力が高まり，それがSDにつながっていくかということを論じて

表10-1 職業人の思考パターン

タイプ1〈他責ではない〉	タイプ2〈他責〉
・相手（教職員・学生・保護者）に問題があると思っていない。	・相手（教職員・学生・保護者）に問題があると思っている。
・問題はすべて自分たちにあると考えている。	・自分たちに問題は無いと思っている。
・自分たちに非がある場合に認めて謝ることができる。	・自分たちに非があっても認めず謝らない。
・傾聴を心掛けている。	・相手の話や意見を聞こうとしない。
・素直である。	・素直でない。
・自分に問題があると考えているため、どうすれば問題解決ができるかという思考パターン（行動する）が生まれる。	・自分に問題は無いと考えているため、常に他者への非難・中傷・誹謗を行う思考パターン（停止している）になる。

出典：筆者作成。

いきたい。

　すべてにあてはまるわけではないが、職業人の思考パターンは大きく分けると以下の2種類、つまり、タイプ1〈他責ではない人〉とタイプ2〈他責の人〉に分けられるのではないか。

　タイプ1の人は、かなり少ないだろう。実際ほとんど皆無に等しいと思われる。この考えによって行動しようと思ってもなかなかできないのが現実である。言い換えれば、自分たちの接し方や考え方で、物事や結果が大きく変わるということに気づいていない。本当の意味での改革は、まずこの気づきこそが必要である。そのためには、私たちは色々な面で、もう少し学習する必要性があるだろう。では、どうすれば〈他責の人〉から〈他責でない人〉の考え方になるか、その辺りも踏まえて話を進めていきたい。

2　SDの現状について

　SDの取り組みを機能的なものにするためには、いくつかの準備作業が必要であり、その一つが大学におけるSDの現状を知るということである。琉球大学の大学評価センターの岩崎（2010）がまとめた「大学職員のSDの必要性と

第10章　学生への教育サービスとSD

図10-1　能力開発が必要な理由

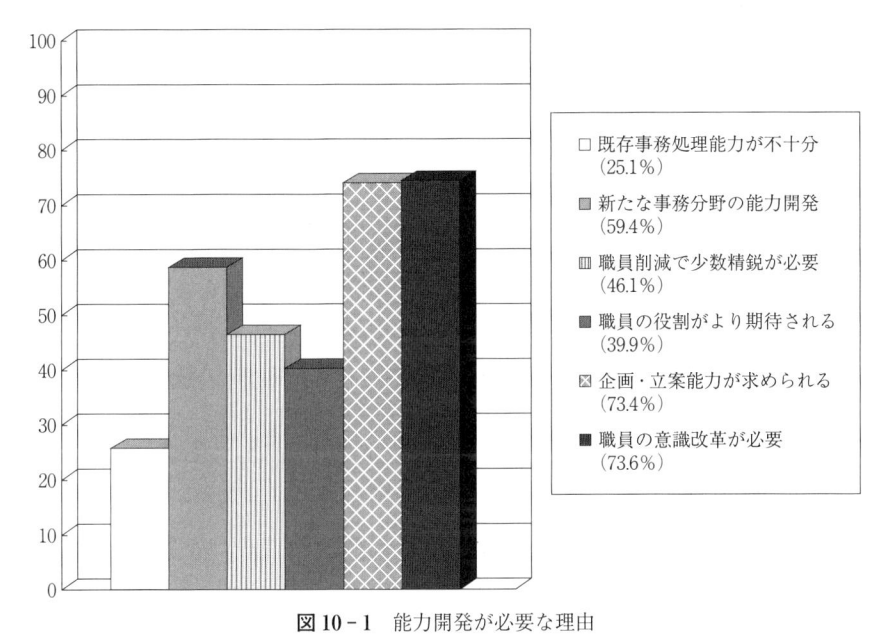

- 既存事務処理能力が不十分（25.1%）
- 新たな事務分野の能力開発（59.4%）
- 職員削減で少数精鋭が必要（46.1%）
- 職員の役割がより期待される（39.9%）
- 企画・立案能力が求められる（73.4%）
- 職員の意識改革が必要（73.6%）

出典：2006年度科学研究費補助金：研究代表者山本眞一「大学事務職員のエンプロイヤビリティー向上方策に関する調査研究」http://www.crdhe.saga-u.ac.jp/SJHE_No.06_iwasaki.pdf#search='SD%E6%95%99%E8%82%B2 を参考にして筆者作成。

課題」をもとに論じたい。この中で，山本（2010）はSDに関する調査報告を行った。この調査は国公私立短大726校に勤務する大学職員3,630名を対象に行われ，405名より回答（回収率38.7%）を得た。

まず，「職員の能力開発の必要性」について，「必要あり」が97.0%，「（必要とは）感じない」が2.3%，「回答なし」が0.7%であった。「能力開発が必要な理由」の結果（複数回答可）は図10-1の通りである。回答者の多くがSDの必要性を認めているが，それが必要な理由として，図10-1から見てもわかるように，職員の意識改革という点が一番重要である。職員自身も必要と考えているが，実際にどのようにやっていけばよいのか，という点に気づいている職員がどの程度いるかは不明である。

また，2004年に大学行政管理学会に加盟する238大学の人事担当者対して行った調査は80校より回答（回収率33.6%）を得られたが，この調査において

213

図10-2 21世紀の大学が必要とする人材とは（複数回答可）

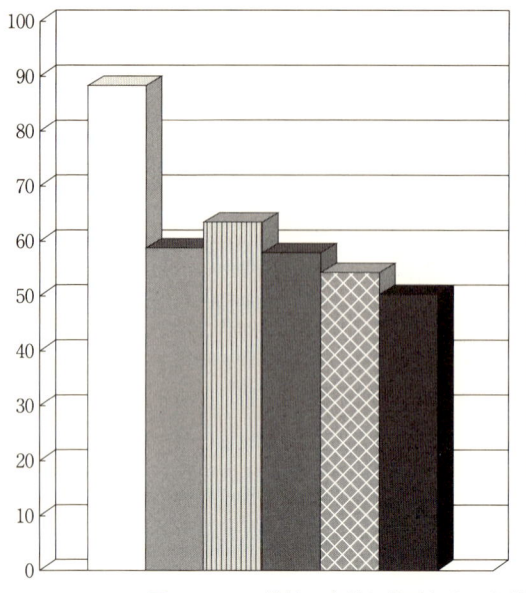

凡例：
- □ 問題解決・政策提案能力を持った人材（88.8％）71校
- ■ マネジメント能力に優れた人材（76.3％）61校
- ▦ 広い視野と先見性を持った人材（62.5％）50校
- ■ 情報収集・調査・分析能力に優れた人材（58.8％）47校
- ▩ 高い専門性を持った人材（53.8％）43校
- ■ 目標達成意欲の強い人材（50.0％）40校

出典：2004年度大学職員人事政策に関する調査報告（大学行政管理学会「大学人事」研究グループの調査 http://www.crdhe.saga-u.ac.jp/SJHE_No.06_iwasaki.pdf#search='SD%E6%95%99%E8%82%B2 を参考にして筆者作成。

「21世紀の大学が必要とする人材は次のいずれですか」との質問（複数回答可）に対して，半分以上の人から支持された項目は，図10-2の通りである。

調査結果から見てもわかるように，問題解決能力やマネジメント能力に優れた人，高い専門性を持つ人が大学職員に求められていることがわかる。筆者は，特に，問題解決能力は職員サイドのリーダーにとっても欠くことのできない条件であると考える。そのため，求められるべきSDの一つは，リーダーにふさわしい人材の確保もしくは育成が急務であると考える。

次にSDに関する必要性はどのような点にあるのだろうか。図10-3からもわかるように教育サービスの向上が一番となっている。多くの職員は「教育サービスが必要」と口を唱えていうが，教育サービスには，授業の改善，施設の充実，教務関連業務のスキルアップ，またそれに対応した財政基盤の強化と幅広く，教育サービス＝授業改善と勘違いしている職員の場合，教育サービスは

図10-3 SDの必要性はどのような点か

出典：岩崎保道（2010）「大学職員のSDの必要性と課題」より筆者作成。
http://www.crdhe.saga-u.ac.jp/SJHE_No.06_iwasaki.pdf#search='SD%E6%95%99%E8%82%B2 を参考にして筆者作成。

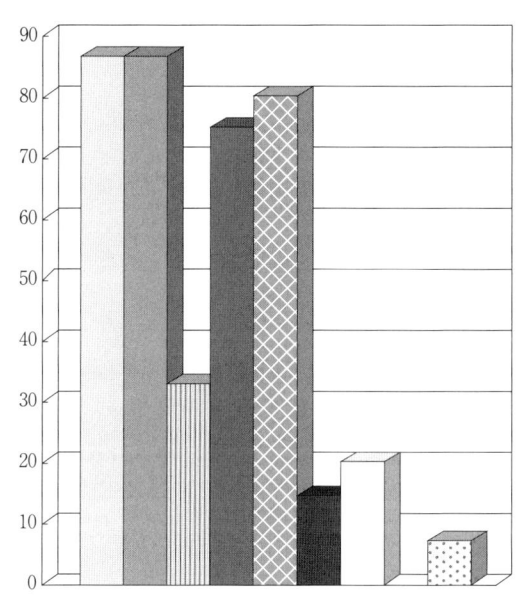

凡例：
- 教育サービス向上のため（86.7%）13校
- 将来的に学園を担う構成員の養成のため（86.7%）13校
- 教員との協働体制の構築のため（33.3%）5校
- 円滑な業務遂行のため（73.3%）11校
- 人材育成の手段として（80.0%）12校
- 少数精鋭型の事務体制に備えるため（13.3%）2校
- 組織の連携のため（20.0%）3校
- 認証評価制度の範疇において必要（0%）0校
- 組織の目標を達成させるため（6.7%）1校

自分とは無縁なものと捉えているだろう。このように考えている職員はそう多くはないだろうが，このような考えを持つ職員が多いとなれば，その大学は弱体化していくのは言うまでもない。

SDに関する調査は，2008年の7月～8月に実施，調査対象校は，SDを導入する私立大学32校で，15校より回答を得た（回収率46.9%）結果は図10-3，4の通りである。

次は，SDを進めていく上での課題点について。まず，課題点がないと回答した大学はなく，すべての大学があると回答した。また，その他と回答した大学は20.0%であり，その内容としては，「適切な講師の選定と適切な実施時期の設定」，「本学の人事ポリシーの欠如（目的と手段の相違），OJTとの連動性」，「適切な研修実施プログラムの選別・開発が難しい」の3つであった。

図10-4から見てわかるように一番の問題点が，SDの効果が不明，検証手

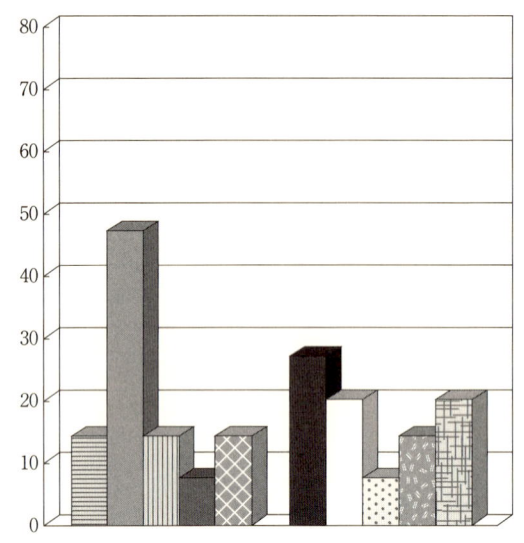

図 10-4　SD の課題点

出典：岩崎保道（2010）「大学職員の SD の必要性と課題」より筆者作成。
http://www.crdhe.saga-u.ac.jp/SJHE_No.06_iwasaki.pdf#search='SD%E6%95%99%E8%82%B2 を参考にして筆者作成。

凡例：
- 効果が不明(13.3%) 2校
- 効果の検証手段がない(46.7%) 7校
- 学園のミッションにつながるか不明(13.3%) 2校
- 校内の組織・体制が整備されていない(6.7%) 1校
- 大学職員の理解や賛同が十分得られていない(13.3%) 2校
- 費用の捻出(0%) 0校
- 時間の確保(26.7%) 4校
- 評価手法が分からない(20.0%) 3校
- 適当な外部研修会が少ない(6.7%) 1校
- 教員の理解や賛同が十分得られていない(13.3%) 2校
- その他(20.0%) 3校

段がないという意見である。費用対効果などの問題もあるので一概に言えないが，SD を推し進めていくことに対しやはり職員側は積極的ではないのかもしれない。また，そうではなく，この結果はいまだに，多くの職員が SD＝研修会と捉えていることを反映した結果かもしれない。福島（2010）は「大学行政管理学会として SD プログラムの検討を始めたのは，以下の理由からである。SD が研修であるかのように捉えられ，本質的な取り組みが行われていない，本質からして大学職員たち自身で SD についての考え方を確立するべきだと考えたこと[(2)]」と述べているように，職員自身が SD の在り方について議論し，SD を通しての目的とどのように結び付けていけるかが重要なのである。SD を進めていく上で，うまくいくような方法を模索していくためには，やはり，現場の意見を聞きながら（ボトムアップ）それを取り入れ，上位から組織としてその方針を明確にしていく（トップダウン）というやり方が必要なのではないか。これを妨げるものがあるなら，それは，大学経営者側と職員との間にあ

る大きな溝であろう。いわば信頼関係とは逆の関係である。SD も研修会がメインで，それが上意下達のように行われるだけであるのなら，ただ，やらされているという意識が強まるばかりで，かえって逆効果となる。

　このやらされている感の背景には，大学職員があまりにも自分の職務に関して無自覚で居続けることができたという，この職業の特殊性がある。寺﨑 (2010) の「大学職員の在り方が問われることは少なかった。待遇問題や勤務条件，あるいは身分格差等の問題が中心となり，大学の教育・研究に関する職員自身の役割や活動などが主題となった例は多くなかった」[3]という言葉にある通りである。今では，大学が市場化され，そこからいつ淘汰されるかもしれないという危機意識も強くなり，そのような旧態依然とした大学職員は少なくなったと思われるが，もし，このような大学職員が多数を占める組織なら，研修の方法はもちろんのこと，SD に関する方法を洗い直す必要がある。

　寺﨑 (2010) は「種々のかたちをとる出講経験が，職員の能力開発に大きな結果を及ぼす」[4]と述べている。つまり，大学内で行われている研修だけではなく，企業研修に行くのが効果的である。昔から「灯台下暗し」，「井の中の蛙」という諺があるように，大学内もしくは部署内では，外部での常識や真実がわかりにくい。将棋に例えると，対局をしている際には，気づかない一手が，第三者つまり外から見ることにより次の一手がより見えるというのと同じである。そういう意味で，学外の研修会に参加するだけではなく，自発的に異業種の人との交流や外に積極的に出ることにより，学内の問題のみならず人間力を広げるためのヒントに遭遇することができるはず（筆者自身の経験談で恐縮ではあるが，筆者も大学から外に出ることにより，色々な人脈ができたり，色々と気づかされたりしたことも多かったのである）。次の節では，SD を機能させるための，その他の諸条件について述べていく。

3　教育サービス向上の在り方とその方法

　前節に記した調査において，「SD の必要性はどのような点にあるか」につ

いて，教育サービスの向上が第1位に挙げられていた。むろん，SDの必要性はそれだけではなく教員との協働体制の構築や組織の連携のためでもある。が，やはり教育サービスの向上は，調査対象全体の86.7%の大学がSD実施の根拠として捉えているように，筆者もこの点を特に重視したいと考えている。

では，それを可能にするための前提条件とは何か。それは，職員側の意欲である。福島（2010）が言うように「大学が抱える課題が多様化する中で，大学職員は『事務職員』として事務だけをこなせばよいということにならなくなっている。(5)だから「学生に寄り添い，学生自らが目的を定め，それを遂行できるように支援していく」，またそのために「職員自身があらゆる物事に対して自発的に気づき行動を起こしていく」，このような在り方を筆者はスタッフマインドと呼びたい。スタッフマインドの育成には職員の意識改革が絶対に欠かせない。この節では，教育サービスを教学上の学生サービスという視点で捉え，それを向上させるために職員側がぜひ身につけておいてほしいスタッフマインドと，それが効果的なものになり得るため具体的な行動上の指針について述べていきたい。

（1） スタッフマインド

教学上の学生サービスを効果的にするためのポイントは，以下の3点である。①興味づけ・積極性への気づき，②大局的な目的を持たせること，③バランス感覚を養うこと（肯定的な面に目を向けること），である。

① 興味づけ・積極性への気づき

職員は，まず学生自身の根本的な考え方（行動パターン）を知る必要性がある。多くの人と同様に，学生も損得勘定で物事を考える。細かいことを除けば，何かをやることにより得をするか，何かをしないことで損をするか，という行動原理である。

学生は自分にとってためになる情報源をいくつか持っているが，大きく分ければ以下のような者からの情報に分類される。つまり「友人」，「両親」，「彼氏・彼女」，「目上の人（教員を含む）」，「アルバイト先のお客」，「講演会などの

講師」。その中でも，身近な人の影響力は非常に大きい。が，学生は身近な存在であっても，強制や指示または命令されたりする人間では無く，自分自身が必要と思い，その人から何かを学びたい，または得たいと思う相手に対し耳を傾けるものである。もし，身近で自分にとって有用な情報を持っている者がいるとわかれば，その者に，自分から行動（アクション）を起こしてその者に教えを乞いたいと思うだろう。自分自身がその必要性を感じれば，おのずと行動するものである。が，実際のところ，学生に限らずほとんどの人が有用な情報を得るために自分からアクションを起こすケースは少ない。自分から探すというのでなく，受身的に（何となく）情報を得ているケースが多い。例えば，テレビCMや新聞などのメディア媒体の情報は，消費者のために流してくれていると勘違いしている者もいるが，あくまでもスポンサーのためには流されているということを認識する必要がある。良い情報もあるが，ほとんどが必要の無い情報であり，本当に役に立つ情報はあまりにも少ない。

　ということになると，職員は，学生にとって有意義な情報を持っているか，そしてその情報をうまく伝えてやれるスキルがあるかどうかがポイントとなる。職員自身，メディアからの情報に左右される存在ではなく，自分自身が情報を発信するメディアだということを認識し，日々大学外の世界にも関心を向け情報を得るように心がけるべきである。このような積極性の重要性への気づきは，自分の行動を通してその気づきを学生にも与えることにつながる。何よりも，学生の関心（興味）を持つ話題を提供することにより，大学に対する関心が深められる（授業と同様）。そこにこそ，大学としての存在価値があると考えられる。そうでなければ，大学に行かずに，４年間に掛かるお金で図書館に通い本を借りて勉強する方が，よっぽど効率的で安上がりである。

　②　大局的な目的を持たせること

　よく巷では，「目標を持ちなさい」と指導しているが，目標を持っているにもかかわらず，なぜ目標が達成できないのか，つまりここに大きな落とし穴がある。いくら目標を立てても本当の意味でのインセンティブが無ければその目標を立てる意味がない。そこで，目標ではなく目的が重要になってくる。目先

の損・得ではなく，将来のビジョンを描かせ，そして，大局を捉えさせるような指導である。ほとんどの人と同様に，学生の多くが目先の利益に一喜一憂している。しかし，俗に言う成功者と呼ばれる人間は，目先の利益より長期的に物事を見ている傾向にある。また，その際，「目的と手段を履き違えないようにすること」，「常に，それは何のために？　どうして？　ということを考えさせること」。これも重要な点である。教員にしろ，職員にしろ，今求められている行動が，何のためか考えさせる教育や指導ができれば，学生の意識は変わる。つまり，中村文明氏が言うように"何のために"ということを常に意識させ自問自答させるような指導法である。

　例えば，教務ではよく勉強をしないと卒業できないという指導があるが，ナンセンスとまでは言わないが意味を成さない指導だと言える。なぜかと言えば，今は昔と違って目的を持って大学に来ている学生が少ないからである。近年は，少子化の影響で入学志願者が全体として著しく減少し，大学も経営という立場から早く学生を確保したいがために，指定校推薦で多くの学生を取るようになった。特に，経済学部のように社会科学系の学部へは，本人が希望して入学してきたのではなく，ただ"何となく"大学に来たという学生が多い（病院に通う人に例えると，病院に行くのは病気やケガであるからではなく，誰々さんが居るから病院に行くという考え方と似ている）。元々，勉強しようと考えて入学したわけではない，ただやみくもに学生に「勉強しろ」というのは酷な話で，栄養価があるかないかわからないのに「嫌いな食べ物を食べろ」というのと同じことである。ただ，指導している職員も悪気があって言っているのではないと思うが，その場で，学生は「わかった」と言って帰ったとしても，同じことの繰り返しで，遊びやバイトを優先するため，学生には伝わらない。ただやみくもに「食べろ」という言い方ではなく，なぜ食べた方がいいか，つまり「なぜ勉強した方がいいか」という言い方を職員が考え，それを伝えるだけでも，本当に自分の事を考えてくれていると学生の方も感じ，行動を起こすはずである。単位を取ること，または卒業することが目的ではなく，人生を大局的に捉えさせ，その必要性から卒業は必要だということを，職員が指導することができた時に学

生の捉え方（考え方）が大きく変化するはずである。

③ バランス感覚を養うこと（肯定的な側面に目を向けること）

健康管理では心身のバランスがとても重要で、自律神経の乱れ、つまり交感神経と副交感神経のバランスが乱れた時に病気になりやすい。このことのようにバランス感覚を保つことこそが重要である。

今、日本人のメンタリティに目を向けたい。戦後、豊かになりたいという目標を持って頑張ってきた日本は高度成長時代を通し物質的な豊かさを達成したが、現在は物や情報が溢れすぎて、生活のためにそれを求める必要性に迫られるということもない。昔を振り返ると、物は無かったがそれなりに人々は頭を使い互いに助け合っていた。つまり物が無くても心は豊かであった。今の物質的繁栄を考えると、何かを得れば何かを失うということの象徴でもある。だからこのような心の荒んだ時代こそ、より他者のことを思いやったコミュニケーションスキルが必要であろう。日本人の国民性として、海外から見られているように自己主張ができず、または積極性が無いというものがあるが、それ以外にも日本人の褒めベタは大問題である。これは、減点方式の評価方法と大いに関連しているのだろう。何か行動や発言をして失敗すると怒られる（減点される）。それが新たなチャレンジ精神を奪い、そして本音が言えなくなる。

教育現場では、教職員が学生のチャレンジ精神を育むためにも学生に対してマイナス発言を控える必要がある。どんどん学生に発言させることにより可能性を引き出すきっかけづくりを行う。そういった積み重ねが自信につながり、就職などの面接でも大いに力を発揮できるのではないか。基本的には良い点に目を向けつつも、減点（修正点）と加点（良い点）をうまく使い分けるというバランス感覚を養うことが重要である。

また、筆者は能力という言葉をできるだけ使わないように心掛けている。それは世間一般で使われている能力という言葉は「勉強ができる」とか「仕事ができる」という表現とともに使われがちなため、自己評価の低い学生例えば勉強のできない学生の場合、そのような言葉が使われると「どうせ自分はできない」という卑小感を持たせることにつながるからである。わたくし事で恐縮で

はあるが，実は筆者自身も幼少の頃から，そう感じてきたからだ。そもそも，どんな人であれ能力（個性や長所）があるとはずだ。勉強のできない落ち込んだ学生と話をする際に，この世に生を受けただけでも凄い奇跡で，その確率は宝くじの一等賞を当てる以上の価値があることを伝えている。人生を無駄にしてほしくないからである。このように伝えると"ほっと"した表情を見せる学生が多いのも事実である。いかに，肯定的な言い方を駆使し続けることができるか，教職員が学生に対して上から目線で話をすることは，もっとも避けるべき方法である。

　世の中は，バランスが保たれている状態では，経済も人間の健康もすべて順調である。バランスを取る上で重要なことは，常に片方だけ見るのではなく，反対側の方も見て物事を判断するように心掛けることである。一つの意見や一人の意見に左右されるのではなく，別の意見を参考にしながら，物事を判断していくことの重要性である。このことは，大局（ビジョン）を見る力と大いに関係している。

　あと，これに関係するものだが，"段取り"の重要性について付け加えておきたい。物事が上手くいく，いかないかは，すべて段取りによって決まるといっても過言ではない。昔から段取り八部という言葉があるように物事を進めていく上で，しっかりと準備をしておけば，物事の８割は完了しているということだ。この辺りも学生にうまく指導できるかがポイントだろう。うまく伝えることで，提出物の遅延やテストの日時を忘れるといったことが減る。

（２）　行動上の具体的な指針
　先ほど述べてきたようなポイントは，教学上の学生サービスを効果的なものにするスタッフマインドの骨子でもあった。この骨子は重要であるが，それが効果的なものになるためには，それを活かすための行動上の具体的な指針が必要である。これがワンセットになって職務が遂行されることが重要である。以下，その行動上の具体的な指針について述べていきたい。
　〇襟元を正す勇気

学生自身,「面倒くさい・しんどい・だるい」という言葉をよく使う。そうならないようにするために,職員が手本となるべき行動を取る必要がある。福島一政(2010)の「うまくいかないことは教員や経営者の責任にして,自らの責任を顧みようとしない職員が意外に多い(6)」や「大学の内外に問わず『職員』の役割についての認識は未だに十分に解決されているとはいいがたく,また『職員』自体の自覚と意欲に関しても,また,それを担う資質・能力の点でも,問題なしとするには程遠いといわなければならない(7)」という言葉にあるように,職員の悪しき習慣,責任の転嫁・怠惰が当たり前という習慣から,自己内省・活力という良い習慣へ変える必要がある。

そこで重要となってくるのが,何よりリーダーが襟元を正すことなのである。この場合のリーダーとは,役職や大学トップと呼ばれる人だけではなく(もちろん,彼らも含まれるが),職員や教員のように学生に生きる道を示す人たちも示している。いったいどれだけの職員が(学生に対する)リーダーとして,自覚を持って仕事に取り組んでいるのか。学生同様に「責任転嫁」や「面倒くさい・しんどい・だるい」と言っている時点で,リーダー失格であろう。学生のみならず,世間一般の企業においても,そんな人物から指導を受けたいと思わないはずだ。またそういう職員で構成されている組織は活性するはずも無い。

メンターとなるべき指導者(リーダー)の指針は極めて重要である。いかに良い習慣を作り出し,醸成されたその雰囲気を組織に浸透させていくかがリーダーの役割である。リーダーに必要な指針を描いた項目は世間一般でもよく見られるが,筆者が考える最低限必要な項目を以下に示す。

①見られる立場であることの再認識(自分の立ち振る舞いや行動の確認)

・挨拶ができる。

・時間や約束を守れる。

・部下のミスを自分のこととして責任を取れる。

・部下の意見に耳を傾けることができる。

・責任感がある。

・思いやりがある。

②信念を持つこと（安易に人の意見に流されない）
・ビジョンを見据え自分の考えを安易に変えない。
・部下を信じる。
・常に一歩先を見ている。
③TPOをわきまえていること（時・場所・状況を見据え常に注意を払う）
・物事に対して臨機応変である。
・状況判断が早い。
・常に周りの状況を見ている。

　また，組織活性化のために，一般企業や工場などでキャッチフレーズになっている下記のような項目も，大学職員には再確認してほしい。
①【報・連・相】（ほう・れん・そう）
〈他罰でない人の考え方と行動〉
・普段から報告・連絡・相談を行い，コミュニケーションが取れている。
・そのため問題が発生しても，すぐに対処できる。
〈他罰である人の考え方と行動〉
・普段から報告・連絡・相談を行っておらず，必要とも感じていないため，コミュニケーションが取れていない。
・そのため問題が発生してから，慌てふためき，すぐに対処できない。
②【せ・め・て・あし・ふく・くせ】⇔『背・目・手・足・服・癖』
人と会う時に，
1．背筋を伸ばして
2．目はきちんと相手を見て（にらむのではなく）
3．手はだらしなく後ろ手になったり腕組みせずに
4．足はきれいに揃えて立っているか（イスだったら足を組んでいないか）
5．服は清潔にきちんと整っているか
6．動作や言葉遣いの癖は出ていないか
③【オ・ア・シ・ス】
相手に対して，

「オ」……おはようございます（挨拶をする）。
「ア」……ありがとうございます（何かをしてもらったら，きちんとお礼を言う）。
「シ」……失礼します（物を借りる時や頼みたい時などに事前に許可を取る）。
「ス」……すみません（自分が間違ったことをしたり，迷惑をかけたと思ったら素直に謝る）。

　まずは，筆者が一番感じていることは，一般社会も含め，教育（マナー）の基本中の基本とも言うべき挨拶ができていない人間が多すぎるということだ。要は，挨拶の意味合いを分かっていない点に問題がある。挨拶とは，物事の始まりや終わりを意味する大切なコミュニケーションスキルである。挨拶とは，「自分の心を開いて相手に歩み寄る」という意味がある。挨拶ができないということは，相手に対して心を開いていない。少しオーバーな表現になるが，相手に対して敵対視しているとも取れる。それでは人間関係は良くなる（組織が活性）はずが無い。また，以下のような行為，つまり「相手の目を見ずに行う」，「笑顔とまでは言わないが，ぶっきらぼうな表情（あるいは怒ったように見える顔）」は，挨拶とは言わない。挨拶こそが，コミュニケーションの入り口である。

　上記のこと（報・連・相〔ほう・れん・そう〕やオアシス運動など）は，学生も含めほとんどの人はわかっていると答える。しかし，わかっているということと，できるということは違うということを理解すべきである。この辺りから自分自身が気づき変えていかないと，本当の意味での教育など不可能だと言っても過言では無い。

④　大学職員としての心構え（学生対応が必要な場から）

　教育とは，お互いが成長しあい，ともに変化し続けるということだ。特に日本人は，変化に対して異様に毛嫌いするところがある。哲学の考え方からすれば，成功の反対は失敗ではなく，"何もしないこと"とある。つまり変化なくして成長は望めないということである。先ほども述べたが，まずは下記に挙げ

る内容を再認識する必要がある。

・環境を変える方法は，相手に問題があると考えずに，自分に問題があると考え，自分が変われば環境も変わると認識する。
・相手に依存するのではなく，常に自分に問題（捉え方）があると考えた時点で物事が前へ進む。
・学生に対するありきたりな指導が重要なのではなく，教職員自身が変化することが最も有効な学生指導につながる。

　ここで言いたかったことは何か。他人のせいにしていては，何も変わらないということである。職員がこのことを理解し，目的意識を持って仕事に取り組むという考え方を習慣化する必要性がある。そういった意味で，全員がもう一度原点に戻って，職場での自分の行為や行動（マナーを含む）を見直す必要性があると思う。その際，原点は小学校時代にあると，筆者は考えている。そもそも，小学校の頃には，「挨拶をしなさい」，「目標を持ちなさい」，「時間を守りなさい」と教わったはずだが，大人になるにつれそれらを忘れてしまい，「挨拶はしない」，「その日をただ単にやり過ごす」，「時間を破る」など，行動や態度が不適切な学生と変わらない大人が増えているのも事実である。

　また，苫米地英氏が言うドリームキラー（夢を潰す人）と呼ばれる人間が増えたのも問題ではないか。ドリームキラーとは，過去の経験だけにもとづいて，助言と言う形で将来の夢を壊してしまう人のことである。また一番このドリームキラーになりやすいのが，身近な存在の親や教師，そして友人などである。自分自身が，ドリームキラーとならないためにも自分の小さな「ものさし」で物事を判断しないということである。幼少の頃は，親や先生から夢を持ちなさいと教育されたのに，大人になるにつれ，「現実を見ろ」，「常識的に考えろ」，「夢を見るな」と言われるようになる。これこそがドリームキラーである。そう言われてチャレンジ精神を奪われ夢を諦めた人も多いはずである。親は自分の価値観で，子どものためと思い，苦労しないようにアドバイス（優しさ）しているつもりであるが，優しさではなく彼らの可能性を奪うという真逆の事になっている。何を根拠に無理だとか常識と言っているのか疑問である。要はそ

の人の経験値（考え方）を聞かされているだけにしか過ぎない。つまり常識では無い，また否定からは何も生まれないということを認識する必要がある。こうして学生のエフィカシー（自信）を下げ，夢（可能性）を潰している。

　基本的に，筆者自身は学生と接する際に，常に夢（未来）・目標（着地点）・目的（何のために）を持つような指導を行い，その可能性を引き出すような関わりを心掛けている。現在は，ホスピタリティ（思いやり・心からのおもてなし）が加わったサービスが必要な時代に変わってきたが，相手が求めているニーズにどれだけ応えることができるか，それに気づくセンスのようなものが重要であろう。これが世間で言うホスピタリティのあるサービスにつながる（むろん，学生に迎合するという意味ではない）。

　また，正論を掲げて説教することは，かえって心を閉ざすことがある。学生として不適切な行動（失敗や不良行為など）を起こしてしまったことに対して，ただ怒ったり注意したりするだけではなく，今後どうすればいいかを一緒に考えていくという姿勢が重要になってくる。そのために，学生がそのような不適切な行動をした時に，よく怒るだけの職員がいるが，本当に学生のために叱っているのか自分の手間が増えるから怒っているのか周囲からよく見てわからない（このような職員は，自分の胸に手を当てて考えてほしいところである）。"叱る"とは，相手を思う気持ちが伴うのに対し，"怒る"というのは，ただ単に自分の感情を相手にぶつけるだけの行為である。"怒る"と"叱る"の区別をしっかりつけ，怒るのではなく状況を見ながら叱り，その後に必ず叱った理由をきちんと説明するフォローを行う必要がある。もし，その辺りの区別ができず，叱ったつもりがただ怒っただけにしかすぎないのなら，その学生はその職員に不信感を抱き，学生の心は間違いなく大学から離れていくようになることを肝に銘ずるべきである。

5　現場が抱える困難さ

　学生への教育サービスを効果的なものにするために，FDやSDの取り組み

は欠くことのできない要素である。しかしながら，大学側がより真摯にその取り組みに向き合ったとしも，その成果があがりにくい要素が，今の大学現場にはある。それは，今の大学生が昔と比べ，大きく変貌してしまったことである。学力はもちろんのこと，大学生としての知識やモラルなども含め，すべての面において低下している。やはり，家庭での教育も含め，高校までにしっかりとした基礎教育（学力とマナーを含めて）を受けていない。多かれ少なかれ，こういった問題はどこの大学でもあると思われるが，特に選抜性の低い大学が顕著に多いのではないか。このような学生への対応は，単純な指導やガイダンスは無意味で，従来のカウンセリングですら機能しない場合がある。このような変貌，すべての面に見られる低下の原因は，今の文化に根づいた現在の生活習慣である，と筆者は考えている。

（1） 学生の変貌

　教育サービスを施すにあたり，教員による授業の質の改善も重要ではあるが，ある意味それよりも重要なのは，授業に取り組む姿勢自体にある。というのも，授業を円滑に行うにあたって大学教育を受けるスタート地点に立てない学生が実に多いからである。まず，スタート地点に立たせる教育（マナー等）が急務だと考える。

　現在の学生の傾向として下記のようなパターンがよく見受けられる。多くの大学で見られる傾向である。

- ・言葉づかいの悪さ（ため口で敬語が使えない）
- ・マナーの低下（授業中に携帯をしている，授業中に寝ている，安易に物を捨てるなど）
- ・忍耐力が無い（授業中に抜け出す，15回の授業に対して半分以下の出席率，テストを途中で諦める，大学を安易に辞めるなど）
- ・夢や目標が無い（その日暮らし，将来をイメージしていない）

　また，最近の傾向として，下記のような学生が目立ってきた。これもまた多くの大学で見られる傾向である。

・他人に迷惑を掛けても平気（←根拠のない自信〔自信過剰〕の学生）
・他人に迷惑を掛けなければ何をしてもいい（←自分の人生を他人に委ねている〔見ざる・聞かざる・言わざる〕）
・怠け癖……心の口が閉じている（←三無主義〔無気力・無関心・無責任〕）

　選抜性の低い大学では，高校での評定平均を含め従来の大学基準レベルに達していない学生を入学させている。そのために，従来型の教育では対応できないのが実状である。先ほど，学生の変貌について述べたが，保護者の現状についても確認しておきたい。

　以下は，ある大学の半期の相談内容の一部で，一職員が保護者と面談した内容である。

〈相談方法〉電話22件，面談7件
〈相談者〉母親が24件，父親が5件
〈学生の年次内訳〉1年：1件，2年：7件（実数5件），3年：6件（実数4件），4年：5件（実数4件），留年：10件（実数6件）〉
〈相談内容〉授業単位が取れているかどうか，卒業できるかどうか，大学に行っているかどうか，休学について，その他（子どもについて）

　当然のことながら，相談相手は母親が圧倒的に多く，学年が進行するごとに増えてきている。上述の内容から見ても「鉄は熱いうちに打て」という諺のように，入学した時点で対応する必要があるのは，学生に限ったことではなく，保護者も同様である。このような事実に裏付けられているのか，どこの大学も入学式直後に保護者向けのガイダンスを行っている所が少なくない。

　今の保護者は，大きく分けて，下記のような2通りのパターンがあると考えられる。締め切り間際になって大学に電話をしてきたり，連絡もなく大学に急に押しかけてくるケースがある。このような保護者の場合は，

　①どう教育（指導）していいか分からないため，子どもにすべて仕せっきり（ほったらかし）。
　・子どもの言うことを鵜呑みにして間際になって慌てる。
　・子どもの言うことを信用できなくなり，不安になる。

〈学生の行動パターン〉

学生（子ども）は，自分の意思を持たずに，周りに流され，楽な方を選択して単位取得や卒業に困り，授業に出なくなる，もしくは大学に来なくなる。フリーターという進路選択を模索する。あるいは，退学・留年などに至る。また，

②子どもの意見を無視して，抑圧的もしくは親の思い通りの指導を行う。

・子離れしていないために親がすべての段取り（大学選びや就職の世話）を行う。

・子どもの教育ができていないのを他者（大学・先生）に責任転換する。

〈学生の行動パターン〉

自分の意志で大学に来たのではないため，授業に対する関心を持てず，その結果，授業についていけない。とりあえず現状から逃げるために授業に出なくなり，そして大学に来なくなる。留年，あるいは，退学し進路変更（専門学校・就職）を希望する。

親の養育態度は，子どもの性格形成に大きく影響していることがよく知られているが，子ども（学生）が親から自立を果たし，社会へ羽ばたいていけるよう，親子の在り方を今一度見つめ直してもらうためにも，保護者からの相談をうまくこなしていくことも，大学職員の大事なスキルとなっている。

（2） 退学希望者への対応

今では，大学に入る敷居は以前と比べて低くなった。無目的で大学に入学してきた者は，そこでのやりがいを感じることができず，退学してしまうというのは，どこの大学も同じ事情である。退学をする学生の主な理由は，筆者の経験を交えて言うならば，①勉学意欲喪失（フリーター・ニート・就職），②進路変更（他大学・専門学校・就職），③人間関係（友人関係・いじめなど）である。先述したように，つらいことやしんどいことに向き合ったことのない環境で育った学生なので，教職員がその必要性について伝えていく必要があり，それを伝授するためのスキルアップを図る必要性がある。

やはり，最も重要な点は，大学に在学している意味を見出せないというのが，

学生自身の本音ではなかろうか。退学者を減らすためには，どんなことでもいいので，彼らにとって魅力ある環境を作りだすことが重要であろう。例えば，面白い授業，話せる教員，親切な職員，友だち，施設の工夫など，キャンパスが変われば，退学者も大きく減るはずである。

（3） クレームへの対応

また最近では，職員への相談だけではなくクレームが多くなってきている。クレームをつける方は，"自分が悪いのではなく，相手が悪いのだ"と考えて言っているのだろうが，明らかに適切なホスピタビリティを伴うサービスを超えるような，不当で過剰な要求がなされる場合がある。特に，学生の方も自分の不都合な状況を何とか打開しようとして，親と一緒に来てお願いをする，そして教職員に対して不当なクレームを言うケースが増えてきている。

問題は，客観的に見てそれを訴える方に合理性があるという場合，あるいはただの意見がクレームのように捉えられると，職員と学生の間に築き上げてきた信頼関係が一変に崩壊してしまうので，この見極めは極めて重要である。筆者は，それが不当なクレームであっても，信頼関係を構築あるいは再構築するチャンスと捉えたい。なぜなら，クレームが出るということは，信頼関係が生まれていない，または壊れた場合に発生するからである。そうならないためにも常日頃から教職員間はもとより，対学生・対保護者に対しても信頼関係の構築が重要になってくる。

本学では，以前より保護者相談会を年に数回実施しているが，この保護者相談会というのは信頼関係を構築する絶好の機会であり，現時点においてほとんどの保護者の方から好評価をいただいている。保護者が関心のある相談内容は，勉強内容，出席状況，就職支援，就職状況，資格取得，健康管理，下宿生活，海外研修などである。やはり，学業成績などで相談に来ているケースが多いため，成績の良い学生は特に問題が無いが，成績の悪い学生に対して良くない点ばかりを指摘するのは「（不安という）火に油を注ぐ」だけである。かえって後で親子関係をギクシャクさせてしまうケースがあるので面談を行う際には細心

の注意が必要である。保護者と接する際に重要なことは，学生にとって良くない状況だけを説明し，「後はご家庭でしっかりと指導を」というような丸投げ的な態度はよろしくなく，学生を教員と職員でしっかりとサポート，そのためには保護者の方の協力が必要という姿勢を見せて安心感を与えることこそが重要である。大学側として親の考え方や意見を知る機会としての保護者相談会は，お互いの情報交換および情報の共有をすることができるという点で大きな意味があるのである。

（4） 生活習慣の問題について

今，大学生が未熟で幼児化しているという現象は，家庭教育，初等・中等教育の在り方と無縁ではないが，その教育の在り方に大きく影響を与えているのが，生活習慣の変化である。一見，大学生への教育とあまり関係がないと思われるこの変貌こそが，きわめて重要なカギを握っている。

今，社会を見渡すと，ありとあらゆる物が溢れているためにその有難味を感じなくなってしまった。物質的に豊かになったからと言えばそれまでではあるが，なぜ，現代人は感謝の念を忘れてしまったのであろうか。

苫米地英人氏は，『金持ち脳　捨てることから幸せは始まる』の中で，アメリカの3S政策，つまり，スポーツ（sports），セックス（sex・性産業），スクリーン（screen・映画・テレビ）を中心とした文化が，娯楽という形を通し，現代文明人の生活に浸透した，と述べている。このような文化が主流になれば，肝心な問題を考えるために頭を使わないのは当然である。便利な社会は，筆者自身もそのすべてを否定しているわけでは無いが，人として生きていくために本当に重要なことは何か，ということを自分自身で選択ができなければ，悪しき習慣だけが身についてしまうだけでなく，その習慣が悪いということにさえ気づかないことになってしまう。例えば，食の欧米化（和食→洋食）がそうである。今，日本人は，パン（小麦）や乳製品，牛肉を中心とした食事が中心となっている人も少なくないが，元来，このような食事は日本人の体質に合わないのである（筆者は，先ほどの3S政策に加え，食の欧米化を含めて〔和食→洋食〕，4S

政策と命名したい)。

　日本は敗戦後，アメリカから多くのものが流入してきた。これには良いものもあったには違いがないが，生活習慣の欧米化と度を越した享楽化は，われわれ日本人から生き抜く力を奪いとった。このダメージを最も受けているのが今の若者である。昔であるなら，公園や学校で友人と遊び方などを創意工夫しながら外で遊ぶことが多く，食事も家族と一緒にすることが多かった。今は，ゲーム機やパソコンの普及に伴い部屋に閉じこもって一人で遊ぶケースが増えており，また食事に関しても孤食(独り)が増えている。便利すぎる社会や度の越した享楽化が中心となった文化が，産み出す負の側面にわれわれが気づかなければ，この国は危うい。そして，また，真の教育もあり得ない。

6 まとめ

　SDの大きな目的のひとつが教育サービスの向上である。この章では，教育サービスを教学面での学生サービスとして捉え，それが効果的なものにするための提案，すなわちスタッフマインドの形成を通じた職員意識の変革の重要性について語った。そして，この意識改革をなすためには，現在，是とされ当然とされている現代文化に根差した悪しき生活習慣からの脱却が必要であるという視点が盛り込んだ。極論からかもしれないが，SDの成否は，この視点に基づいた，スタッフマインドの育成による意識改革の1点に他ならない。すべての大学職員が，そこに所属する学生満足度を高めるための指針となってくれれば，筆者としてこれほど幸いなことはない。

●注
(1) 回答者の職位は不明。
(2) 44ページ「大学行政管理学会としてSDプログラムの検討を始めたのは，以下の理由からである。SDが研修であるかのように捉えられ，本質的な取り組みが行われていない，本質からして大学職員たち自身でSDについての考え方を確立するべきだと考えたこと」。
(3) 8ページ「大学職員の在り方が問われることは少なかった。待遇問題や勤務条件，あるいは身分格差等の問題が中心となり，大学の教育・研究に関する職員自身の役割や活動などが主題となった例は多くなかった」。
(4) 12ページ「種々のかたちをとる出講経験が，職員の能力開発に大きな結果を及ぼす」。
(5) 47ページ「大学が抱える課題が多様化する中で，大学職員は「事務職員」として事務だけをこなせばよいということにならなくなっている。SDの目的とは，一言で言えば「大学改革実現へのマネジメント業務のできる職員の能力開発」と考えるとある。
(6) 48ページ「うまくいかないことは教員や経営者の責任にして，自らの責任を顧みようとしない職員が意外に多い」。
(7) 50ページ「大学の内外に問わず『職員』の役割についての認識は未だに十分に解決されているとはいいがたく，また『職員』自体の自覚と意欲に関しても，また，それを担う資質・能力の点でも，問題なしとするには程遠いといわなければならない」。
(8) 食育の問題も含め，欧米化してしまった日本人の悪しき生活習慣は，（日本人自身が意識することがない）アメリカの4S作戦（スポーツ，セックス，スクリーン，食習慣）によって築きあげられたと，筆者は考えている。この在り方に筆者は強い憤りを感じている。
(9) そのためにも苫米地氏は，"捨てる"という表現を行っているが，いきなり捨てるというのは不安もあるだろうから，筆者はあらゆるものの依存から脱却するという意味で，捨てるのではなく一旦横に置いてみるという考え方を提案する。

●引用・参考文献
寺﨑昌男（2010）「大学職員の能力開発（SD）への試論」日本高等教育学会編『スタッフ・ディベロプメント』。
福島一政（2010）「大学のユニバーサル化とSD」日本高等教育学会編『スタッフ・

ディベロプメント』。
「琉球大学大学評価センターのHP，岩崎保道」
http://www.crdhe.saga-u.ac.jp/SJHE_No.06_iwasaki.pdf#search='SD%E6%95%99%
　　E8%82%B2'
「服育ブログ」
http://www.fukuiku.net/weblog/2007/06/post_71.html（2013年8月31日確認）。
山本眞一（2010）「大学職員のSDの必要性と課題」『大学教育年報』第6号。
中村文明（2011）『「話し方」ひとつで，人生はでっかく変わる！』サンマーク出版。
苫米地英人（2012）『苫米地英人の金持ち脳　捨てることから幸せは始まる』徳間書
　　店。

あ と が き

　「教育は国家百年の大計である」という言葉がある。資源の少ないわが国が栄え，豊かになり，発展してきた背景には様々な要因があるが，この国の教育の力——それは，教える者と学ぶ者の双方の力——を忘れてはならない。
　今，成熟社会を迎えた日本は，膨大な財政赤字，揺らぐ社会保障制度，少子高齢化，若年労働力不足，食料自給率の低下，長期の不況，格差の増大など多くの難題を抱え，政府はその解決に手をこまねいている。多くの人々は，効率化・多様化・個別化といった時代の流れの中で，消費者として恩恵を受けるよりも，生活者や労働者としての疲弊を強く感じている。この倦怠化した成熟社会が，以前のような活力を取り戻し，また世界中のどの国からも信頼が得られるような国であるための礎，つまり国家再生の礎となるのは，教育の力ではないだろうか。
　時代の移り変わりは激しく，以前には予想もできなかった風景が大学教育の現場を覆うようになった。私自身は，この変化を決してネガティブなものと捉えているわけではない。変化はあらゆる場面に見られる普遍的な現象であり，変化そのものに問題があるわけではない。ただ，本質的な問題に目を向けず表層の現象に囚われ，局所的な対応が大学改革の一般的な処方箋となっている今の構造，いわばこの脆く危うい構造が高等教育業界の新たな時代への適応だというのなら，この国の未来はないということだけははっきりと断言しておきたい。
　今，この国と同様にどの大学も，ある意味，試練に立たされていると言えるだろう。この時代の潮流の中で，大学に携わる者がそれぞれの立場でこの難題に直面し，それに立ち向かっている。このような日本中の同志と共に，新しい時代にマッチした本質的な改革が進められていくことを，我々は強く確信している。

2014年1月

著者を代表して　三 宅 義 和

執筆者紹介・執筆分担

三宅義和(法生) (第1章, 第9章)
- 1963年　生まれ。
- 1993年　関西学院大学大学院文学研究科博士後期課程単位取得。
- 現　職　神戸国際大学経済学部教授。
- 専　攻　教育心理学, 青年心理学。
- 主　著　「若者の心理と少年犯罪」太田修治・中島克己編著『神戸都市学を考える』ミネルヴァ書房, 2002年。「進路選択と職業未決定問題の概要」「職業未決定の構造」「進路選択における両親の影響」『大卒フリーター問題を考える』(共著) ミネルヴァ書房, 2005年。「地域コミュニティをこころの健康づくり」三好和代・中島克己編著『21世紀の地域コミュニティを考える』ミネルヴァ書房, 2008年。

居神　浩 (第2章)
- 1963年　生まれ。
- 1996年　京都大学大学院経済学研究科博士後期課程単位取得。
- 現　職　神戸国際大学経済学部教授。
- 専　攻　社会政策。
- 主　著　「ノンエリート大学生に伝えるべきこと──「マージナル大学」の社会的意義」『日本労働研究雑誌』第602号, 2010年。「マージナル大学における教学改革の可能性」『大衆化する大学』(シリーズ大学第2巻) 岩波書店, 2013年。

遠藤竜馬 (第3章, 第4章)
- 1964年　生まれ。
- 1993年　大阪大学大学院人間科学研究科博士後期課程単位取得。
- 現　職　神戸国際大学経済学部准教授。
- 専　攻　文化社会学, 観光社会学。
- 主　著　『大卒フリーター問題を考える』(共著) ミネルヴァ書房, 2005年。『観光教育とは何か──観光教育のスタンダード化』(共著) アビッツ, 2013年。

近藤　剛 (第5章, 第6章)
- 1974年　生まれ。
- 2004年　京都大学大学院文学研究科博士後期課程修認定退学。
- 2007年　京都大学博士(文学)学位取得。
- 現　職　神戸国際大学経済学部准教授。
- 専　攻　宗教哲学, 組織神学。
- 主　著　『哲学と神学の境界──初期ティリッヒ研究』ナカニシヤ出版, 2011年。『キリスト教思想断想』ナカニシヤ出版, 2013年。『自然の問題と聖典』(共著) キリスト新聞社, 2013年。

松 本 恵 美（第7章，第8章）
 1968年 生まれ。
 1996年 関西外国語大学大学院外国語学研究科英語学専攻博士課程後期単位取得。
 現　職 神戸国際大学経済学部准教授。
 専　攻 英語音声学，英語教育。
 主　著 『言語探究の領域——小泉保博士古稀記念論文集』（共著）大学書林，1996年。
    『大卒フリーター問題を考える』（共著）ミネルヴァ書房，2005年。
    『言外と言内の交流分野——小泉保博士傘寿記念論文集』（共著）大学書林，2006年。
    『現代の東西文化交流の行方　第Ⅱ巻——文化的葛藤を緩和する双方向思考』（共著）大阪教育図書，2009年。

畑　　秀 和（第10章）
 1963年 生まれ。
 1985年 コンピュータ日本学院卒業。
 現　職 神戸国際大学教学センター（教務）主事。
 主　著 「職員から見た大学の学生サービスのあり方」『大卒フリーター問題を考える』（共著）ミネルヴァ書房，2005年。

神戸国際大学経済文化研究所叢書16
大学教育の変貌を考える

2014年3月1日　初版第1刷発行　　　〈検印省略〉
　　　　　　　　　　　　　　　　定価はカバーに
　　　　　　　　　　　　　　　　表示しています

著　者	三居遠松近畑	宅神藤本藤	義竜恵　秀	和浩馬美剛和
				三博
				啓
				雅

発行者　杉　田　啓　雅
印刷者　田　中

発行所　株式会社　ミネルヴァ書房
607-8494　京都市山科区日ノ岡堤谷町1
電話（代表）（075）581-5191
振替口座・　01020-0-8076

© 三宅・居神・遠藤・松本・近藤・畑, 2014　創栄図書印刷・新生製本

ISBN978-4-623-07013-8
Printed in Japan

── 神戸国際大学経済文化研究所叢書 ──

中島克己・桑田 優 編著
日本の国際化を考える　　　　　　　　　A5・316頁
　　　　　　　　　　　　　　　　　　　（品　切）

中島克己・林 忠吉 編著
日本の高齢化を考える　　　　　　　　　A5・360頁
　　　　　　　　　　　　　　　　　　　（品　切）

中島克己・林 忠吉 編著
地球環境問題を考える　　　　　　　　　A5・368頁
　　　　　　　　　　　　　　　　　　　本体3,800円

中島克己・太田修治 編著
日本の都市問題を考える　　　　　　　　A5・384頁
　　　　　　　　　　　　　　　　　　　本体3,800円

下村雄紀・相澤 哲・桑田 優 編著
コミュニケーション問題を考える　　　　A5・240頁
　　　　　　　　　　　　　　　　　　　本体3,800円

太田修治・中島克己 編著
神戸都市学を考える　　　　　　　　　　A5・360頁
　　　　　　　　　　　　　　　　　　　本体3,800円

居神 浩・三宅義和・遠藤竜馬・松本恵美・中山一郎・畑 秀和 著
大卒フリーター問題を考える　　　　　　A5・312頁
　　　　　　　　　　　　　　　　　　　（品　切）

中島克己・三好和代 編著
安全・安心でゆたかなくらしを考える　　A5・384頁
　　　　　　　　　　　　　　　　　　　本体3,800円

桑田 優・平尾武之・山本祐策 編著
八代斌助の思想と行動を考える　　　　　A5・236頁
　　　　　　　　　　　　　　　　　　　本体3,800円

三好和代・中島克己 編著
21世紀の地域コミュニティを考える　　　A5・276頁
　　　　　　　　　　　　　　　　　　　本体3,800円

三好和代・中島克己 編著
日本経済の課題と将来を考える　　　　　A5・352頁
　　　　　　　　　　　　　　　　　　　本体3,800円

── ミネルヴァ書房 ──

http://www.minervasyobo.co.jp/